FAC • UNIVERSITÉS

MÉMENTOS LMD

DROIT ADMINISTRATIF

11e édition 2015-2016

Marie-Christine ROUAULT

est Professeur des Universités, agrégé des Facultés de droit.

Du même auteur chez le même éditeur

- Mémentos LMD Droit administratif 2015-2016, 11e édition.
- Mémentos LMD Contentieux administratif, 5e édition, 2013.
- L'essentiel du Droit administratif général, 12e édition, 2014.
- L'essentiel du Contentieux administratif, 4e édition, 2014.
- L'essentiel de l'Organisation administrative, 3e édition, 2015, (à paraître).

70, rue du Gouverneur Général Éboué
92131 Issy-les-Moulineaux cedex
ISBN 978 - 2 - 297 - 04715 - 9
ISSN 1288-9199

FAC • UNIVERSITÉS
MÉMENTOS LMD

DROIT ADMINISTRATIF

- Sources
- Organes
- Activité
- Contrôle juridictionnel
- Responsabilité

Marie-Christine ROUAULT

11e édition 2015-2016

Gualino
lextenso éditions

Présentation

Cet ouvrage présente de façon à la fois synthétique, structurée et illustrée, l'ensemble des connaissances qu'un étudiant en Licence en Droit (2e année), qu'un candidat aux concours administratifs ou qu'un étudiant des Instituts d'études politiques doit avoir sur le ***Droit administratif***, droit applicable à l'administration, droit de la puissance publique dans ses relations quotidiennes avec les administrés.

Le terme ***administration*** désigne à la fois une fonction et l'organe qui l'exerce, une activité et une organisation. Au sens d'organisation, l'administration se compose de l'ensemble des organismes assurant les interventions de la puissance publique dans la vie sociale (pouvoir central, autorités locales, établissements publics). Au sens d'activité, l'administration désigne les fonctions de ces organes, qui entretiennent des rapports entre eux et avec les administrés et pourvoient aux besoins d'intérêt général.

L'***activité administrative*** ne se confond ni avec celle des particuliers, ni avec les autres formes de l'activité publique, la législation et la justice. Administrer consiste d'abord à produire des actes juridiques : des normes, de nombreuses décisions individuelles ou collectives et des contrats ; ensuite à fournir des prestations aux particuliers.

Après une partie introductive consacrée à la ***définition de l'administration*** et à la formation du droit administratif français, le livre développe la matière en quatre parties :

– ***sources et principes généraux du droit administratif*** : les sources écrites – les sources non écrites – le pouvoir réglementaire – le principe de légalité ;

– *l'organisation administrative* : la personnalité morale – déconcentration et décentralisation –, l'administration d'État, les administrations décentralisées ;

– *l'activité administrative* : les actes unilatéraux, les contrats administratifs, la police administrative, le service public ;

– *le contrôle de l'administration* : la répartition des compétences entre juridictions administratives et juridictions judiciaires, le contrôle de l'administration par le juge judiciaire, la juridiction administrative, les principaux recours devant le juge administratif, la procédure administrative contentieuse, les caractères généraux de la responsabilité de la puissance publique, la responsabilité pour faute, la responsabilité sans faute.

L'auteur a également publié dans la même collection le livre ***Mémentos LMD Contentieux administratif*** qui complète utilement le présent ouvrage pour couvrir une grande partie du droit administratif.

Sommaire

SOMMAIRE

SOMMAIRE

PARTIE 4
Le contrôle de l'administration

SOMMAIRE

SOMMAIRE

Liste des principales abréviations

AJDA	Actualité Juridique, Droit administratif
Cass.	Cour de cassation
C. civ.	Code civil
CE	Conseil d'État
CGCT	Code général des collectivités territoriales
CGI	Code général des impôts
C. just. adm.	Code de justice administrative
Cne	Commune
Cons. const.	Conseil constitutionnel
D.	Décret
D.	Dalloz
Dr. adm.	Droit administratif
JCP	Jurisclasseur Périodique, La Semaine juridique
JO	*Journal officiel*
JOUE	*Journal officiel* de l'Union européenne
L.	Loi
LO	Loi organique
Ord.	Ordonnance
sect.	Section
TA	Tribunal administratif
T. confl.	Tribunal des conflits
TGI	Tribunal de grande instance
V.	Ville

Introduction

Administrer, du latin *administrare*, signifie prêter son ministère, fournir ce qui est utile. Au sens juridique, administrer veut dire gérer, avoir en charge la gestion. L'administration désigne un type de fonction ou d'activité et, par extension, l'organe qui l'exerce ou le régime qui la gouverne. L'administration est, d'une part, la fonction de l'État qui consiste, sous l'autorité du gouvernement, à assurer l'exécution des lois et le fonctionnement continu des services publics, d'autre part, l'ensemble des services et agents groupés sous l'autorité des ministres ou, plus spécifiquement, placés sous une même direction pour l'exécution d'une tâche déterminée (administration de l'équipement, de l'éducation nationale, de la santé...).

L'administration et le droit administratif revêtent une importance considérable dans notre vie quotidienne. Quelques milliers de lois sont applicables, sans compter les lois de codification, les lois purement modificatives et les lois portant approbation de traités et conventions internationales. S'y ajoutent des milliers de textes réglementaires, des règlements et des directives européens.

Le droit administratif peut se définir comme la branche du droit public qui régit l'administration. Normalement, dès lors que les règles applicables sont des règles exorbitantes du droit privé, il s'agit de règles de droit administratif. Mais le droit administratif n'est pas tout le droit applicable à l'action administrative. L'application du droit administratif et la compétence du juge administratif constituent une sorte de privilège, auquel l'administration peut renoncer ou dont elle peut être privée.

Le droit administratif régit l'un des trois pouvoirs de l'État : l'exécutif. C'est le droit de la puissance publique dans ses rapports constants avec les particuliers. Le terme ***administration*** désigne tantôt une activité, une fonction (sens matériel), tantôt l'organe qui l'exerce, un ensemble de structures (sens organique). Dans le sens étroit et courant, il désigne l'ensemble des organes par lesquels sont conduites et exécutées les tâches publiques. L'administration se définit alors comme la gestion des affaires publiques.

L'administration a pour vocation la satisfaction de l'intérêt général, essentiellement par des activités de service public. Elle peut remplir sa mission en employant les mêmes méthodes qu'un particulier, se soumettant aux règles du droit privé (gestion privée), ou en utilisant ses prérogatives de puissance publique et en recourant aux règles de droit public (gestion publique). Elle est alors conçue comme différente de l'activité des particuliers et d'autres formes de l'activité publique, législation ou justice.

Administrer consiste d'abord à produire des actes juridiques, principalement des décisions unilatérales, ***ensuite à fournir des prestations.*** Il n'existe pas toujours de rapport entre l'action administrative et le droit, rapport qui n'est pas indispensable en théorie. La conquête de l'État par le droit est relativement récente et pas universellement achevée. En France, la vie politique elle-même est soumise au droit, la justice constitutionnelle est devenue une réalité. ***Le droit administratif se définit comme le droit applicable à l'administration et dont des juges indépendants assurent le respect.*** En France, un ordre particulier de juridiction, la juridiction administrative, a créé un droit spécifique à l'administration.

Les règles de droit administratif se différencient de celles du droit privé, en ce qu'elles confèrent à l'administration des prérogatives sans équivalent dans les relations privées, ou en ce qu'elles imposent à sa liberté d'action des sujétions plus strictes que celles auxquelles sont soumises les relations entre particuliers. Le droit administratif est constitué des règles relatives à l'organisation et à l'activité de l'administration. L'existence de l'administration soulève des questions fondamentales : comment les structures administratives sont-elles aménagées ? De quels moyens disposent-elles ? À quelles obligations sont-elles soumises ? Dans quelle mesure leur fonctionnement est-il subordonné à des règles et le respect de celles-ci assuré par une sanction ?

PARTIE 1

Les sources du droit administratif

Les sources du droit sont les procédés par lesquels s'élaborent les règles de droit.

Il n'existe pas de code administratif constituant un ensemble cohérent et pensé de règles régissant la matière. Certains textes portent le nom de code (Code général des collectivités territoriales, Code de l'urbanisme, Code de l'expropriation pour cause d'utilité publique, Code général de la propriété des personnes publiques...), sans perdre leur caractère limité.

La Constitution détermine les autorités compétentes pour poser les règles de droit. Les lois et règlements touchent plus particulièrement à la structure des organismes publics, la compétence des autorités administratives, la structure et les modalités de fonctionnement de la juridiction administrative. La jurisprudence est la source essentielle des grandes constructions du droit administratif stricto sensu : actes unilatéraux, contrats, responsabilité de la puissance publique... Les juridictions administratives dégagent les règles générales du droit administratif, les adaptant constamment aux problèmes de fait. Le droit administratif est fondamentalement prétorien.

Les sources forment un ensemble hiérarchisé, appelé « bloc de légalité ». La hiérarchie des normes repose essentiellement sur un critère organique. Les règles adoptées par le peuple ou selon une procédure offrant la garantie de l'adhésion des représentants de la nation sont supérieures à toutes les autres. Les normes internationales l'emportent sur les lois, ces dernières sur les règlements... Enfin, les actes non réglementaires doivent respecter toutes les normes à portée générale.

CHAPITRE 1

Les sources écrites

Les sources écrites sont l'œuvre du constituant, du Parlement, du pouvoir réglementaire, ou l'œuvre conjointe de l'État français et d'un État étranger ou d'une organisation internationale.

1 • LES NORMES CONSTITUTIONNELLES

La Constitution est la source suprême de toutes les compétences qui s'exercent dans l'ordre administratif. Sa supériorité dans la hiérarchie des normes est clairement consacrée par l'arrêt ***Sarran, Levacher et autres*** : « la suprématie [...] conférée aux engagements internationaux ne s'applique pas, dans l'ordre interne, aux dispositions de nature constitutionnelle »[1]. Le Conseil constitutionnel ne tient d'aucune autre disposition de la Constitution le pouvoir de statuer sur une révision constitutionnelle[2], de même que pour connaître de la constitutionnalité de dispositions législatives transposant mécaniquement une directive communautaire, cette transposition résultant d'une exigence constitutionnelle à laquelle il ne pourrait être fait obstacle qu'en raison d'une disposition expresse contraire de la Constitution. En l'absence d'une telle disposition, il n'appartient qu'au juge communautaire de contrôler le respect par une directive communautaire tant des compétences définies par les traités que des droits fondamentaux garantis par le Traité sur l'Union européenne[3].

Le Conseil d'État ne saurait s'ériger en censeur de la volonté du Constituant : « [...] eu égard aux dispositions de l'article 88-1 de la Constitution [...], dont découle une obligation constitutionnelle de transposition des directives, le contrôle de constitutionnalité des actes réglementaires assurant directement cette transposition est appelé à s'exercer selon des modalités particulières dans le cas où sont transposées des dispositions précises et inconditionnelles ; qu'alors, si le contrôle des règles de compétence et de procédure ne se trouve pas affecté, il appartient au juge administratif, saisi d'un moyen tiré de la méconnaissance d'une disposition ou d'un principe de valeur constitutionnelle, de rechercher s'il existe une règle ou un principe général du droit communautaire qui, eu égard à sa nature et à sa portée, tel qu'il est interprété en l'état actuel de la

---

1. CE, ass., 30 oct. 1998, ***Sarran, Levacher*** : *Rec.* 368 ; Cass., ass. plén., 2 juin 2000, *Mlle Fraisse* : *RDP* 2000, 1037 ; Cons. const., 2004-505 DC, 19 nov. 2004, *Constitution pour l'Europe* : *Rec.* 173 ; Cons. const., 2009-595 DC, 3 déc. 2009, *Application de l'article 61-1 de la Constitution* : *Rec.* 206.
2. Cons. const., 2003-469 DC, 26 mars 2003, *Organisation décentralisée de la République* : *Rec.* 293.
3. Cons. const., 2004-496 DC, 10 juin 2004, *Économie numérique* : *Rec.* 101.

jurisprudence du juge communautaire, garantit par son application l'effectivité du respect de la disposition ou du principe constitutionnel invoqué ; que, dans l'affirmative, il y a lieu pour le juge administratif, afin de s'assurer de la constitutionnalité du décret, de rechercher si la directive que ce décret transpose est conforme à cette règle ou à ce principe général du droit communautaire ; qu'il lui revient, en l'absence de difficulté sérieuse, d'écarter le moyen invoqué, ou, dans le cas contraire, de saisir la Cour de justice des Communautés européennes d'une question préjudicielle [...] ; qu'en revanche, s'il n'existe pas de règle ou de principe général du droit communautaire garantissant l'effectivité du respect de la disposition ou du principe constitutionnel invoqué, il revient au juge administratif d'examiner directement la constitutionnalité des dispositions réglementaires contestées [...] »[4].

Ce contrôle a été étendu au droit européen des droits de l'homme[5].

L'expression « bloc de constitutionnalité » est utilisée couramment afin de souligner l'étendue du champ des normes constitutionnelles (le Conseil constitutionnel emploie plus volontiers celle de « normes de constitutionnalité »). Ces locutions désignent les normes situées au sommet de notre ordre juridique.

Les normes constitutionnelles s'imposent à l'administration[6]. Le juge administratif censure les actes administratifs méconnaissant directement une règle constitutionnelle[7]. Mais si l'inconstitutionnalité provient de ce que l'acte est pris en exécution d'une loi elle-même inconstitutionnelle, elle reste sans sanction, car censurer l'acte reviendrait à critiquer la loi. On dit que ***la loi « fait écran »*** entre le juge et la norme constitutionnelle.

Le juge considère parfois l'écran législatif comme transparent. D'éventuels vices d'inconstitutionnalité ne peuvent être imputés qu'à l'autorité réglementaire lorsque la loi, sur le fondement de laquelle un règlement est intervenu, s'est bornée à renvoyer à l'autorité réglementaire le soin de poser certaines règles, sans contenir elle-même de norme de fond[8].

Seul le Conseil constitutionnel peut juger de la régularité juridique de la loi par rapport à la Constitution. Cependant, il lui revient de constater l'abrogation, fût-elle implicite, de dispositions législatives qui découle de ce que leur contenu est inconciliable avec un texte postérieur, que celui-ci ait valeur législative ou constitutionnelle[9]. L'objectif à valeur constitutionnelle d'accessibilité et d'intelligibilité de la norme juridique peut être invoqué contre un décret[10].

Aucune difficulté, autre que d'interprétation, ne surgit quant aux articles de la Constitution. Le bloc de constitutionnalité excède ces articles.

---

4. CE, ass., 8 févr. 2007, ***Soc. Arcelor Atlantique et Lorraine*** : *Rec.* 55.
5. CE, sect., 10 avr. 2008, ***Conseil nat. des barreaux et a.*** : *Rec.* 129.
6. Cons. const., 98-401 DC, 10 juin 1998, *Réduction du temps de travail* : *Rec.* 258.
7. CE, ass., 11 juill. 1956, ***Amicale des Annamites de Paris*** : *Rec.* 317.
8. CE, 17 mai 1991, *Quintin* : *RDP* 1991, 1429.
9. CE, sect., 23 nov. 2005, *Mme Baux* : Rec. 519 ; ass., 16 déc. 2005, *Min. aff. soc. et Synd. nat. des huissiers de justice* : *RFDA* 2006, 41.
10. CE, ass., 24 mars 2006, ***Soc. KPMG*** : *Rec.* 154.

A - Les articles de la Constitution

La Constitution comporte des règles qui encadrent l'action de l'administration, déterminent des compétences et des procédures (art. 13 et 21, 34, 37, 38) ou posent des principes (art. 2, 3, 72). L'interprétation de ces dispositions est l'œuvre du Conseil constitutionnel, du juge administratif ou du juge judiciaire, ce qui peut créer des divergences.

La question fondamentale consiste à savoir si la Constitution permet au juge administratif de ne pas se conformer à l'interprétation que le juge constitutionnel en donne. L'article 62 dispose que les décisions du Conseil constitutionnel s'imposent aux pouvoirs publics et à toutes les autorités administratives et juridictionnelles, mais l'autorité qui s'applique à l'interprétation, soutien nécessaire du dispositif de sa décision, est-elle absolue ou relative ? Pour le Conseil constitutionnel[11], ce n'est qu'en principe que la chose jugée ne peut être utilement invoquée à l'encontre d'une autre loi conçue en termes distincts. Doit être réservé le cas où les dispositions de cette loi, bien que rédigées sous une forme différente, ont, en substance, un objet analogue à celui des dispositions législatives déclarées contraires à la Constitution.

B - Le préambule de la Constitution

Le préambule comporte dix lignes, très substantielles. Il proclame solennellement l'attachement du peuple français aux Droits de l'homme et aux principes de la souveraineté nationale tels que définis par la Déclaration des droits de l'homme et du citoyen de 1789, confirmée et complétée par le préambule de 1946, ainsi qu'aux droits et devoirs définis dans la Charte de l'environnement de 2004[12].

1) La valeur juridique du préambule

Les juridictions administratives et judiciaires ont reconnu valeur constitutionnelle au préambule de 1946, en raison du renvoi qu'y opérait l'article 81 de la Constitution aujourd'hui abrogé. Un certain nombre de droits et de principes tirés du préambule furent affirmés : droit de grève, reconnu par le préambule de la Constitution de 1946, égalité entre hommes et femmes, liberté d'association[13]. Le Conseil d'État se référant « aux principes généraux du droit qui, résultant notamment du Préambule de la Constitution », reconnaît valeur constitutionnelle au préambule, qui ne doit pas être dissocié du reste de la Constitution, comme l'affirme le Conseil constitutionnel en 1971[14].

La valeur constitutionnelle de la Déclaration des droits de l'homme et du citoyen, à laquelle renvoie le préambule, a également été consacrée[15].

---

11. Cons. const., 89-258 DC, 8 juill. 1989, *Loi portant amnistie* : *Rec.* 48.
12. CE, ass., 3 oct. 2008, *Cne Annecy* : *Rec.* 322.
13. CE, ass., 7 juill. 1950, ***Dehaene*** : *Rec. 426 ;* ass., 6 janv. 1956, *Synd. autonome du cadre de l'administration gén. des colonies* : *Rec.* 4 ; *Amicale des annamites de Paris* : *préc.*
14. CE, sect., 26 juin 1959, ***Synd. gén. des ingénieurs-conseils*** : *Rec.* 394 ; sect., 12 févr. 1960, ***Soc. Eky*** : *Rec.* 101 ; Cons. const., 71-44 DC, 16 juill. 1971, ***Liberté d'association*** : *Rec.* 29.
15. CE, 7 juin 1957, *Condamine* : *RDP* 1958, 58.

Si certaines dispositions du préambule sont suffisamment précises pour être appliquées telles quelles, certaines doivent être précisées par une loi d'application. Certaines constituent des cas limites, ainsi celle affirmant que tout homme persécuté en raison de son action en faveur de la liberté a droit d'asile sur les territoires de la République[16].

2) Le contenu du préambule

Le préambule affirme directement des droits et opère par renvoi à d'autres textes. Certaines de ses dispositions sont prises telles quelles par le Conseil constitutionnel. D'autres sont développées et concrétisées par la jurisprudence, qui a soumis le législateur et l'administration à de nombreux principes constitutionnels : prise en considération de composantes du principe de liberté, affirmé par l'article 4 de la Déclaration des droits de l'homme et du citoyen (d'aller et venir, du commerce et de l'industrie, d'entreprendre), du principe d'égalité, qui impose seulement qu'à des situations semblables soient appliquées les mêmes règles et n'interdit pas qu'à des situations non semblables soient appliquées des règles différentes, à condition que la différence de traitement soit justifiée par la différence des situations et ne soit pas incompatible avec la finalité de la loi[17]. Le Conseil constitutionnel a indiqué les corollaires inclus dans le principe d'égalité : égalité devant la justice, les charges publiques, dans le déroulement de la carrière des fonctionnaires d'un même corps.

Les atteintes portées à l'exercice de la liberté d'expression et de communication, qui est une des conditions de la démocratie et l'une des garanties du respect des autres droits et libertés, doivent être nécessaires, adaptées et proportionnées à l'objectif poursuivi[18].

Mentionnés dans le préambule de la Constitution de 1946, auquel renvoie celui de 1958, les principes fondamentaux reconnus par les lois de la République sont des principes écrits. Le principe de la liberté d'association fut le premier rangé au nombre de ces principes[19], avant ceux du respect des droits de la défense en matière pénale, de la liberté individuelle, de la liberté de l'enseignement, de l'indépendance de la juridiction administrative[20], d'indépendance des professeurs d'Université, celui selon lequel l'annulation ou la réformation des décisions prises par l'administration dans l'exercice de ses prérogatives de puissance publique relève de la juridiction administrative[21] (ce qui confère valeur constitutionnelle à l'existence même de cette juridiction), celui consacrant l'importance des attributions conférées à l'autorité judiciaire en matière de protection de la propriété immobilière. A aussi valeur constitutionnelle en toutes matières[22], le respect

16. CE, 27 sept. 1985, *France Terre d'Asile* : *Rec.* 263.
17. Cons. const., 79-107 DC, 12 juill. 1979, *Ouvrages reliant les voies nationales ou départementales* : *Rec.* 31.
18. Cons. const., 2012-647 DC, 28 févr. 2012, *Génocides : JO* 2 mars, 3988.
19. Cons. const., 71-44DC : *préc.*
20. Cons. const., 80-119 DC, 22 juill. 1980, *Validation d'actes administratifs* : *Rec.* 46.
21. Cons. const., 86-224 DC, 23 janv. 1987, *Conseil de la concurrence* : *Rec.* 8.
22. Cons. const., 88-248 DC, 17 janv. 1989, *Liberté de communication* : *Rec.* 18.

des droits de la défense, tels qu'ils résultent des principes fondamentaux reconnus par les lois de la République[23].

De son côté, le Conseil d'État dégage des principes constitutionnels, parfois sans rattachement textuel : prohibition de l'extradition dans un but politique[24], principe selon lequel nul n'est responsable pénalement que de son propre fait[25].

C - La chose jugée par le Conseil constitutionnel

L'autorité des décisions du Conseil constitutionnel ne se limite pas à leur dispositif, elle s'étend à ceux de leurs motifs qui en sont le soutien nécessaire et en constituent le fondement même[26]. Ce n'est qu'en principe que la chose jugée ne peut pas être utilement invoquée à l'encontre d'une loi conçue en termes distincts[27]. Il faut réserver le cas dans lequel les dispositions de cette loi, bien que rédigées sous une forme différente, ont, en substance, un objet analogue à celui des dispositions législatives déclarées contraires à la Constitution[28].

Le Conseil d'État s'estime lié par l'interprétation de la Constitution donnée par le Conseil constitutionnel lorsqu'il a à statuer dans une affaire où est en cause une loi sur laquelle ce dernier s'est déjà prononcé[29]. Saisi à propos d'une loi sur laquelle le Conseil constitutionnel ne s'est pas prononcé, il statue comme il l'entend, même si la question posée a déjà été résolue par ce dernier[30].

Lorsque les dispositions d'une loi n'ont pas été déclarées contraires à la Constitution mais sont assorties de réserves d'interprétation, celles-ci possèdent l'autorité absolue de la chose jugée, car leur respect est la condition de constitutionnalité de la loi[31].

Lorsque le Conseil constitutionnel déclare une disposition législative inconstitutionnelle dans le cadre de la question prioritaire de constitutionnalité (QPC), sa décision s'impose notamment aux autorités administratives et juridictionnelles (Const., art. 62). Cette disposition législative est abrogée à compter de la publication de la décision du Conseil constitutionnel ou à une date ultérieure fixée par cette décision[32].

L'autorité qui s'attache aux décisions du Conseil constitutionnel ne limite pas la compétence des juridictions administratives et judiciaires pour faire prévaloir les engagements internationaux ou européens de la France sur une disposition législative incompatible avec eux, « même lorsque cette dernière a été déclarée conforme à la Constitution ».

---

23. Cons. const., 76-70 DC, 2 déc. 1976, *Prévention des accidents du travail* : *Rec.* 39.
24. CE, ass., 3 juill. 1996, *Koné* : Rec. 255 : les stipulations, relatives à l'extradition, du traité en cause doivent être interprétées conformément au principe constitutionnel prohibant les extraditions demandées dans un but politique. Il ne s'agit pas d'une simple interprétation, car, sous prétexte d'interpréter le traité, le Conseil d'État le confronte à la Constitution, l'estime contraire à celle-ci et en écarte l'application.
25. *Koné* : *préc.* ; avis, 29 oct. 2007, *Soc. sportive prof. « Losc Lille Métropole »* : *Rec.* 431.
26. Cons. const., 61-18L, 16 janv. 1962, *Loi d'orientation agricole* : *Rec.* 31.
27. Cons. const., 88-244 DC, 20 juill. 1988, *Loi d'amnistie* : *Rec.* 119.
28. Cons. const., 89-258 DC : *préc.*
29. CE, ass., 20 déc. 1985, *SA Établ. Outters* : *Rec.* 382.
30. CE, 9 juill. 1986, *V. Paris* : *AJDA* oct. 1986, 547.
31. CE, 15 mai 2013, *Cne Gurmençon* : *Rec.* 741 ; avis, 18 déc. 2013, *A.*, n° 372832 ; T. confl., 9 févr. 2015, *A.*, n° 3986.
32. Cons. const., 2008-564 DC, 19 juin 2008, *OGM* : *Rec.* 313.

Le juge qui a transmis une QPC peut toujours statuer sans attendre la réponse si la loi ou le règlement prévoit qu'il statue dans un délai déterminé ou en urgence et peut « prendre toutes les mesures provisoires ou conservatoires nécessaires, par exemple suspendre immédiatement tout éventuel effet de la loi incompatible avec le droit de l'Union européenne ». Rien ne fait obstacle à la faculté ou à l'obligation de saisir la CJUE d'une question préjudicielle[33].

Contrôle de constitutionnalité de la loi par le Conseil constitutionnel

	Contrôle *a priori* (Const., art. 61)	**Contrôle *a posteriori* (Const., art. 61-1)**
Délai de saisine	Après adoption par le Parlement et avant promulgation	Après l'entrée en vigueur de la loi, quelle que soit sa date d'adoption
Recevabilité du recours	Toutes les lois, sauf les lois référendaires (*Cons. const., déc. 62-20 DC, 6 nov. 1962*)	Conditions : – loi applicable au litige, – non déjà jugée conforme à la Constitution, sauf « changement de circonstances », – et caractère sérieux de la question. Sauf loi de ratification d'une convention internationale (*Cons. const., déc. 2010-605 DC, 12 mai 2010 ; CE, 14 mai 2010, Rujovic*)
Requérants	– Président de la République – ou Premier ministre – ou Président du Sénat – ou Président de l'Assemblée nationale – ou au moins 60 sénateurs – ou au moins 60 députés	Tout justiciable, à l'occasion d'une instance pendante, sauf en Cour d'assises
Procédure	Recours direct	Recours par voie d'exception – transmission motivée par les juges du fond, insusceptible de recours, – et filtrage par la Cour de cassation ou le Conseil d'État
Moyens	Tous les moyens peuvent être soulevés d'office	Pas de moyen soulevé d'office
Délai de jugement	– un mois – ou huit jours en cas d'urgence déclarée par le gouvernement	Six mois après transmission par le juge du fond : – trois mois après sa saisine pour la Cour de cassation ou le Conseil d'État, – et trois mois après sa saisine pour le Conseil constitutionnel
Effets de la décision du Conseil constitutionnel	Autorité absolue de la chose jugée Annulation *erga omnes*	

33. Cons. const., 2010-605 DC, 12 mai 2010, *Jeux d'argent et de hasard en ligne* : *JO* 13 mai, 8897 ; CE, 14 mai 2010, *Rujovic* : *Rec.* 165 ; CJUE, 22 juin 2010, *Melki, Abdeli*, aff. C-188/10 et C-189/10.

2 • LES DROITS INTERNATIONAL ET COMMUNAUTAIRE

Les règles de droit international jouent un grand rôle, en raison surtout de la conclusion de traités déterminant directement le comportement des États dans leurs rapports avec les personnes se trouvant sur leur territoire ainsi que de traités créant des institutions investies du pouvoir de contrôler leur application par les États ou même d'exercer une activité normative pour la mise en œuvre de leurs stipulations. Les traités relatifs à l'Union européenne, la Convention européenne des droits de l'homme et des libertés fondamentales, les actes de droit dérivé et les conventions bilatérales ou multilatérales constituent une très dense source du droit. Les traités et les règles de droit international et communautaire se situent dans la hiérarchie des normes sous les règles constitutionnelles, le préambule de la Constitution proclamant que la France se conforme aux règles du droit public international.

Les traités tenant, à l'égard du droit national, leur autorité de la Constitution, celle-ci l'emporte sur eux[34]. La suprématie conférée par l'article 55 de la Constitution aux engagements internationaux ne s'applique pas, dans l'ordre interne, aux dispositions de nature constitutionnelle[35]. De même, le principe de primauté du droit communautaire ne saurait conduire à remettre en cause, dans l'ordre interne, la suprématie de la Constitution[36]. Un engagement international comportant une clause contraire à la Constitution ne peut être ratifié ou approuvé qu'après révision de celle-ci. Les autorités habilitées à saisir le Conseil constitutionnel au titre de l'article 61 peuvent le saisir au titre de l'article 54 afin qu'il déclare si l'engagement international comporte une clause contraire à la Constitution ou porte atteinte aux conditions essentielles d'exercice de la souveraineté nationale[37].

A - Les règles de droit international et communautaire

La jurisprudence distingue selon qu'il s'agit de principes généraux du droit international public, de traités *stricto sensu* ou du droit dérivé de certains traités. Le juge reconnaît l'existence de la coutume et des principes généraux de droit international, mais n'en assure pas la primauté[38]. Certains principes généraux sont consacrés par des traités. Le Conseil d'État vérifie que l'administration ne les viole pas[39], mais refuse de s'immiscer dans les relations internationales, en utilisant la théorie des actes de gouvernement. Certains actes, relatifs à la conclusion et parfois à l'exécution des traités, échappent donc à tout contrôle juridictionnel. Cependant, pour qu'un traité soit incorporé en droit interne français, il doit être approuvé ou ratifié. Le Conseil d'État déduit de cette

---

34. CE, 30 mai 1952, ***D^me^ Kirkwood*** : *Rec.* 291.
35. *Sarran, Levacher et a.* : *préc.*
36. CE, 3 déc. 2001, *Synd. nat. de l'industrie pharmaceutique* : *Rec.* 624.
37. Cons. const., 92-308 DC, 9 avr. 1992, *Traité sur l'Union européenne* : *Rec.* 55 ; 19 nov. 2004 : *préc.* ; 2007-560 DC, 20 déc. 2007, *Traité de Lisbonne* : *Rec.* 459.
38. CE, ass., 6 juin 1997, *Aquarone* : *Rec.* 206.
39. *D^me^ Kirkwood* : *préc.* ; sect., 23 oct. 1987, *Soc. Nachfolger Navigation Company* : *Rec.* 319.

obligation qu'il doit s'assurer que ces formalités ont bien eu lieu[40]. Pour un simple accord international, l'approbation donnée par le chef de l'État suffit. Ce décret est indispensable[41].

Le Conseil d'État apprécie la régularité des procédures d'approbation ou de ratification[42], y compris par voie d'exception[43], sous réserve que la loi de ratification fasse écran au contrôle de constitutionnalité du décret de publication[44].

En cas de recours pour excès de pouvoir contre un décret publiant un traité ou un accord, « [...] il appartient au Conseil d'État [...] de connaître des moyens tirés, d'une part, de vices propres à ce décret, d'autre part, de ce qu'en vertu de l'article 53 de la Constitution, la ratification ou l'approbation de l'engagement international en cause aurait dû être autorisée par la loi ; [...] constitue, au sens de cet article, un traité ou un accord modifiant des dispositions de nature législative un engagement dont les stipulations touchent à des matières réservées à la loi par la Constitution ou énoncent des règles qui diffèrent de celles posées par des dispositions de forme législative ; [...] en revanche, il n'appartient pas au Conseil d'État de se prononcer sur la conformité du traité ou de l'accord à la Constitution, ni sur sa conformité à d'autres engagements internationaux [...] »[45].

Le Conseil d'État interprète les accords internationaux et vérifie le respect de la condition de réciprocité, après avoir recueilli les observations du ministre des Affaires étrangères et, le cas échéant, celles de l'État en cause et soumis ces observations au débat contradictoire[46]. Cependant, l'interprétation des textes communautaires, ainsi que l'appréciation de la validité des actes de droit dérivé relève de la seule Cour de justice de l'Union européenne, qui entend extensivement sa compétence[47]. L'interprétation ou l'appréciation de la validité du droit communautaire retenue par la Cour est contraignante à l'égard du juge national, ainsi qu'à toutes les juridictions des États membres, alors même qu'elle excède les termes du renvoi préjudiciel[48]. Le juge national doit résoudre le litige dont il est saisi sur cette base[49].

Le juge administratif peut interpréter et combiner entre eux les traités internationaux[50].

---

40. CE, 24 févr. 1967, *Chauvineau* : *Rec.* 93 ; ass., 21 déc. 1990, *Confédé. nat. des assoc. fam. catholiques* : *Rec.* 368.
41. CE, ass., 13 juill. 1965, *Soc. Navigator* : *Rec.* 422.
42. CE, ass., 18 déc. 1998, *SARL du Parc d'activités de Blotzheim et SCI Haselaecker* : *Rec.* 483.
43. CE, ass., 5 mars 2003, *Aggoun* : *Rec.* 77.
44. CE, 8 juill. 2002, *Cne Porta* : *Rec.* 260.
45. CE, ass., 9 juill. 2010, *Féd. nat. de la libre pensée* : *Rec.* 268.
46. CE, ass., 29 juin 1990, ***GISTI*** : *Rec.* 171 ; ass., 9 juill. 2010, ***Mme Cheriet-Benseghir*** : *Rec.* 251.
47. CJCE, 22 oct. 1987, *Foto-Frost*, aff. 283/81 : *Rec.* 314.
48. CE, ass., 11 déc. 2006, *Soc. de Groot En Slot Allium BV* : *Rec.* 512.
49. *Idem.*
50. CE, ass., 23 déc. 2011, *Kandyrine de Brito Paiva* : *Rec.* 623.

B - La portée du principe de supériorité des traités sur les lois

L'article 55 de la Constitution confère aux traités une autorité supérieure à celle des lois, sous certaines réserves. Il ne s'applique pas à la Charte des droits fondamentaux de l'Union européenne proclamée par le Conseil européen le 7 décembre 2000[51].

1) Les règles générales

Le juge administratif sanctionne toute contrariété entre un acte administratif et une norme internationale, lorsque les dispositions en cause ont un effet direct[52].

La condition de réciprocité. L'article 55 prévoit la réserve de l'application du traité par l'autre partie. Le juge administratif se reconnaît le pouvoir de vérifier si le traité est effectivement respecté par les États étrangers signataires[53]. En l'absence de réciprocité, le traité régulièrement ratifié ou approuvé n'est pas nécessairement dépourvu de toute valeur juridique. La question de sa force juridique se pose en cas de contradiction avec une loi. L'absence de réciprocité n'empêche pas le législateur de modifier la loi afin de se conformer au traité[54]. La condition de réciprocité, sans objet dans le droit communautaire, n'a pas la même portée pour un traité qui prévoit, entre deux parties, des obligations précises, de caractère synallagmatique, et pour une convention par laquelle de nombreux États affirment leur attachement à des principes fondamentaux[55].

La loi postérieure. Le traité et le droit communautaire priment sur la loi[56]. Le principe de suprématie posé par l'article 55 vaut pour le droit international dans son ensemble, donc pour le droit communautaire originaire comme dérivé[57][58]. La censure est encourue lorsque l'acte administratif n'est pas conforme au droit communautaire, même s'il est conforme à une loi postérieure à la norme communautaire[59] ou lorsqu'il applique un texte contraire au droit communautaire parce qu'il ne comporte pas une disposition imposée par le droit international ou communautaire[60].

Le contrôle de conventionnalité de la loi par rapport aux normes internationales peut, lorsqu'il s'agit d'apprécier le respect de principes protecteurs des droits de l'homme, entrer en concurrence avec le contrôle de constitutionnalité exercé au regard des mêmes principes inscrits dans la Constitution et conduire le juge à rechercher si un

---

51. CE, 5 janv. 2005, *Mlle Deprez, Baillard* : *Rec.* 1.
52. Ex., respect. : CE, ass., 24 juin 1977, *Astudillo-Caleja* : *Rec.* 290 ; sect., 31 oct. 2008, *Section frçse de l'Observatoire international des prisons* : *AJDA* 2009, 2092 ; ass., 19 avr. 1991, *Belgacem* : *Rec.* 152.
53. *Mme Cheriet-Benseghir* : *préc.*
54. *Confédé. nat. des assoc. fam.* : *préc.*
55. Cons. const., 80-126 DC, 30 déc. 1980, *Loi de finances pour 1981* : *Rec.* 53.
56. CE, ass., 20 oct. 1989, ***Nicolo*** : *Rec.* 190 ; Cass., 25 mai 1975, ***Soc. des cafés Jacques Vabre*** : *AJDA* 1975, 567.
57. CE, 5 mai 1995, *Min. équip., transp. et tourisme c/SARL Der* : *Rec.* 192 ; 24 sept. 1990, *Boisdet* : *Rec.* 250 ; ass., 28 févr. 1992, *SA Rothmans International France et SA Philip Morris France* : *Rec.* 81 ; id., *Soc. Arizona Tobacco Products et SA Philip Morris France* : *Rec.* 78 ; 23 mars 1992, *Soc. Klöckner France* : *Rec.* 133.
58. CE, sect., 2 juin 1999, *Meyet* : *Rec.* 160 ; ass., 30 nov. 2001, *Min. défense c/Diop* : *Rec.* 605 ; sect., 6 nov. 2009, *Soc. Inter-Confort* : *Rec.* 448 ; *id., Soc. Pro-Décor* : *JCP* 2010, 2083.
59. CE, 5 mai 1995, *Min. équip., transp. et tourisme* : *AJDA* 1995, 936.
60. CE, 29 juin 2001, *Vassilikiotis* : *Rec.* 303.

changement dans les circonstances de droit n'a pas rendu des dispositions législatives antérieures incompatibles avec la Conv. EDH (loi sur l'interruption volontaire de grossesse, déclarée conforme à la Constitution par le Conseil constitutionnel, et ne méconnaissant pas, pour le Conseil d'État, les stipulations de la Conv. EDH selon lesquelles le droit de toute personne à la vie est protégé par la loi[61]). Ainsi : « [...] il incombe au Tribunal des conflits de se prononcer sur un moyen tiré de la méconnaissance des stipulations d'un traité lorsque, pour désigner un ordre de juridiction compétent, il serait amené à faire application d'une loi qui serait contraire à ces stipulations [...] »[62].

L'écran constitutionnel. Une norme constitutionnelle peut faire écran entre un acte administratif et une convention internationale. Un acte administratif, pris directement sur le fondement d'une disposition constitutionnelle dont il se borne à faire application, méconnaît parfois une norme internationale conventionnelle. Le juge administratif ne peut le censurer, car la suprématie de la Constitution exclut qu'un traité prévale sur elle[63].

L'écran conventionnel. Un acte administratif qui constitue une mesure d'application d'une convention internationale peut être contraire à la Constitution. Un tel acte devrait être annulé. Cependant, le juge administratif n'a pas le pouvoir d'écarter un traité contraire à la Constitution, pouvoir qui n'appartient, à titre préventif, qu'au Conseil constitutionnel[64]. Un tel acte échappe ainsi à toute censure juridictionnelle[65]. Cette jurisprudence est écartée en matière de transposition des directives, car le contenu des actes réalisant la transposition est souvent prédéterminé par la directive et critiquer de tels actes reviendrait à remettre en cause la conformité à la Constitution de la directive, qui fait dans ce cas écran. Le Conseil constitutionnel se fonde alors sur la valeur constitutionnelle de l'obligation de transposition pour s'estimer en principe incompétent pour contrôler la constitutionnalité de lois de transposition qui se bornent à tirer les conséquences nécessaires d'une directive[66]. Le juge communautaire a néanmoins compétence pour vérifier que les directives respectent les droits fondamentaux que garantit le droit communautaire. Par ailleurs, l'arrêt ***Société Arcelor Atlantique et Lorraine***[67] prévoit une exception lorsque la loi de transposition viole une règle ou un principe inhérent à l'identité constitutionnelle de la France sans équivalent communautaire.

2) Les règles de droit communautaire

La Constitution consacre l'existence d'un ordre juridique communautaire intégré à l'ordre juridique interne et distinct de l'ordre juridique international[68]. Les règles générales s'appliquent aux traités relatifs à l'Union européenne. Certaines normes produites par les institutions communautaires (le droit dérivé) entrent directement dans l'ordre

61. *Confédé. nat. des assoc. fam. catholiques* : *préc.* ; CE, sect., 2 juin 1999, *Meyet* : *Rec.* 160.
62. T. confl., 5 mars 2012, *Préf. rég. Alpes-Côte d'Azur, Préf. Bouches-du-Rhône ; Soc. Baryflor c/EDF*, n° 3843.
63. *Sarran* : *préc.*
64. CE, 8 juill. 2002, *Cne Porta* : *Rec.* 260.
65. CE, 3 nov. 1999, *Groupement de défense des porteurs de titres russes* : *Rec.* 343.
66. Cons. const., 2004-496 DC, 10 juin 2004 : *Rec.* 101 ; 2006-540 DC, 27 juill. 2006, *Droit d'auteur et droits voisins dans la société de l'information* : *Rec.* 88.
67. CE, ass., 8 févr. 2007 : *Rec.* 55.
68. Cons. const., 2004-505 DC : *préc.*

interne, dès leur publication au JOUE (règlements à effet direct), d'autres ne fixent qu'un but à atteindre, les États membres devant prendre les dispositions nécessaires à cet effet.

a) Les actes à effet direct

La réalisation de l'effet direct suppose que les stipulations en cause aient pour objet de créer des droits et des obligations au profit et à la charge, non seulement des États signataires, mais encore des sujets de droit interne, et que ces stipulations soient suffisamment précises pour pouvoir être appliquées sans le complément de mesures nationales d'exécution[69].

Les stipulations dépourvues d'effet direct ne peuvent utilement être invoquées à l'appui de conclusions tendant à l'annulation d'une décision individuelle ou réglementaire.

CE, ass., 11 avril 2012, GISTI : Rec. 142

« [...] sous réserve des cas où est en cause un traité pour lequel la Cour de justice de l'Union européenne dispose d'une compétence exclusive pour déterminer s'il est d'effet direct, une stipulation doit être reconnue d'effet direct par le juge administratif lorsque, eu égard à l'intention exprimée des parties et à l'économie générale du traité invoqué, ainsi qu'à son contenu et à ses termes, elle n'a pas pour objet exclusif de régir les relations entre États et ne requiert l'intervention d'aucun acte complémentaire pour produire des effets à l'égard des particuliers ; que l'absence de tels effets ne saurait être déduite de la seule circonstance que la stipulation désigne les États parties comme sujets de l'obligation qu'elle définit [...] ».

L'effet direct s'apprécie non pour un traité pris dans son ensemble, mais stipulation par stipulation[70].

Le Conseil d'État exerce sur les actes administratifs un « contrôle de conventionnalité », lui permettant d'écarter l'application d'une loi contraire à une norme internationale.

b) Le cas des directives

Le Conseil constitutionnel tire de l'article 88-1 de la Constitution que la transposition en droit interne d'une directive communautaire résulte d'une exigence constitutionnelle et qu'il est compétent pour vérifier que la loi de transposition dont il est saisi respecte cette exigence. La transposition ne doit pas aller à l'encontre d'une règle ou d'un principe inhérent à l'identité constitutionnelle de la France, sauf à ce que le constituant y ait consenti. Une loi ne peut être déclarée non-conforme à l'article 88-1 que si elle est manifestement incompatible avec la directive. Le Conseil constitutionnel ne peut interpréter la directive ni en apprécier la régularité, ce qui est le monopole de la CJUE. Il peut rarement la saisir d'une question préjudicielle, le délai dans lequel il doit statuer étant trop bref pour le lui permettre[71].

---

69. CE, sect., 23 avr. 1997, *GISTI* : *Rec.* 142.
70. *GISTI* : *préc.*
71. Cons. const., 27 juill. 2006 : *préc.* ; 2006-543 DC, 30 nov. 2006, *Loi relative au secteur de l'énergie* : *Rec.* 120 ; 2013-314 QPC, 4 avr. 2013.

L'obligation constitutionnelle de transposition a été consacrée par l'arrêt ***Société Arcelor Atlantique et Lorraine***[72]. La norme constitutionnelle est mise de côté lorsqu'existe une norme communautaire identique.

Le Conseil d'État estime aujourd'hui qu'il appartient au juge national de garantir l'effectivité des droits que toute personne tient de l'obligation de transposition en droit interne des directives communautaires, à l'égard des autorités publiques.

> ***CE, ass., 30 octobre 2009, Mme Perreux : Rec. 407, concl. Guyomar***
>
> « [...] il appartient au juge national, juge de droit commun de l'application du droit communautaire, de garantir l'effectivité des droits que toute personne tient de cette obligation à l'égard des autorités publiques ; [...] tout justiciable peut en conséquence demander l'annulation des dispositions réglementaires qui seraient contraires aux objectifs définis par les directives et, pour contester une décision administrative, faire valoir, par voie d'action ou par voie d'exception, qu'après l'expiration des délais impartis, les autorités nationales ne peuvent ni laisser subsister des dispositions réglementaires, ni continuer de faire application des règles, écrites ou non écrites, de droit national qui ne seraient pas compatibles avec les objectifs définis par les directives ; [...] en outre, tout justiciable peut se prévaloir, à l'appui d'un recours dirigé contre un acte administratif non réglementaire, des dispositions précises et inconditionnelles d'une directive, lorsque l'État n'a pas pris, dans les délais impartis par celle-ci, les mesures de transposition nécessaires [...] »

Ne sont pas dotées de l'effet direct des dispositions imprécises d'une directive[73].

Le pouvoir réglementaire a l'obligation de s'abstenir de prendre des mesures d'exécution d'une loi contraires aux objectifs d'une directive. Le juge écarte l'application d'une loi ayant pour effet de méconnaître l'interprétation donnée d'une directive par la CJUE[74].

Une fois le délai de transposition passé, l'application d'une disposition législative incompatible avec une directive antérieure est écartée. La responsabilité de l'État peut être engagée à raison de l'intervention d'un règlement pris sur le fondement de cette loi inapplicable, car incompatible avec les objectifs de la directive. Elle peut l'être aussi lorsqu'une directive n'a pas été transposée en temps utile[75].

En cas de transposition de la directive, il est possible de contester devant le juge administratif la conformité de l'acte réglementaire de transposition aux objectifs définis par la directive, mais l'acte réglementaire sur le fondement duquel cette mesure individuelle a été prise peut quant à lui être contesté au motif qu'il n'est pas compatible avec une directive communautaire. La directive peut être invoquée à l'appui d'une exception d'illégalité contre une mesure réglementaire qui n'a procédé à sa transposition que de manière incomplète. Les autorités nationales ne peuvent légalement, après l'expiration des délais impartis pour la transposition de la directive, laisser subsister des dispositions

---

72. *Préc.*
73. Cpr : CE, 17 mars 2010, *Alsace Nature et autres*, *Rec.* 672 et 21 mars 2011, *Jin et Thiero*, avis : *Rec.* 93.
74. CE, 24 févr. 1999, *Assoc. de patients de la médecine d'orientation anthroposophique* : *Rec.* 29 ; sect., 3 déc. 1999, *Assoc. ornithologique et mammalogique de Saône-et-Loire et Assoc. France nature environnement* : *Rec.* 379.
75. *SA Rothmans* : *préc.* ; ass., 30 oct. 1996, *Min. budg. c/SA Jacques Dangeville* : *Rec.* 399.

réglementaires qui ne seraient plus compatibles avec les objectifs définis par les directives[76].

Le Conseil d'État accepte, pour se prononcer sur la conventionnalité d'une loi transposant une directive communautaire, de se prononcer sur la conformité de cette directive aux droits fondamentaux protégés par la CEDH[77]. Le Conseil constitutionnel peut censurer, au titre des articles 61 et 61-1 de la Constitution, la violation d'une disposition constitutionnelle par une loi de transposition, même si elle respecte la directive[78], mais si la loi de transposition méconnaît la directive, il n'accepte de censurer la première, en se fondant sur l'article 88-1 de la Constitution, que si la disposition législative est manifestement incompatible avec la directive[79].

CE, ass., 13 mai 2011, Mme M'Rida : Rec. 211

« [...] il appartient [...] au juge du litige, s'il n'a pas fait droit à l'ensemble des conclusions du requérant en tirant les conséquences de la déclaration d'inconstitutionnalité d'une disposition législative prononcée par le Conseil constitutionnel, d'examiner, dans l'hypothèse où un moyen en ce sens est soulevé devant lui, s'il doit, pour statuer sur les conclusions qu'il n'a pas déjà accueillies, écarter la disposition législative en cause du fait de son incompatibilité avec une stipulation conventionnelle ou, le cas échéant, une règle du droit de l'Union européenne dont la méconnaissance n'aurait pas été préalablement sanctionnée [...] »

3 • LES LOIS ET RÈGLEMENTS

Les lois et règlements constituent la source principale de la légalité, dont l'abondance rend d'autant plus précieuse la codification, entreprise en 1948.

La loi, expression de la volonté générale, est l'acte adopté par le Parlement selon la procédure législative. Depuis 1958, la loi est enfermée, en principe, dans le domaine que lui assigne la Constitution : « en dehors des cas prévus par la Constitution, il n'appartient qu'au Parlement de prendre des mesures relevant du domaine de la loi » et « le législateur ne saurait déléguer sa compétence dans un cas non prévu par la Constitution »[80].

Beaucoup de dispositions législatives, telles les lois d'orientation, sont dépourvues de contenu normatif, de même que les orientations et objectifs présentés dans les rapports annexés à une loi[81]. L'objectif constitutionnel de clarté de la loi et l'objectif de valeur constitutionnelle d'intelligibilité et d'accessibilité et de la loi imposent au législateur « d'adopter des dispositions suffisamment précises et des formules non équivoques afin de prémunir les sujets de droit contre une interprétation contraire à la Constitution ou contre le risque d'arbitraire, sans reporter sur les autorités administratives ou

---

76. *Confédé. nat. des groupes autonomes de l'enseignement publ.* : *préc.*
77. *Conseil nat. des barreaux* : *préc.*
78. Cons. const., 71-44 DC : *préc.*
79. Cons. const., 2010-605 DC : *préc.*
80. Cons. const., 2001-454 DC, 17 janv. 2002, *Corse* : *Rec.* 70.
81. *Confédé. nat. des groupes autonomes de l'enseignement publ.* : *préc.* ; Cons. const., 2002-460 DC, 22 août 2002, *Loi d'orientation et de programmation sur la sécurité intérieure* : *Rec.* 198.

juridictionnelles le soin de fixer des règles dont la détermination n'a été confiée par la Constitution qu'à la loi »[82]. Les textes législatifs non normatifs sortent de la compétence du Parlement et sont contraires à la Constitution. Le législateur doit « exercer pleinement la compétence que lui confie la Constitution » et « sous réserve de dispositions particulières prévues par la Constitution, la loi a pour vocation d'énoncer des règles et doit par suite être revêtue d'une portée normative »[83].

Ont compétence pour poser des règles générales le législateur et certaines autorités exécutives nationales ou locales. La loi et le règlement peuvent comporter, pour un objet et une durée limités, des dispositions à caractère expérimental (Constitution, art. 37-1). La distinction entre la loi et le règlement repose sur un critère organique. La loi est l'acte élaboré par l'organe législatif, le règlement, l'acte à portée générale élaboré par une autorité exécutive. Ces deux catégories d'actes ont, en principe, la même nature de règle générale. Cependant, le Parlement peut adopter des mesures individuelles dans la forme d'une loi. La primauté constitutionnelle du Parlement par rapport au gouvernement a pour corollaire la subordination rigoureuse de la règle posée par celui-ci à la règle votée par le Parlement.

Les ordonnances de l'article 38 de la Constitution sont des actes administratifs qui ne sont assimilables à la loi qu'après leur ratification par le Parlement et ne peuvent faire l'objet d'une exception d'illégalité[84].

A - Les domaines de la loi et du règlement

La loi est enfermée dans le domaine que délimite l'article 34 de la Constitution, le domaine du règlement s'en déduisant *a contrario* (art. 37). L'autorité réglementaire possède théoriquement la compétence de droit commun en ce qui concerne l'élaboration des règles générales. Dans ces matières, le gouvernement exerce en principe une compétence inconditionnée et statue avec une liberté analogue à celle du législateur. Le champ d'action traditionnel de l'exécutif, la prise des mesures d'exécution des lois, demeure.

L'article 34 de la Constitution donne une liste de matières dont la loi fixe les règles, relevant de celle-ci dans leur intégralité, et une liste de matières dont elle détermine les principes fondamentaux. La portée de la distinction est moindre qu'il n'y paraît. Pour le Conseil constitutionnel, les règles visées à l'article 34 sont les seules suffisamment importantes et spécifiques pour présenter un caractère déterminant ou constitutif. L'article 34 peut être complété par une loi organique, qui n'est pas intervenue. Les principes généraux du droit ajoutent de fait au domaine de la loi.

Les matières autres que celles qui sont du domaine de la loi ont un caractère réglementaire. Le règlement bénéficie d'un domaine réservé et, surtout, sa compétence est de droit commun. L'article 21 prévoit le pouvoir d'exécution des lois. Ce domaine réservé au pouvoir réglementaire bénéficie d'une protection contre les éventuels empiétements du législateur. Le Conseil constitutionnel n'annule pas une loi votée dans le domaine

82. Cons. const., 2005-512 DC, 21 avr. 2005, ***Avenir de l'école*** : Rec. 72 ; KPMG, préc. *KPMG : préc.*
83. Cons. const., 2005-512 DC, 21 avr. 2005, ***Avenir de l'école*** : Rec. 72 ; KPMG, préc.
84. Respect. : T. confl., 19 mars 2007, *Préf. Essonne c/CA Paris, Samzun* : *Rec.* 592 et CE, 9 nov. 2007, *Fédé. des établ. hospitaliers et d'assistance privés à but non lucratif*, n° 290794.

réglementaire, mais se reconnaît le pouvoir de déclarer la nature réglementaire de dispositions contenues dans une loi quand il est saisi sur le fondement de l'article 61[85].

Les lois qui ont statué avant 1958 sur des matières désormais réglementaires peuvent être modifiées par décret, après avis du Conseil d'État. Le gouvernement peut opposer l'irrecevabilité à toute initiative parlementaire qu'il estime étrangère au domaine de la loi. En cas de désaccord avec le Parlement, le Conseil constitutionnel tranche (art. 41). Si le gouvernement n'a pas fait jouer cette procédure, il peut, après coup, demander au Conseil constitutionnel de constater que la loi empiète sur le domaine réglementaire et, si tel est le cas, modifier la loi par décret (art. 37, al. 2). La mise en œuvre de la procédure de délégalisation n'est pas une obligation pour le Premier ministre. Saisi d'une demande en ce sens, il dispose, selon le Conseil d'État, d'un « large pouvoir d'appréciation ». Mais « la décision par laquelle le Premier ministre refuse d'engager la procédure prévue au second alinéa de l'article 37 de la Constitution pour procéder par décret à la modification d'un texte de forme législative se rattache à l'exercice du pouvoir réglementaire et revêt ainsi le caractère d'une décision administrative susceptible de faire l'objet d'un recours pour excès de pouvoir »[86].

Le juge exerce sur cette décision un contrôle restreint[87]. Le Conseil d'État peut annuler un règlement entaché d'incompétence parce que statuant sur une matière législative.

Le Conseil constitutionnel stigmatise l'introduction par le gouvernement de dispositions de nature réglementaire dans un texte législatif. Il délégalise des dispositions réglementaires contenues dans une loi, en combinant les procédures des articles 37, al. 2, et 61 de la Constitution, afin d'assurer un minimum de sécurité juridique, qui n'est autre que la garantie des droits de l'article 16 de la Déclaration de 1789[88].

B - L'autorité respective de la loi et du règlement

L'autorité de la loi est supérieure à celle du règlement. La solution ne soulève aucune difficulté pour les règlements de l'article 21 et vaut pour ceux statuant sur des matières dont la loi fixe seulement les principes fondamentaux et pour ceux intervenus sur la base de l'article 37. Il résulte de l'arrêt ***Syndicat général des ingénieurs-conseils***[89] que si en théorie le gouvernement statue en ces domaines avec une liberté voisine de celle du législateur puisqu'il n'existe pas de loi régissant la matière, sa décision reste un acte du pouvoir exécutif, comme tel soumis à la censure du juge, qui peut l'assujettir au respect des principes généraux du droit.

1) La souveraineté de la loi

La loi promulguée échappe à tout contrôle du juge, qui ne saurait faire échec à l'application de la loi au nom de sa contrariété à la Constitution. ***Le Conseil d'État se refuse à contrôler indirectement la constitutionnalité d'une loi en annulant un***

85. Cons. const., 2005-512 DC : *préc.*
86. *Assoc. ornithologique et mammalogique de Saône-et-Loire et Rassemblement des opposants à la chasse* : *préc.*
87. CE, 29 avr. 2002, *Ullmann* : *Rec.* 156.
88. Cons. const., 2005-512 DC : *préc.*
89. CE, 26 juin 1959 : *Rec.* 394 ; v. également, *Soc. Eky* : *préc.*

acte administratif conforme à une loi, mais contraire à la Constitution, en vertu de la théorie de la loi écran[90]. Toutefois, il se prononce sur la constitutionnalité d'une loi promulguée à l'occasion de l'examen de la loi qui la modifie.

Le juge vérifie que la loi a bien été publiée et que le délai préalable à son entrée en vigueur a été respecté[91]. Le juge n'applique la loi que si elle n'a pas été abrogée expressément (cas des actes du gouvernement de Vichy)[92], ou implicitement. Est abrogée une loi dont le contenu est « inconciliable avec un texte qui lui est postérieur, que celui-ci ait valeur législative ou constitutionnelle »[93]. Ainsi, « l'entrée en vigueur de la loi constitutionnelle du 1er mars 2005 a implicitement mais nécessairement eu pour effet (d'abroger des dispositions d'une loi de 1992) »[94].

2) La question prioritaire de constitutionnalité (QPC)

Le Conseil d'État, comme la Cour de cassation, peut renvoyer au Conseil constitutionnel une QPC soulevée devant lui par un requérant arguant qu'***une disposition législative porte atteinte aux droits et libertés que garantit la Constitution***. Le moyen tiré de l'inconstitutionnalité de la loi doit être soulevé dans un mémoire écrit distinct du mémoire principal[95]. La contestation peut être soulevée à tout moment, même pour la première fois en appel, et devant toutes les juridictions à l'exception de la cour d'assises.

La recevabilité de la demande est subordonnée à trois conditions : la disposition contestée doit être applicable au litige ou à la procédure ou constituer le fondement des poursuites, la question ne doit pas être dépourvue de caractère sérieux et ne doit pas avoir déjà été déclarée conforme à la Constitution, « sauf changement des circonstances » (changement des données de droit ou de fait ou revirement de jurisprudence). Le Conseil constitutionnel a qualifié de « nouvelle » une question qu'il n'a pas encore appréciée, la loi ne lui ayant jamais été soumise[96]. La juridiction n'est pas tenue de transmettre une QPC mettant en cause, par les mêmes motifs, une disposition législative dont le Conseil d'État ou le Conseil constitutionnel est déjà saisi[97].

La juridiction statue sans délai par décision motivée, décidant de transmettre ou non la QPC dans les huit jours au Conseil d'État (C. just. adm., art. LO 771-1). Si elle transmet la question, la juridiction saisie au fond sursoit à statuer jusqu'à réception de la décision du Conseil d'État ou, s'il a été saisi, du Conseil constitutionnel. La tenue du procès n'est cependant pas suspendue si un texte impose un jugement dans un délai déterminé ou en urgence ou si le sursis risque d'entraîner des « conséquences irrémédiables » ou « manifestement excessives pour les droits d'une partie ».

Le Conseil d'État doit se prononcer sur le renvoi de la QPC au Conseil constitutionnel dans un délai de trois mois. Au terme de ce délai, en l'absence de décision, la question est transmise au Conseil constitutionnel. S'il renvoie la QPC au Conseil constitutionnel, il doit surseoir à statuer, sauf s'il est tenu de se prononcer en urgence. En cas de transmission par un

---

90. CE, ass., 22 oct. 1979, *UDT* : *Rec.* 383 ; *Confédé. nat. des assoc. fam. catholiques* : *préc.*
91. CE, 13 déc. 1957, *Barrot et autres* : *Rec.* 675.
92. Ord. 9 août 1944.
93. CE, réf., 21 nov. 2005, *Boisvert* : *Rec.* 517.
94. CE, 24 juill. 2009, *CRII-GEN* : *Rec.* 294.
95. CE, 9 avr. 2010, *Matelly* : *Rec.* 825.
96. Cons. const., 2009-595 DC, 3 déc. 2009, *Loi organique 2009-1523* : *RFDA* 2009, 1107.
97. Cons. const., 2010-1 QPC, 28 mai 2010, *Cristallisation des pensions* : *AJDA* 2010, 1051.

tribunal administratif ou une cour administrative d'appel, le Conseil d'État se prononce sur le bien-fondé de la transmission au Conseil constitutionnel. Si le Conseil d'État refuse de transmettre la question, la procédure reprend son cours devant le juge du fond.

Si le Conseil d'État estime que le moyen a des chances de prospérer, il communique le mémoire aux autres parties, au ministre compétent et au Premier ministre, à qui il impartit un délai bref, de quinze jours environ, afin de présenter leurs observations (C. just. adm., art. R. 771-15). La procédure respecte le principe du contradictoire, sauf en cas de refus de transmission (C. just. adm., art. R. 771-15, al. 2).

Lorsqu'une des parties entend contester devant le Conseil d'État, à l'appui d'un appel ou d'un pourvoi en cassation formé contre la décision réglant tout ou partie du litige, le refus de transmission d'une QPC opposé précédemment, il lui appartient, à peine d'irrecevabilité, de présenter sa contestation avant l'expiration du délai de recours dans un mémoire distinct et motivé, accompagné d'une copie de la décision de refus de transmission (C. just. adm., art. R. 771-16).

« [...] une disposition législative déclarée contraire à la Constitution sur le fondement de l'article 61-1 n'est pas annulée rétroactivement mais abrogée pour l'avenir à compter de la publication de la décision du Conseil constitutionnel ou d'une date ultérieure fixée par cette décision ; [...] le Conseil constitutionnel a jugé que si, en principe, la déclaration d'inconstitutionnalité doit bénéficier à l'auteur de la question prioritaire de constitutionnalité et la disposition déclarée contraire à la Constitution ne peut être appliquée dans les instances en cours à la date de la publication de la décision du Conseil constitutionnel, les dispositions de l'article 62 de la Constitution réservent à ce dernier le pouvoir tant de fixer la date de l'abrogation et reporter dans le temps ses effets que de prévoir la remise en cause des effets que la disposition a produits avant l'intervention de cette déclaration [...] »[98].

C - La hiérarchie des lois et des règlements

1) Les différentes catégories de lois

Les lois ordinaires, situées au bas de la hiérarchie, sont adoptées dans le respect de la procédure législative ordinaire.

Les lois organiques, expressément prévues par la Constitution en vue de la détermination des modalités d'application de ses dispositions, ont une autorité supérieure à celles des lois ordinaires. Elles doivent être soumises avant promulgation au contrôle du Conseil constitutionnel (art. 46, Const.). Les lois référendaires sont adoptées par le peuple se prononçant par référendum. Selon leur contenu, elles ont le caractère de lois constitutionnelles, ordinaires ou organiques. Expression directe de la souveraineté nationale, elles échappent au contrôle du Conseil constitutionnel.

Le Conseil constitutionnel s'est doté le 15 décembre 2005, comme le Conseil d'État un an avant par l'arrêt ***Association AC !***[99], d'un moyen de censure modulée dans le temps.

98. V. *supra* Mme *M'Rida*.
99. Cons. const., 2008-564 DC : *préc.* ; CE, ass., 11 mai 2004, ***Assoc. AC !*** : *Rec.* 197.

2) *Le caractère de la loi promulguée*

Sous les réserves indiquées précédemment, la promulgation rend la loi incontestable. Toutes les autorités, notamment administratives, doivent la respecter. Cependant, le Conseil constitutionnel examine une loi déjà promulguée, à l'occasion de la contestation d'une loi qui modifie, complète ou affecte son domaine[100]. Mais le principe de primauté du droit international peut conduire à écarter une loi contraire.

Dès lors qu'une loi est considérée comme implicitement abrogée par un texte constitutionnel ou législatif postérieur, le juge administratif n'en tient plus compte. Il s'assure qu'elle est toujours en vigueur[101]. L'écran législatif disparaît[102], à condition que les normes successives soient nettement incompatibles[103].

D - Le pouvoir réglementaire

Le pouvoir réglementaire est le pouvoir d'édicter des mesures à portée générale et impersonnelle, conféré par la Constitution ou par la loi à certaines autorités nationales ou locales, autres que le Parlement. La jurisprudence a reconnu, par l'arrêt ***Jamart***, un certain pouvoir réglementaire, d'organisation de leurs services, aux chefs de service[104].

Tous les règlements ont en commun leur caractère de généralité, qui les distingue des actes individuels. Proche de la loi du point de vue matériel, le règlement est un acte administratif du point de vue formel. Il reste subordonné à la loi dans toutes les matières où compétences réglementaire et législative sont appelées à s'exercer l'une et l'autre.

En principe, la question de conformité des règlements autonomes à la loi ne saurait se poser. Néanmoins, ces règlements sont des actes administratifs, susceptibles d'un recours devant le juge administratif.

Les règlements dérivés, ou d'application des lois, restent subordonnés aux lois qu'ils viennent compléter ou préciser. Fréquemment, la loi renvoie expressément à des décrets d'application, son entrée en vigueur étant subordonnée à leur publication.

En outre, l'article 21 de la Constitution confère au Premier ministre la mission d'assurer l'exécution des lois, ce qui l'habilite à prendre de sa propre initiative toute disposition réglementaire exigée par l'application de la loi. Dans tous ces cas, la non-conformité du règlement à la loi peut être sanctionnée par le juge administratif.

La loi prévoit que certains décrets doivent intervenir en Conseil des ministres. D'autres doivent être pris en Conseil d'État, après avis de celui-ci, qui veille notamment à la qualité de leur rédaction et à leur cohérence juridique. Le défaut de consultation du Conseil d'État, qui se considère co-auteur de ces actes, entache le décret d'incompétence.

---

100. Cons. const., 89-256 DC, 25 juill. 1989, *Urbanisme et agglomérations nouvelles* : *Rec.* 53.
101. CE, ass., 16 déc. 2005, *Synd. des huissiers de justice* : *RFDA* 2006, 41.
102. *Soc. Eky : préc.* ; CE, ass., 2 avr. 2003, avis, *Sarrat* : *RFDA* 2003, 803.
103. CE, ord., 21 nov. 2005 : *préc.* : il n'y a pas incompatibilité de principe entre le régime législatif de l'état d'urgence et la Constitution.
104. CE, 7 févr. 1936, *Jamart* : *Rec.* 172 ; 11 avr. 2008, *Union gén. des synd. pénitentiaires CGT* : *AJDA* 2008, 1142, à propos d'une note de service interdisant l'alcool dans les prisons.

1) *Nature et régime juridique des règlements*

On distingue règlements autonomes, règlements dérivés ou d'exécution des lois et règlements de police.

a) Les règlements de l'article 21 de la Constitution

Le titulaire du pouvoir réglementaire prend les règlements nécessaires à l'application des lois soit de sa propre initiative, soit, le plus souvent, au vu de dispositions législatives prévoyant que des décrets préciseront leurs modalités d'application. L'absence de décrets d'application ne rend pas toujours impossible l'application de la loi[105]. L'invitation du législateur à la compléter revêt, lorsqu'elle existe, un caractère permanent. L'édiction des premiers règlements d'application des lois n'épuise pas le pouvoir réglementaire, mais il n'y a pas obligation pour le pouvoir réglementaire d'épuiser la compétence qu'il tient de la loi[106]. Il est arrivé au Conseil d'État d'appliquer un règlement d'application de la loi « par anticipation », l'illégalité résultant en l'espèce de l'absence de dispositions qui devaient figurer dans le texte[107].

Par l'arrêt ***Meyet***, le Conseil d'État affirme que le pouvoir réglementaire d'exécution des lois peut être régulièrement exercé pour étendre des dispositions législatives à une matière à laquelle elles ne se rapportent pas[108]. Ces règlements sont subordonnés à la loi. En l'absence d'invitation du législateur, le gouvernement peut édicter spontanément des règlements pour l'application de la loi.

Si le règlement ne se borne pas à mettre en œuvre les règles et institutions créées par la loi en précisant leur détail d'application et institue des procédures imposant des sujétions aux individus, il n'est légal que si ces innovations apparaissent indispensables pour la réalisation des dispositions mêmes de la loi[109]. La même solution vaut lorsque le règlement est pris sur invitation de la loi. On considère qu'il y a habilitation législative[110]. Dans les autres cas le critère doit être recherché dans la nature des innovations, réglementaires ou législatives.

b) Les règlements autonomes de l'article 37

Ces règlements, de fait affranchis de la soumission aux lois, restent des actes administratifs[111]. Ils doivent respecter les principes généraux du droit et sont soumis aux lois intervenues dans le domaine réglementaire tant que le Conseil constitutionnel n'en a pas décidé le déclassement[112].

On en vient dès lors à se demander s'il existe deux sources distinctes du pouvoir réglementaire, l'article 21 et l'article 37 de la Constitution, ou si l'article 21 ne désigne que les

---

105. CE, 11 mai 2007, *Mme Pierres* : *Rec.* 669 ; sect., avis, 4 juin 2007, *Lagier* : *Rec.* 228.
106. CE, 27 oct. 2008, *Fédé. dptale des assoc. de pêche et de protection du milieu aquatique de l'Orne* : *Rec.* 364.
107. CE, sect., 25 févr. 2005, *Mme Barbier* : *Rec.* 81.
108. CE, 10 sept. 1992, ***Meyet*** : *Rec.* 327.
109. CE, ass., 12 déc. 1953, *Union nat. des assoc. familiales* : *Rec.* 545.
110. CE, 27 janv. 1961, *Daunizeau* : *Rec.* 57.
111. *Soc. Eky : préc.*
112. *Synd. gén. des ingénieurs-conseils* : *préc.* ; Constit., art. 37, al. 2 ; CE, ass., 27 févr. 1970, *Dautan* : *Rec.* 141 ; 5 juill. 2013, *Œuvre d'assistance aux bêtes d'abattoirs (OABA)* : *Rec.* 189.

autorités investies du pouvoir réglementaire général et l'article 37 la source unique du pouvoir réglementaire, qui les en investit.

Pour le Conseil constitutionnel, tous les règlements sont des règlements de l'article 37[113]. La loi est contraire à la Constitution si les mesures qu'elle prévoit pour son application sont telles qu'elles interviendront en matière législative, car le législateur ne saurait modifier la frontière entre les matières législatives et les matières réglementaires[114]. Pour le Conseil d'État, il existe deux sources du pouvoir réglementaire : l'article 21, qui permet l'édiction de règlements d'exécution des lois, et l'article 37, alinéa 1er, source des règlements autonomes. Il existe donc deux régimes pour les règlements. Les règlements de l'article 37 doivent respecter les dispositions constitutionnelles déterminant les matières réservées à la loi. En conséquence, le Conseil d'État vérifie qu'un décret procédant de l'article 37 a bien été pris en matière réglementaire et apprécie si une disposition d'un décret non rattachable à l'application d'une loi a pu être édictée en vertu de l'article 37 et l'annule si ce n'est pas le cas[115]. Les règlements d'exécution des lois doivent être nécessaires à l'application de la loi et ne pas excéder les limites de la mission attribuée au pouvoir réglementaire par celle-ci. Mais ces décrets ne sont pas censurés s'ils sont intervenus en matière législative, ils sont couverts par la loi dont ils procèdent[116].

c) Le pouvoir réglementaire de police

Pour le Conseil d'État, les règlements de police sont l'expression d'un pouvoir propre que le Premier ministre ne tient ni de la Constitution ni de la loi. Il appartient au Premier ministre, agissant en vertu de ses pouvoirs propres, d'édicter des mesures de police applicables à l'ensemble du territoire, en dehors de toute délégation législative l'y habilitant spécialement[117].

On ne saurait se prévaloir de l'article 34 à l'encontre des règlements de police[118]. Ceux-ci ne peuvent être inclus dans aucune des deux catégories de règlements prévus par la Constitution, ni les règlements d'application des lois, ni les règlements de l'article 37[119]. Le pouvoir de police ignore la distinction entre les matières législatives et les matières réglementaires[120]. La Constitution indique quelle est l'autorité compétente pour exercer le pouvoir réglementaire, mais ne constitue pas la source du pouvoir de police du Premier ministre.

2) Les titulaires du pouvoir réglementaire

Les titulaires du pouvoir réglementaire sont désignés par la Constitution et la loi, subsidiairement par la jurisprudence.

---

113. Cons. const., 76-70 DC : *préc.*
114. Cons. const., 80-115 DC, 1er juill. 1980, *Orientation agricole* : *Rec.* 34.
115. *Daunizeau* : *préc.* ; CE, ass., 9 juill. 1971, *Conseil nat. de l'Ordre des pharmaciens* : *Rec.* 522.
116. CE, ass., 8 mai 1964, *Soc. La Verrerie d'Arques* : 279 ; ass., 29 avr. 1981, *Ordre des architectes* : *Rec.* 197.
117. CE, 2 mai 1973, *Assoc. cultuelle des israélites nord-africains de Paris* : *Rec.* 313 ; *OABA*, *préc.* ; Cons. const., 87-149 L, 20 févr. 1987, *Protection de la nature* : *Rec.* 22.
118. CE, 22 janv. 1982, *Assoc. Auto Défense et a.* : *D.* 1982, 494.
119. CE, 4 juin 1975, *Bouvet de la Maisonneuve et Millet* : *Rec.* 330 ; 8 déc. 1995, *Meyet* : *Rec.* 437.
120. CE, sect., 25 juill. 1975, *Chaigneau* : *Rec.* 436.

a) Les autorités de l'État à compétence générale

L'article 21 de la Constitution attribue le pouvoir réglementaire général au Premier ministre, qui assure l'exécution des lois, exerce le pouvoir réglementaire et nomme aux emplois civils et militaires. Les articles 13 et 21 de la Constitution font du président de la République un titulaire de ce pouvoir. En temps normal, il signe les décrets délibérés en Conseil des ministres et les ordonnances (art. 13, al. 1er). Les ordonnances sont délibérées en Conseil des ministres, ce qui permet d'en imputer la responsabilité juridique au président de la République.

La formalité de la délibération en Conseil des ministres n'est imposée que par l'article 36 de la Constitution pour le décret décidant l'état de siège et par quelques rares dispositions législatives. En pratique, les décrets réglementaires sont fréquemment délibérés en Conseil des ministres. Relève de la compétence du président de la République l'édiction de tous les décrets délibérés en Conseil des ministres, sans qu'il y ait lieu de distinguer selon que cette formalité est juridiquement imposée par un texte supérieur ou résulte de simples considérations d'opportunité politique[121]. La formule selon laquelle le président signe ces décrets en fait *ipso facto* l'autorité compétente pour les édicter. La décision ***Meyet*** abandonne la définition matérielle des décrets en Conseil des ministres et ôte au pouvoir législatif la maîtrise de la détermination des pouvoirs réglementaires du président de la République et du Premier ministre. Relève du pouvoir réglementaire la répartition entre autorités de l'État des compétences qui appartiennent à celui-ci[122]. L'arrêt modifie la frontière entre le pouvoir réglementaire du président de la République et celui du Premier ministre et fait accéder le premier à un pouvoir réglementaire propre. Dès lors qu'une matière a été traitée par un de ces décrets, elle relève de cette compétence, ce qui diminue le domaine de compétence du second[123].

Cette répartition des compétences est parfois méconnue. Un décret réglementaire délibéré en Conseil des ministres signé par le Premier ministre émane d'une autorité incompétente et doit être annulé, sauf dans le cas exceptionnel où le Premier ministre supplée le président de la République dans la présidence du Conseil des ministres en vertu de l'article 21, alinéa 4 de la Constitution. À l'inverse, un décret réglementaire peut être signé par le président de la République, sans avoir été délibéré en Conseil des ministres. S'il porte la signature du Premier ministre, apposée à titre de contreseing, et qu'y figurent les contreseings des ministres compétents pour contresigner ses actes, il est considéré comme émanant de ce dernier. La signature du président de la République est considérée comme surabondante[124].

b) La question du pouvoir réglementaire des ministres

Les ministres ne disposent pas du pouvoir réglementaire, selon la jurisprudence ***Société Distillerie Brabant***[125], mais les ministres participent à son exercice. Néanmoins, des

121. 1992, *Meyet* : *préc.*
122. Cons. const., 97-181 L, 16 déc. 1997, *Prescription quadriennale* : *Rec.* 319 ; 2002-192 L, 10 oct. 2002, *Code du travail* : *Rec.* 348.
123. CE, 23 mars 1994, *Cté d'entreprise de la RATP* : *Rec.* 151.
124. *Sicard* : *préc.* ; CE, 25 janv. 1963, *Lemaresquier* : *Rec.* 48.
125. CE, 23 mai 1969, ***Soc. Distillerie Brabant*** : *Rec.* 264 ; 6 mars 2015, *Cté nat. des pêches maritimes et des élevages marins*, n° 377315.

ministres disposent d'un pouvoir réglementaire à l'égard de catégories de personnes, ainsi le ministre de la Défense s'agissant des militaires[126].

L'habilitation : un texte, législatif ou réglementaire, peut attribuer à un ministre un pouvoir réglementaire[127]. Un décret du Premier ministre dont l'édiction a été prévue par une loi en vue de déterminer ses modalités d'application peut aussi ne contenir que l'essentiel des mesures d'application de la loi et renvoyer pour le reste à un arrêté ministériel. Cette ***subdélégation*** de compétence est légale si le décret définit ***avec une suffisante précision*** les mesures que le ministre est chargé de prendre[128]. Le ministre peut encore être investi implicitement d'un pouvoir réglementaire. Tel est le cas si une loi ou un décret le charge de prendre des mesures individuelles dont l'édiction suppose une réglementation préalable[129].

La réglementation interne et le fonctionnement du service : le ministre, comme tout chef de service, a compétence pour fixer la réglementation interne des services placés sous son autorité, autrement dit ce qui concerne leur organisation et leur fonctionnement (***Jamart***). Il peut exercer ce pouvoir *pour* ***réglementer la situation des agents placés sous ses ordres*** et l'exercice du droit de grève dans ses services à l'exception des établissements publics placés sous sa tutelle. Il peut prendre des mesures dont les destinataires sont les usagers des services[130] mais uniquement pour préciser ou compléter les dispositions législatives ou décrétales, non en combler les lacunes en édictant une règle applicable à une situation non prévue par eux[131].

Le contreseing : les ministres participent encore à l'exercice du pouvoir réglementaire au travers du contreseing, qui concrétise l'accord donné aux mesures et l'engagement d'en assurer l'application. Le contreseing du Premier ministre apposé sur un acte du président de la République marque la prise de la responsabilité politique de l'acte par celui-ci.

Les contresignataires d'un texte n'en sont pas les co-auteurs, l'absence d'un contreseing requis entache l'acte de vice de forme et non d'incompétence. Ne sont illégales que les dispositions de l'acte pour lesquelles il était nécessaire. Les dispositions modifiant un règlement ne doivent être contresignées que par les ministres intéressés par la modification. La surabondance de contreseings est sans conséquence sur la légalité de l'acte[132].

Les actes du Premier ministre sont contresignés par les ***ministres chargés de leur exécution*** (art. 22, Const.), ***compétents pour signer ou contresigner les mesures réglementaires ou individuelles que comporte nécessairement l'exécution ces actes.*** Ceux du président de la République sont contresignés par le Premier ministre et,

---

126. CE, ass., 3 mars 2004, *Assoc. Liberté, information, santé* : *Rec.* 113.
127. CE, 6 mars 1959, *Synd. des grandes pharmacies* : *AJDA* 1960, II, 26.
128. CE, 15 mars 1961, *Soc. des Éts Omer Decugis* : *Rec.* 183.
129. CE, sect., 6 nov. 1964, *Réunion des assureurs maladie des exploitants agric.* : *Rec.* 183.
130. *Jamart* : *préc.* ; CE, sect., 24 avr. 1964, *Synd. nat. des médecins des éts pénitentiaires* : *Rec.* 242 ; sect., 28 nov. 1958, *Lépouse* : *Rec.* 596 ; 11 juin 2010, *Synd. SUD RATP* : *Rec.* 606 ; ass., 29 janv. 1945, *Institution Notre Dame du Kreisker* : *Rec.* 64.
131. CE, sect., 20 déc. 1963, *Confédé. gén. des vignerons du midi* : *Rec.* 55.
132. CE, ass., 12 juill. 1957, *Chbre de commerce d'Orléans* : *Rec.* 474 ; sect., 31 déc. 1976, *Cté de défense des riverains de l'aéroport Paris-Nord* : *Rec.* 580 ; sect., 1er juin 1979, *Assoc. Défense et Promotion des langues de France* : *Rec.* 252 ; ass., 2 juill. 1982, *Huglo* : *Rec.* 257.

le cas échéant, le ou les ministres responsables (art. 19, Const.), ***auxquels incombent, à titre principal, la préparation et l'application*** de ces actes[133].

3) Les autorités autres que gouvernementales

Une loi est nécessaire pour conférer une compétence réglementaire, à moins que la jurisprudence n'ait reconnu un tel pouvoir à une autorité donnée. Les préfets et chefs des services de l'État dans les régions ou départements en disposent même sans texte, pour organiser leurs services[134].

Les organes dirigeants d'un établissement public ou d'un organe de droit privé responsable d'un service public agissant en vertu des pouvoirs généraux d'organisation des services placés sous leur autorité sont, sauf dispositions contraires, compétence pour déterminer les limitations à l'exercice du droit de grève[135].

Une loi peut attribuer un pouvoir réglementaire à des autorités administratives et à des personnes morales de droit public[136]. Sont aussi dotés de pouvoirs réglementaires les ordres professionnels, pour l'accès à la profession et sa réglementation. Les Autorités Administratives Indépendantes (AAI), chargées de la régulation de certains secteurs, sont dotées d'un pouvoir réglementaire, qui vient en concurrence avec celui des ministres[137]. Leurs décisions sont susceptibles d'être déférées au juge administratif[138]. Un tel pouvoir peut même être octroyé à des personnes privées chargées de l'exécution d'un service public (organismes professionnels, comme la Compagnie Air France, les fédérations sportives, le Conseil national des barreaux[139]). Leur pouvoir réglementaire ne peut permettre une remise en cause de la capacité du gouvernement à définir la politique nationale dans les domaines concernés[140]. Le législateur peut confier à une AAI des pouvoirs d'appréciation dans le cadre des conditions et précisions qu'il édicte, mais il lui appartient d'assortir l'exercice de ces pouvoirs de mesures destinées à sauvegarder les droits et libertés constitutionnellement garanties[141].

Les sanctions que les AAI sont autorisées à prononcer doivent l'être dans le respect des garanties que prévoit le droit administratif, notamment être précédées d'une mise en demeure.

Les autorités locales sont dotées d'un pouvoir réglementaire, trouvant son fondement dans la Constitution et les textes législatifs. Les exécutifs et les assemblées locaux ont le pouvoir de statuer par voie générale sur tout le territoire où s'exerce leur compétence.

---

133. *Lemaresquier, préc.* ; CE, sect., 10 juin 1966, *Pelon* : *Rec.* 384.
134. *Jamart* : *préc.* ; v. D. n° 2010-146 du 16 févr. 2010.
135. CE, 12 avr. 2013, *FO Énergie et Mines* : *Rec.* 94.
136. CE, 16 avr. 2010, *Mwangelu* : *Rec.* 794 : la charte des thèses adoptée par les universités a valeur réglementaire.
137. *Centre national de la cinématographie* : L. 25 oct. 1956, D. 27 janv. 1956, *CNIL* : L. 6 janv. 1978, art. 6, *COB, CSA, Commission de Régulation de l'Électricité*.
138. CE, ass., 12 mars 1982, *CGT* : *Rec.* 107.
139. T. confl., 15 janv. 1968, ***Cie Air France c/épx Barbier*** : *Rec.* 789 ; 17 avr. 2000, *Collet c/Air France* : *Rec.* 760 ; CE, 22 nov. 1974, *Fédé. fr. des industries de sport* : *Rec.* 576.
140. Cons. const., 93-324 DC, 3 août 1993, *Banque de France* : *Rec.* 208.
141. Cons. const., 93-335 DC, 21 janv. 1994, *Urbanisme* : *Rec.* 40.

CHAPITRE 2

Les sources non écrites

Ces sources sont la coutume, la doctrine, la jurisprudence et les principes généraux du droit. En droit administratif, la coutume joue un rôle pratiquement négligeable. La doctrine, opinion des principaux auteurs, ne constitue pas au sens propre une source du droit, mais joue un rôle essentiel dans l'élaboration du droit en agissant par persuasion sur l'autorité compétente pour poser la règle. La seule source véritablement créatrice est la jurisprudence, qui dégage notamment les principes généraux du droit.

1 • LA JURISPRUDENCE

Le rôle du juge se borne à dire où est le droit dans chaque litige à lui soumis. L'acte juridictionnel implique une confrontation des prétentions des parties à une règle de droit préexistante. En matière administrative, il arrive qu'aucune règle écrite n'ait prévu le cas soumis au juge, qui ne saurait pourtant s'abstenir de statuer, étant lié au moins moralement par l'article 4 du Code civil, qui lui interdit de se retrancher derrière le silence ou l'obscurité de la loi pour refuser de juger. Le juge doit dans ce cas formuler lui-même la règle lui permettant de statuer.

A - Élaboration et caractères de la règle jurisprudentielle

Lorsque la solution du litige peut se déduire d'un texte, le juge administratif l'interprète, en faisant souvent preuve d'une grande liberté. Il recourt aux travaux préparatoires, procède au rapprochement de certaines dispositions ou se réfère à la décision d'une autre juridiction[1]. En l'absence de texte, le juge ne formule pas toujours dans les considérants de l'arrêt la règle dont il s'inspire, celle-ci se dégageant du rapprochement des solutions données à des litiges semblables. Lorsque la règle est formulée de façon expresse, dans un arrêt de principe, le juge manifeste son pouvoir normatif. Il résout un litige et édicte une norme, remplissant sa fonction jurisprudentielle. La règle jurisprudentielle est souple. Le juge ne définit que des standards. La règle jurisprudentielle poursuit un souci d'équité, de conciliation entre les nécessités de l'action administrative et des droits et libertés des citoyens. Elle est relativement hermétique. Pour la comprendre, il importe de se familiariser avec le langage du juge. Elle est interprétative, s'inspire de l'esprit de notre système juridique. Elle est supplétive et comble le silence de la loi. Elle

1. CE, 12 févr. 1982, *Cne Aurillac* : *Rec.* 68.

est évolutive et susceptible de revirement. Enfin, elle est permanente, mais la persévérance des plaideurs peut convaincre le juge de la nécessité de la modifier[2]. Juridiquement, le juge n'est pas lié par la règle qu'il pose. Mais lorsqu'il énonce une règle, c'est qu'il la croit bonne et entend s'y tenir. Les revirements de jurisprudence posent un problème car ils ne respectent pas le principe de non-rétroactivité. Le juge doit en principe faire application d'une règle jurisprudentielle nouvelle à l'ensemble des litiges, quelle que soit la date des faits qui leur ont donné naissance[3]. Afin d'atténuer cet inconvénient, le juge édicte souvent la règle nouvelle à l'occasion d'affaires dont la solution eût été la même par application de l'ancienne règle. Cet expédient n'est pas toujours possible[4]. Par l'arrêt ***Société Tropic Travaux Signalisation***[5], le Conseil d'État a estimé qu'il peut être nécessaire de déroger au principe selon lequel tout changement de jurisprudence revêt un caractère rétroactif, lorsque le revirement concerne l'existence et les modalités d'exercice des recours juridictionnels eux-mêmes. La violation de la règle jurisprudentielle par l'administration ou les particuliers encourt la même sanction que celle d'une règle écrite. D'un point de vue objectif, l'existence d'une sanction, et subjectif, le sentiment d'obligation pesant sur les assujettis, la règle jurisprudentielle présente tous les caractères de la règle de droit.

B - Force et portée des décisions du juge

Les jugements définitifs sont revêtus de l'autorité de la chose jugée. L'administration doit les exécuter et apporter le concours de la force publique pour assurer leur exécution à l'encontre des particuliers. Dans le contentieux de l'excès de pouvoir, l'acte annulé est anéanti. En plein contentieux, des textes pallient les inconvénients résultant de l'absence de voies d'exécution à l'encontre des personnes publiques.

En cas d'annulation d'un règlement, l'autorité de la chose jugée a effet *erga omnes*. Le règlement est censé n'avoir jamais existé et ne peut plus être appliqué à quiconque. Cependant, si l'annulation est intervenue pour un motif d'illégalité externe, l'administration peut reprendre le même acte au fond, en respectant les règles qu'elle avait méconnues. L'acte entaché d'illégalité interne, tenant à son contenu même, ne peut être repris. Il en va de même des décisions individuelles annulées. L'administration doit reconstituer la situation telle qu'elle aurait existé si la décision n'était jamais intervenue[6]. L'administration peut demander au législateur de valider l'acte annulé, le Conseil constitutionnel n'autorisant que la validation des actes subséquents, notamment des actes individuels qui seraient anéantis faute de celle-ci[7]. Les normes impératives s'imposent à l'administration. Les normes supplétives s'appliquent à défaut de disposition contraire (faculté de former un recours administratif interrompant le délai du recours juridictionnel, obligation de motivation, règle en vertu de laquelle il appartient au demandeur

---

2. CE, ass., 24 nov. 1961, *Letisserand* : *Rec.* 661, réparant le préjudice moral.
3. CE, 22 oct. 2014, *Centre hosp. Dinan* : *Rec.* 316.
4. CE, 28 sept. 2005, *Louis* : *Rec.* 401.
5. CE, ass., 16 juill. 2007 : *Rec.* 360.
6. CE, 26 déc. 1925, *Rodière* : *Rec.* 1065.
7. Cons. const., 80-119 DC, 22 juill. 1980, *Validation d'actes administratifs* : *Rec.* 46.

d'avancer les frais des mesures d'instruction)[8]. Les normes dont la portée n'est pas précisée s'appliquent sauf disposition contraire.

Le choix de la portée de la norme jurisprudentielle est une question d'opportunité pour le juge, qui affirme le caractère impératif de certaines normes, s'appliquant sauf disposition législative contraire (règles générales de procédure, principes de la responsabilité de la puissance publique, principes généraux du droit).

Il faut affirmer la présomption d'une portée impérative des normes jurisprudentielles. Il serait anormal que les autorités dont le droit jurisprudentiel a précisément pour objet de régir le comportement puissent le modifier.

2 • LES PRINCIPES GÉNÉRAUX DU DROIT

Les principes généraux du droit sont des règles dégagées par la jurisprudence, dont le respect s'impose à tous. Ils constituent une catégorie autonome de normes juridiques, en raison de leur nature, de leur autorité et de leur permanence et ne se confondent pas avec les principes fondamentaux reconnus par les lois de la République.

A - Présentation des principes généraux du droit

La théorie n'a été véritablement élaborée qu'à partir de 1944[9]. L'arrêt ***Aramu***[10] mentionne expressément qu'il résulte des principes généraux du droit applicables même en l'absence de texte qu'une sanction ne peut être légalement prononcée sans que l'intéressé ait été au préalable mis en mesure de se défendre.

Les principes généraux du droit ne tiennent ni leur existence ni leur force obligatoire d'un texte. Grâce à eux, le juge contraint l'administration à respecter certaines règles résultant de l'esprit général de notre système juridique. Le Conseil d'État découvre ces principes et les consacre. Le Conseil constitutionnel y recourt parfois.

Ces principes sont divers. Le Conseil d'État s'inspire de dispositions législatives particulières mais convergentes, d'une seule disposition législative significative d'une orientation du droit, des exigences de la conscience juridique du temps et de l'état du droit ou de l'idéologie du préambule de la Constitution[11], ou de la DDHC. La plupart de ces principes sont empruntés à la tradition libérale de 1789 (égalité des citoyens devant l'autorité publique, liberté de conscience), à l'œuvre législative de la IIIe République (liberté, égalité, droits de la défense), aux nécessités de la vie sociale (continuité des services publics, contrôle du supérieur sur les actes de l'inférieur), aux impératifs d'équité (enrichissement sans cause) ou de la justice sociale. Beaucoup intéressent la protection des libertés et des droits individuels, certains sont relatifs au bon fonctionnement de l'administration (continuité des services publics, interdiction pour les personnes publiques de

---

8. CE, sect., 10 juill. 1964, *Centre médico-pédagogique de Beaulieu* : *Rec.* 399.
9. T. confl., 8 févr. 1873, *Dugave et Bransiet* : *Rec.* 1er suppl., 70 ; CE, 5 mai 1944, *D[me] Vve* ***Trompier-Gravier*** : *Rec.* 133.
10. CE, ass., 26 oct. 1945 : *Rec.* 213.
11. *Synd. gén. des ingénieurs conseils* : *préc.* ; CE, 28 oct. 1960, *Martial de Laboulaye* : *Rec.* 570.

disposer de leurs biens à titre gratuit). Ils posent des règles tantôt de fond, des principes de philosophie politique (principes d'égalité, de liberté d'opinion, de réunion, du commerce et de l'industrie, principe de sécurité juridique)[12], tantôt de procédure (respect des droits de la défense, possibilité de saisir le juge de la légalité, même sans texte, principe de non-rétroactivité, droit au délai raisonnable de jugement)[13], le principe d'impartialité[14], principe selon lequel une collectivité publique ne peut céder un élément de son patrimoine à un prix inférieur à sa valeur à une personne privée[15], principes de la commande publique[16], qui englobent les principes de liberté d'accès à la commande publique, d'égalité de traitement des candidats et de transparence des procédures[17], principe de l'indépendance professionnelle des médecins[18]. Nombre d'entre eux résultent des nécessités de la vie sociale (continuité des services publics), d'un impératif d'équité (restitution de l'enrichissement sans cause, droit pour les étrangers en situation régulière de mener une vie familiale normale, obligation de verser une rémunération au moins égale au SMIC, de chercher à reclasser un salarié inapte physiquement à ses fonctions, de chercher à reclasser un contractuel en CDI avant de pouvoir le licencier pour affecter un fonctionnaire sur son emploi)[19], ou de conventions internationales[20].

B - La valeur juridique des principes généraux du droit

Les principes généraux du droit ont force obligatoire. Leur méconnaissance peut conduire à l'annulation d'un acte administratif et à l'engagement de la responsabilité de la puissance publique. Quelle est leur valeur juridique ? Depuis la promulgation de la Constitution de 1958 on ne peut plus affirmer que leur autorité est égale à celle de la loi. Le Conseil d'État ayant, par l'arrêt ***Syndicat des ingénieurs conseils***, affirmé la subordination des règlements autonomes aux principes généraux du droit[21], ces derniers s'imposent aux règlements.

Pour certains, ils ont valeur constitutionnelle ; pour d'autres, ils ont valeur législative, ou réglementaire. Selon la thèse du Professeur Chapus, leur valeur est infra-législative et supra-décrétale, l'œuvre du juge ne pouvant se situer qu'au niveau qui est le sien dans la hiérarchie des sources formelles du droit. Les normes jurisprudentielles ont valeur législative, sans que l'expression soit prise au pied de la lettre ; l'expression, commode, est employée par certains arrêts[22].

---

12. CE, 9 mars 1951, ***Soc. des concerts du Conservatoire*** : *Rec.* 151 ; sect., 26 févr. 2003, *Llorca* : *JCP* G, I, 138, n° 18 ; *Soc. KPMG* : *préc.*
13. *D^me Vve Trompier-Gravier* : *préc* ; 7 févr. 1947, ***d'Aillières*** : *Rec.* 50 ; *D^me Lamotte* : *préc.* ; 25 juin 1948, ***Soc. du journal L'Aurore*** : *Rec.* 289 ; ass., 28 juin 2002, *Magiera* : *Rec.* 248.
14. CE, sect., 11 févr. 2005, *Cne Meudon* : *Rec.* 55.
15. CE, 25 nov. 2009, *Cne Mer* : *Rec.* 472.
16. CE, 23 déc. 2009, *Étab. publ. du musée et du domaine nat. Versailles* : *Rec.* 502.
17. CE, sect., 10 févr. 2010, *Perez* : *Rec.* 17.
18. CE, 3 sept. 2008, *Confédé. des praticiens des hôpitaux* : *JCP* A 2009, 2083.
19. CE, 14 avr. 1961, *Soc. Sud aviation* : *Rec.* 236 ; ass., 8 déc. 1978, *GISTI* : *Rec.* 493 ; sect., 23 avr. 1982, *V. Toulouse* : *Rec.* 151 ; 2 oct. 2002, *CCI de Meurthe-et-Moselle* : *AJDA* 2002, 1294 ; sect., avis, 25 sept. 2013, *Mme Sadlon* : *Rec.* 233.
20. CE, ass., 1er avr. 1988, *Bereciartua-Echarri* : *Rec.* 135.
21. *Synd. des ingénieurs conseils* : *préc.* ; *Soc. Eky* : *préc.*
22. *Synd. des propriétaires de forêts de chênes-lièges d'Algérie* : *préc.*

CHAPITRE 3

Le principe de légalité

L'ensemble des normes qui constituent les sources du droit est désigné sous les vocables de ***bloc de légalité*** ou de ***hiérarchie des normes***. Le principe de légalité limite la liberté d'action de l'administration. Des modifications sont exceptionnellement apportées au contenu de la légalité : les règles qui s'imposent normalement à l'administration peuvent être assouplies, ou même écartées.

1 • LA NOTION DE LÉGALITÉ

La légalité est la qualité de ce qui est conforme à la loi, entendue *lato sensu*. Le principe exprime la règle selon laquelle l'administration doit agir conformément au droit et se traduit par trois types de contraintes pour elle. Elle doit respecter la hiérarchie des normes juridiques. Sa liberté d'action ou d'abstention est limitée. Le pouvoir discrétionnaire conféré aux autorités administratives est limité. En principe, la norme inférieure doit être conforme à la norme supérieure, ce qui ne signifie pas qu'elle doive la copier, mais qu'elle ne doit pas la contredire.

A - Le respect de la hiérarchie des normes

Le respect de la hiérarchie des règles de droit impose de déterminer la place de chaque norme.

1) Hiérarchie des normes et hiérarchie des autorités

L'autorité d'une norme juridique dépend principalement de la place de son auteur dans la hiérarchie des autorités publiques, subsidiairement de la plus ou moins grande solennité qui préside à son élaboration : la loi organique occupe une place plus élevée que la loi ordinaire, les décrets en Conseil des ministres l'emportent sur les décrets du Premier ministre et les décrets en Conseil d'État sur les décrets simples. Chaque autorité doit respecter les règles posées par les autorités qui lui sont organiquement supérieures. Le pouvoir réglementaire national ne peut pas empiéter sur le domaine de la loi[1].

À l'intérieur d'une même personne morale, le modèle hiérarchique est en apparence absolu. Le supérieur hiérarchique peut substituer sa décision à celle de son subordonné.

1. CE, sect., 31 oct. 2008, *Section française de l'Observatoire international des prisons : Rec.* 374.

Mais ce pouvoir peut être écarté par une loi ou un règlement. Lorsqu'un texte confère expressément des attributions à une autorité administrative, ses supérieurs hiérarchiques ne peuvent empiéter sur ces attributions ni se substituer à elle pour les exercer sans violer le texte attributif de compétence[2]. Dans les rapports de tutelle, l'autorité supérieure n'a sur l'autorité inférieure que les pouvoirs prévus par les textes. En matière de police, l'autorité inférieure ne saurait légalement alléger les prescriptions de l'autorité supérieure, mais peut, et doit parfois, les aggraver, si les circonstances le justifient. Parfois, l'autorité inférieure dispose d'une marge de manœuvre, dans les limites prévues par les textes supérieurs ou la jurisprudence.

2) Hiérarchie des actes administratifs unilatéraux

L'administration doit respecter les actes administratifs unilatéraux, ces actes, notamment les décisions exécutoires, étant revêtus de l'autorité de la chose décidée (Hauriou). Œuvre de l'administration, ces actes sont subordonnés à toutes les sources de la légalité. Le jeu de la hiérarchie administrative entraîne une subordination des actes administratifs entre eux. Le principe du respect des droits acquis impose des limites à la liberté de l'administration.

a) Le principe du respect des droits acquis

Certains actes administratifs confèrent des droits aux individus. Ils ne peuvent être retirés par une autre décision. Le supérieur hiérarchique de l'auteur d'une décision individuelle qui a conféré des droits ne peut remettre en cause l'acte de son subordonné qu'en respectant les règles générales du retrait ou de l'abrogation[3].

Un acte réglementaire ne peut porter atteinte aux droits acquis résultant d'une décision non réglementaire, bien qu'il lui soit supérieur[4].

b) Le principe de la hiérarchie formelle des actes

Mise à part la question des droits acquis, la hiérarchie formelle des actes détermine les conditions dans lesquelles s'impose le respect des actes administratifs. En principe le supérieur n'est pas lié par les actes de l'inférieur, mais diverses situations se rencontrent.

Dans le cadre d'une ***subordination hiérarchique pure et simple***, deux autorités sont rattachées l'une à l'autre par un lien purement hiérarchique. Le supérieur peut réformer ou annuler les décisions prises par son inférieur. Il doit examiner les requêtes à cette fin et ne peut se retrancher derrière une prétendue liberté de décision de son subordonné[5]. Il est fait échec au principe lorsqu'un texte attribue à une autorité collégiale, soustraite à la subordination hiérarchique, un pouvoir de décision définitif[6].

Dans le cas d'une ***superposition d'une compétence générale et d'une compétence spéciale***, plusieurs autorités disposent de compétences concurrentes (l'autorité supérieure disposant d'un pouvoir géographiquement plus général, l'autorité inférieure ayant un pouvoir plus spécialisé). Dans ce cas, l'autorité inférieure ne peut en principe

---

2. CE, 12 nov. 1949, *Yasri Allou* : *Rec.* 474.
3. CE, sect., 6 nov. 2002, *Mme Soulier* : *Rec.* 369.
4. CE, 4 févr. 1976, *SEITA* : *Rec.* 77.
5. *Quéralt* : *préc.*
6. CE, 24 avr. 1964, *Villard* : *Rec.* 257.

contredire les décisions de l'autorité supérieure, mais peut, dans la limite de ses pouvoirs, y ajouter ce que rendent nécessaire les circonstances particulières.

Dans le cas de ***relations de tutelle et de contrôle***, l'autorité de tutelle ne peut annuler, ou faire annuler, les actes de l'organe décentralisé, ou s'y substituer qu'autant que la loi le lui permet expressément.

c) La hiérarchie des normes et les actes individuels

Les décisions individuelles doivent être conformes aux règles générales et impersonnelles. La solution semble évidente lorsque la règle générale émane d'une autorité supérieure à celle qui prend la mesure individuelle d'application. Mais si elle est vague et confie à l'autorité chargée de prendre les décisions individuelles une certaine marge d'appréciation, l'autorité inférieure peut tenir compte de la réalité concrète. Si la règle générale est précise et place l'autorité inférieure en situation de compétence liée, cette dernière n'a aucune liberté d'action.

Si la règle générale émane de l'autorité chargée de prendre aussi les décisions individuelles, l'adage ***patere legem quam fecisti*** (respecte la règle que tu as faite toi-même) s'applique. L'auteur d'un règlement doit le respecter lorsqu'il prend des décisions individuelles. Il peut l'abroger ou le modifier, mais non le violer par voie de décisions individuelles ou réglementaires si celles-ci ne sont que l'application du règlement. Il a même le devoir de faire appliquer ce règlement. Néanmoins, l'auteur d'un règlement peut en prendre un autre, modifiant les dispositions du premier[7].

B - Les limites à la liberté d'action ou d'abstention de l'administration

L'administration n'est pas toujours libre d'agir ou non. Son abstention ou sa carence constitue une illégalité lorsque des règles générales prescrivent son intervention.

1) L'obligation d'édicter certains actes

L'autorité détentrice du pouvoir réglementaire est juridiquement tenue d'édicter les règlements nécessaires à l'application d'un texte ainsi que les règlements imposés par une situation de fait et d'abroger, sur demande de tout intéressé, les règlements illégaux. L'obligation se double de celle de publier, dans un délai raisonnable, les règlements édictés, qui constitue un principe général du droit[8].

L'autorité compétente a notamment le ***devoir de prendre les règlements nécessaires à l'application des lois ou des décrets***. L'État peut être condamné à réparer le préjudice dû à l'absence d'intervention des règlements d'application d'un décret[9]. Pour que l'obligation soit reconnue, encore faut-il que le texte à appliquer soit régulier, notamment ne méconnaisse pas un engagement international[10] et que l'absence des

---

7. CE, 19 mai 1983, *Club sportif de la Fève* : *Rec.* 205 ; 3 avr. 1968, *Jardin* : *Rec.* 233 ; 25 juin 1954, *Synd. nat. de la meunerie à seigle* : *Rec.* 379.
8. CE, 12 déc. 2003, *Synd. des commissaires et hauts fonctionnaires de la police nat.* : *Rec.* 506.
9. CE, 13 juill. 1962, *Kevers-Pascalis* : *Rec.* 475 ; ass., 27 nov. 1964, *Dme Vve Renard* : *Rec.* 590.
10. CE, 28 juill. 2000, *Assoc. France nature environnement* : *Rec.* 322.

règlements d'application rende impossible son application. Il est en revanche indifférent que ce texte d'origine ait ou non prévu la prise de règlements d'application[11].

L'autorité compétente dispose d'un délai raisonnable, que le juge apprécie, pour édicter le règlement d'application[12]. Elle doit prendre, dans un délai raisonnable, un arrêté auquel renvoie un décret d'application d'une loi[13]. Un règlement d'application n'est pas illégal du seul fait qu'il intervient après la date limite fixée par la loi qui le prévoit[14].

Une situation de fait peut rendre indispensable la prise d'une réglementation. S'agissant des règlements de police (auxquels l'obligation ne se limite pas)[15], la mesure doit être indispensable pour faire cesser un péril grave résultant d'une situation particulièrement dangereuse pour l'ordre public.

En matière de police administrative, le juge reconnaît qu'une mesure, qui semble justifiée au regard de considérations de fait à un moment donné, s'avère ensuite inutile, mais n'en devient pas pour autant illégale à compter de la date à laquelle elle a été édictée. Son absence d'abrogation à la date à laquelle son auteur a eu connaissance de son inutilité est illégale et susceptible d'engager la responsabilité pour faute de l'administration[16] : « [...] il incombe à l'autorité investie du pouvoir réglementaire, d'édicter, pour des motifs de sécurité juridique, les mesures transitoires qu'implique, s'il y a lieu, une réglementation nouvelle. Il en va ainsi en particulier lorsque les règles nouvelles sont susceptibles de porter une atteinte excessive à des situations contractuelles en cours qui ont été légalement nouées [...] »[17].

La règle s'applique lorsque la situation des administrés résulte d'actes unilatéraux[18].

L'administration doit enfin édicter ***certaines mesures individuelles***. En général, elle est juge de l'opportunité d'agir ou non. Mais l'abstention ou le refus d'agir peut nuire à l'intérêt public et s'analyser comme un refus d'exercer ses propres compétences (face à un risque de trouble à l'ordre public, l'autorité de police compétente ne peut légalement se dispenser d'intervenir).

2) L'obligation d'abroger certains actes

L'administration doit faire respecter la légalité. On pourrait en déduire qu'elle doit faire cesser les situations illégales, avec le correctif du respect des droits acquis. Cependant, le retrait d'un acte illégal dans le délai du recours contentieux peut être une obligation et l'administration est tenue d'abroger les décisions individuelles non créatrices de droits devenues illégales par l'effet d'un changement de circonstances[19].

Étendant la jurisprudence ***Cie Alitalia***, le législateur a posé que ***l'autorité compétente est tenue, d'office ou à la demande d'une personne intéressée, d'abroger***

---

11. CE, ass., 26 févr. 1954, *Dpt Guadeloupe* : *Rec.* 129 ; 24 févr. 1999, *Assoc. des patients de la médecine d'orientation anthroposophique* : *Rec.* 29.
12. CE, 27 nov. 1964, *D^me^ Vve Renard* : *Rec.* 590.
13. CE, 29 juin 2011, *S^té^ Cryo-Save France* : *AJDA* 2011, 1356.
14. CE, ass., 23 oct. 1992, *Diemert* : *Rec.* 374.
15. CE, sect., 14 déc. 1959, *Doublet* : *Rec.* 540 ; 6 nov. 1991, *Synd. des services ext. de l'agric. Sygma-CFDT* : *Rec.* 378.
16. CE, 31 août 2009, *Cne Crégols* : *Rec.* 343.
17. *Soc. KPMG* : *préc.* 17 juin 2015, *Assoc. fr. des industries, colles, adhésifs et mastics*, n° 375853.
18. CE, sect., 13 déc. 2006, *Mme Lacroix* : *Rec.* 540.
19. CE, sect., 25 mai 1979, *D^me^ Bayret* : *Rec.* 239.

expressément tout règlement illégal ou sans objet, que cette situation existe depuis la publication du règlement ou qu'elle résulte de circonstances de droit ou de fait postérieures à cette date (L. 12 avr. 2000, art. 16-1). L'autorité compétente pour modifier, abroger ou retirer un acte administratif est en principe celle qui, à la date de la modification, de l'abrogation ou du retrait, est compétente pour prendre cet acte et, le cas échéant, s'il s'agit d'un acte individuel, son supérieur hiérarchique[20]. La notion de règlement sans objet n'est pas claire. Il peut s'agir d'un règlement qui ne peut plus trouver d'application parce que la situation qu'il régissait a disparu ou parce qu'il est devenu incompatible avec une loi nouvelle[21]. Lorsqu'un règlement est devenu illégal en tant qu'il ne prévoit pas un dispositif que la loi imposait au pouvoir réglementaire d'adopter, il appartient au juge d'appliquer ce dispositif[22].

« [...] il appartient à tout intéressé de demander à l'autorité compétente de procéder à l'abrogation d'une décision illégale non réglementaire qui n'a pas créé de droits, si cette décision est devenue illégale à la suite de changements dans les circonstances de droit ou de fait postérieures à son édiction [...] »[23].

Les droits acquis ne peuvent cependant être remis en cause[24]. Si la décision est illégale, elle ne peut être abrogée que dans le délai de quatre mois suivant son intervention[25]. Doivent être abrogés les actes non réglementaires non créateurs de droits qui sont devenus illégaux du fait d'un changement de circonstances de droit ou de fait[26].

2 • LE JUGE ET LA LÉGALITÉ

Lorsque l'acte illégal a causé un préjudice, la responsabilité pécuniaire de l'administration peut être recherchée devant le juge administratif, ce qui constitue une sanction indirecte du principe de légalité.

A - Les modalités du contrôle juridictionnel

Le moyen privilégié d'assurer le respect de la légalité réside dans le recours pour excès de pouvoir, qui a pour objet l'annulation des actes administratifs illégaux et constitue la sanction la plus énergique du principe de légalité. L'exception d'illégalité constitue un moyen moins énergique de mise en œuvre du contrôle juridictionnel, l'intéressé invoquant, à propos d'un procès intéressant l'application d'un acte administratif, son illégalité et donc son inapplicabilité. Le juge ne peut annuler l'acte, mais doit, en l'espèce, en refuser l'application.

---

20. CE, sect., 30 sept. 2005, *Ilouane* : *Rec.* 402.
21. CE, 3 sept. 2007, *Déchelotte* : *Rec.* 673.
22. CE, 25 févr. 2005, *Mme Barbier* : *Rec.* 81.
23. CE, sect., 30 nov. 1990, *Assoc. « Les Verts »* : *Rec.* 339.
24. CE, 30 juin 2006, *S^té^ Neuf Télécom* : *Rec.* 309.
25. CE, 6 mars 2009, *Coulibaly* : *Rec.* 80.
26. CE, 22 mars 1999, *SA Dramont Aménagement* : *Rec.* 76.

1) L'exception d'illégalité devant le juge administratif

Toute juridiction administrative peut statuer sur la légalité d'un acte administratif unilatéral contre lequel l'exception d'illégalité est invoquée, même si elle n'est pas compétente pour connaître du recours direct en annulation (le juge de l'action est juge de l'exception).

L'exception d'illégalité est perpétuelle à l'encontre des actes réglementaires mais non à l'encontre des actes non réglementaires[27]. Cependant, la possibilité d'exciper de l'illégalité d'un règlement est limitée au cas où la décision attaquée fait réellement application de celui-ci. L'exception est irrecevable si la décision attaquée se contente de reprendre, purement et simplement, un règlement antérieur (décision confirmative). La reconnaissance de l'illégalité d'un règlement par voie d'exception n'entraîne pas l'annulation de celui-ci, toujours théoriquement en vigueur. Mais l'autorité compétente est tenue de faire droit à toute demande tendant à l'abrogation d'un règlement illégal. Tout intéressé peut donc demander l'abrogation d'un règlement reconnu illégal par voie d'exception (L. 12 avr. 2000, art. 16-1).

L'exception d'illégalité contre un acte non réglementaire ne peut être soulevée que si le délai de recours de deux mois ouvert pour saisir le juge n'est pas expiré[28]. Ceci explique que l'administration ne puisse faire droit à une demande d'abrogation d'un tel acte s'il est illégal dès l'origine, mais le peut s'il est devenu illégal par suite d'un changement de circonstances, et à condition qu'il ne soit pas créateur de droits[29].

2) L'exception d'illégalité devant le juge judiciaire

Le juge judiciaire répressif statue sur l'exception dans les conditions fixées par l'article 111-5 du Code pénal. Il peut apprécier les modalités d'application dans le temps d'un acte administratif et n'est pas tenu de saisir le juge administratif à titre préjudiciel lorsqu'il est fait grief, devant lui, à un tel acte de méconnaître le principe de non-rétroactivité[30]. Dans les autres cas, il doit renvoyer au juge administratif la question préjudicielle de légalité. L'obligation de renvoi préjudiciel disparaît « lorsqu'il apparaît clairement, au vu notamment d'une jurisprudence établie, que la contestation peut être accueillie par le juge saisi au principal ». Ce qu'il reste de la jurisprudence *Septfonds*[31] ne trouve pas à s'appliquer lorsque la contestation incidente concerne la conformité d'un acte administratif au droit de l'Union européenne. « [...] il ne saurait y avoir matière à question préjudicielle lorsque l'examen des points contestés devant la juridiction judiciaire n'est pas subordonné à l'appréciation de la légalité d'un acte administratif ; en particulier, cette juridiction est compétente pour interpréter les actes réglementaires, afin notamment d'en déterminer les modalités d'application dans le temps [...].[32] »

---

27. CE, ass., 18 janv. 1980, *Bargain* : *Rec.* 29.
28. CE, 28 juill. 1951, *Anziani* : *Rec.* 467 ; 30 nov. 1990, *Élect. cant. Chauffailles* : *Rec.* 342.
29. *Assoc. « Les Verts » : préc.*
30. T. confl., 12 déc. 2011, *Green Yellow et a. c/EDF*, n° 3841. V. également 17 oct. 2011, *SCEA du Chéneau c/INAPORC* : *Rec.* 698.
31. T. confl., 16 juin 1923 : *Rec.* 498.
32. *Idem.*

L'administration ne peut plus mettre en œuvre un acte réglementaire dont le juge a constaté l'illégalité par voie d'exception, sauf à commettre une irrégularité et à engager sa responsabilité[33].

B - L'étendue du contrôle juridictionnel

Le contrôle de légalité des actes administratifs soulève des problèmes identiques, qu'il soit exercé par le juge de l'excès de pouvoir ou par celui de l'exception d'illégalité.

1) Opportunité et légalité

Le contrôle du juge varie selon que l'auteur de l'acte disposait, dans la prise de cet acte, d'un pouvoir discrétionnaire ou d'une compétence liée. Lorsqu'elle prend une décision, l'administration peut, dans l'idéal, se trouver dans l'une ou l'autre de ces situations. Elle est dans une situation de compétence liée lorsque, en vertu des lois et règlements, elle est tenue de décider d'une certaine manière sans avoir la possibilité du choix. En présence de circonstances données la décision est strictement dictée par le droit. La compétence de l'autorité administrative est ligotée (avancement des fonctionnaires à l'ancienneté ; obligation de mettre fin aux fonctions d'aumôniers à la demande des autorités ecclésiastiques ; de proposer à un fonctionnaire détaché son intégration dans le corps ou le cadre d'emplois de détachement à l'expiration d'une période continue de cinq ans ; obligation du maire de refuser l'autorisation de conserver le corps congelé d'un proche dans la propriété familiale)[34].

L'administration dispose d'un ***pouvoir discrétionnaire*** lorsque les textes lui laissent la liberté d'agir dans un sens ou dans l'autre. Elle est libre d'apprécier, en fonction des circonstances, si et comment elle doit utiliser son pouvoir (avancement au choix dans la fonction publique, attribution de décorations, appréciation des mérites des candidats par les jurys des concours et des examens).

En cas de compétence liée, l'acte peut être jugé du point de vue de la légalité. Selon que l'autorité compétente a décidé ou non dans le sens qu'imposaient la loi et les règlements, la mesure est légale ou illégale. En cas de pouvoir discrétionnaire, sa décision ne peut être jugée que du point de vue de l'opportunité : elle est bien ou mal venue, mais n'est pas illégale, l'administration étant libre d'agir dans le sens qui lui semble convenir.

Dans la pratique, l'administration ne se trouve presque jamais dans une situation de pur pouvoir discrétionnaire ou de pure compétence liée. Même lorsqu'elle a l'obligation de prendre un acte, elle dispose dans une certaine mesure de la possibilité de choisir le moment où le prendre. À l'inverse, il n'existe plus guère d'actes entièrement discrétionnaires. Si à première vue, le contrôle du pouvoir discrétionnaire est impossible, toute décision est soumise à certaines conditions de légalité, concernant la compétence de son auteur et le but d'intérêt public de toute intervention administrative. Même en cas de pouvoir discrétionnaire, le juge doit toujours vérifier si ces conditions sont remplies. C'est le ***contrôle minimum***.

33. CE, sect., 14 nov. 1958, *Ponard* : *Rec.* 554 ; avis, 9 mai 2005, *Mariango* : *Rec.* 195.
34. CE, 9 oct. 1981, *Beherec* : *Rec.* 358 ; 19 sept. 2014, *Froger* : *Rec.* 274 ; 6 janv. 2006, *Martinot* : *Rec.* 8.

Il existe au moins trois points sur lesquels, à propos de toute décision administrative, la compétence de l'administration est liée :

– la compétence de l'organe administratif ;
– les motifs qui doivent toujours être matériellement et juridiquement exacts, même si l'administration dispose d'un pouvoir discrétionnaire sept. pour en apprécier la portée et les conséquences ;
– le but poursuivi doit toujours être un but d'intérêt public. Le juge administratif a progressivement développé une jurisprudence pour censurer l'erreur manifeste d'appréciation commise par une autorité administrative dans l'exercice de son pouvoir discrétionnaire, l'autorité compétente ne devant pas porter un jugement manifestement erroné sur les implications juridiques d'une situation de fait[35].

2) Le contrôle du juge de la légalité

Ce contrôle est lié à la nature des pouvoirs de l'administration. Tout manquement aux obligations pour lesquelles la compétence de l'administration est liée constitue une illégalité que le juge censure. Au contraire, le juge ne porte pas d'appréciation sur l'usage que l'administration fait de son pouvoir discrétionnaire.

Le juge a précisé et renforcé son contrôle de légalité, en restreignant le domaine du pouvoir discrétionnaire et en refusant, sur le plan de la preuve, de laisser l'administration se retrancher derrière son pouvoir discrétionnaire pour échapper à la discussion contentieuse[36].

Il existe toujours un contrôle minimum, portant sur la légalité externe (incompétence, vice de forme ou de procédure), mais aussi, quant à la légalité interne, sur l'inexactitude matérielle, l'erreur de droit et le détournement de pouvoir.

Se pose ensuite le problème des rapports entre les circonstances de fait et l'acte administratif. On dit souvent que le juge de l'excès de pouvoir est juge de la légalité et non de l'opportunité, ou, plus précisément, qu'il contrôle la légalité de l'action administrative mais non l'exercice du pouvoir discrétionnaire. On dit aussi que l'opportunité peut être une condition de la légalité, ce qui n'est pas parfaitement exact. Si des circonstances de fait conditionnent la légalité d'une mesure, l'autorité qui l'adopte ne dispose d'aucun choix, ni elle ni le juge ne se prononcent donc en opportunité. Par ailleurs, lorsque des circonstances de fait conditionnent la légalité d'une mesure, il s'agit de savoir si leur nature juridique est telle qu'elle justifie l'application de la règle de droit posée à leur sujet, il n'y a pas là de question d'opportunité.

Le législateur définit souvent les conditions de légalité d'une décision administrative par des éléments se rapportant aux circonstances, conditions qui tombent dès lors sous le contrôle du juge. Le développement du contrôle du bilan coût/avantages a resserré les liens entre les circonstances de fait et la légalité et permis d'approfondir le contrôle juridictionnel, qui ne s'est pas pour autant transformé, d'un point de vue strictement juridique, en contrôle de l'opportunité. La décision est annulée parce que son bilan est négatif, pas parce que celui d'une autre décision serait meilleur[37].

35. CE, 15 févr. 1961, *Lagrange* : *Rec.* 121.
36. CE, 26 janv. 1968, *Soc. Maison Genestal* : *Rec.* 62.
37. CE, 20 oct. 1972, *Soc. civ. Sainte Marie de l'Assomption* : *Rec.* 657.

La création du droit par le juge administratif déplace nécessairement la frontière entre opportunité et légalité : le juge accroît le domaine de la compétence liée et de la légalité et diminue d'autant celui du pouvoir discrétionnaire et de l'opportunité. Il étend notamment le domaine de la légalité par l'appel aux principes généraux du droit[38]. Le développement du contrôle des motifs et l'édiction de textes sur la motivation des actes administratifs contribuent à enserrer l'exercice du pouvoir discrétionnaire dans des limites de plus en plus étroites.

C - L'intérêt public

Le but d'intérêt public est un élément de la légalité administrative.

1) La notion d'intérêt public

Considéré du point de vue politique, l'***intérêt public*** n'est pas la somme des intérêts particuliers, mais il a pour bénéficiaires finaux des hommes nés ou à naître. ***C'est un arbitrage entre divers intérêts particuliers*** : l'expropriation qui a pour objet de permettre le passage d'une autoroute sacrifie l'intérêt du propriétaire à celui des usagers de la route, la valeur de la santé et de la vie humaine l'emporte sur celle des intérêts pécuniaires de l'ensemble des citoyens, justifiant l'existence d'une assistance médicale gratuite. La notion d'intérêt public varie dans le temps et l'espace.

Le Préambule de la Constitution de 1946 met au rang des intérêts publics la santé et la sécurité des travailleurs, la protection de la famille, de la femme et de l'enfant, etc. En général, le législateur a compétence pour définir la plupart des éléments composant l'intérêt public, avec la précision nécessaire (la loi du 5 avril 1884 définit l'ordre public, catégorie de l'intérêt public, comme la sauvegarde de la tranquillité, de la sécurité, de la salubrité). En créant un service public, le législateur range l'objet de ce service au nombre des éléments de l'intérêt public. L'administration est compétente pour définir les fins d'intérêt public dans le domaine qui n'est pas réservé au législateur et notamment tel ou tel aspect particulier de l'intérêt public.

2) L'intérêt public et la légalité

La recherche d'un but d'intérêt public est la condition positive de la légalité de l'action administrative. Il ne doit pas s'agir d'un but d'intérêt public quelconque. Très souvent, une autorité administrative reçoit tel pouvoir à telle fin d'intérêt public et ne peut, sans commettre un détournement de pouvoir, l'utiliser à une autre fin. Le but est souvent imposé à l'administration, le choix des moyens pour l'atteindre étant plus ou moins laissé à son appréciation. ***Le but est un élément de la légalité***, mais les moyens relèvent de l'opportunité.

---

38. *D^me^ Vve Trompier-Gravier : préc.*

3 • LES ATTÉNUATIONS AU PRINCIPE DE LÉGALITÉ

Dans certaines circonstances, l'administration ne saurait à la fois respecter strictement la légalité, assurer l'ordre public et faire fonctionner les services publics. Si elle demeure soumise au principe de légalité, une légalité d'exception se substitue à la légalité normale.

A - Les modifications prévues par la Constitution

1) *Les ordonnances de l'article 38 de la Constitution*

Les ordonnances de l'article 38 sont délibérées en Conseil des ministres après avis du Conseil d'État et signées par le président de la République (art. 13, Const.). Dans le champ qui lui est ouvert par la loi d'habilitation, le gouvernement statue avec la même liberté que le législateur. Il peut modifier la loi. Symétriquement le Parlement est dessaisi : il ne peut, pendant la durée de l'habilitation, modifier les ordonnances par voie législative. Sauf disposition législative contraire, le changement de gouvernement ne prive pas d'effet l'habilitation accordée à l'autorité réglementaire par une loi prise sur le fondement de l'article 38. La référence au programme du gouvernement ne signifie pas que l'habilitation cesse en cas de changement de gouvernement. Le nouveau gouvernement est compétent jusqu'à l'expiration du délai d'habilitation, à moins que la loi d'habilitation n'en ait autrement disposé[39]. À l'expiration du délai d'habilitation, le gouvernement ne peut plus modifier les ordonnances, même si elles comportent des dispositions illégales. Il ne peut modifier une ordonnance que si elle porte sur une matière réglementaire et n'a pas été ratifiée, peu important qu'elle soit légale ou non.

Les ordonnances entrent en vigueur dès leur publication. Elles deviennent caduques faute pour le gouvernement de déposer devant le Parlement, avant la date fixée par la loi d'habilitation, un projet de loi tendant à leur ratification. Jusqu'à ce que le Parlement ait ratifié l'ordonnance expressément, elle conserve sa nature propre d'acte du pouvoir exécutif. Les ordonnances ne peuvent être ratifiées que de manière expresse, ce qui ne signifie pas pour autant qu'elles doivent toutes faire l'objet d'une ratification pour demeurer en vigueur. Un recours pour excès de pouvoir peut être formé contre une ordonnance[40]. Sur la forme, le Conseil d'État annule une ordonnance s'il n'a pas été consulté préalablement à son adoption ou si elle n'a pas été signée par le président de la République et contresignée par le Premier ministre et le cas échéant les ministres responsables[41]. Le contrôle du juge est nécessairement limité quant au fond. Peut être invoquée la non-conformité de l'ordonnance aux normes supérieures, par exemple aux dispositions du Traité de Rome ou aux principes généraux du droit[42]. L'ordonnance peut être censurée pour incompétence négative, le gouvernement restant en deçà de la

---

39. CE, sect., 5 mai 2006, *Schmitt* : *Rec.* 220.
40. CE, ass., 11 déc. 2006, *Conseil nat. de l'Ordre des médecins* : *Rec.* 510.
41. CE, 25 mars 2002, *Tiraspolsky* : *Rec.* 587.
42. CE, ass., 28 mars 1997, *Soc. Baxter* : *Rec.* 115 ; 4 nov. 1996, *Assoc. de défense des soc. de courses des hippodromes de province* : *Rec.* 426.

compétence qui lui a été déléguée[43]. La ratification confère à l'ordonnance la nature juridique de la loi et la fait échapper à tout contrôle du juge[44]. Le refus de ratification, comme l'absence de dépôt d'un projet de ratification dans le délai prescrit, rend l'ordonnance caduque et lui fait perdre toute force juridique à compter de cette date.

2) Les décisions de l'article 16 de la Constitution

En vertu de l'article 16, le président de la République prend les mesures exigées par les circonstances. L'application de cet article déborde largement le problème de la distinction de la loi et du règlement. Elle aboutit à mettre à la disposition du président de la République la totalité des pouvoirs qui s'exercent dans l'État, précisément ceux qu'il juge nécessaires pour faire face à la crise. Le président prend des décisions générales dans les domaines législatif et réglementaire. Dans la mesure où les circonstances permettent encore le fonctionnement régulier des institutions et où le Président ne statue pas lui-même, le législateur et le pouvoir réglementaire continuent d'exercer leurs compétences selon les règles normales.

Les décisions prises en vertu de l'article 16 le sont après avis du Conseil constitutionnel, sous la seule signature du président de la République. La décision d'appliquer l'article 16 et celle de mettre fin à son application sont des actes de gouvernement qui échappent au contrôle du juge, à la différence des décisions prises sur la base de cet article, définies par la matière sur laquelle elles portent. Quelle que soit sa valeur de principe, la portée pratique de la solution ne peut qu'être faible[45], les décisions portant les plus graves atteintes au droit antérieur, notamment en matière de libertés, relèvent nécessairement, de ce fait même, du domaine de la loi, et échappent au contrôle du juge.

B - La théorie jurisprudentielle des circonstances exceptionnelles

À l'occasion de la Première Guerre mondiale, le Conseil d'État a construit la théorie des pouvoirs de guerre, devenue un cas particulier de la théorie des pouvoirs de crise ou des circonstances exceptionnelles.

1) La notion de circonstances exceptionnelles

À l'occasion d'un litige, le juge peut décider que la violation de la légalité normale est en quelque sorte excusée par le caractère exceptionnel des circonstances. En temps de guerre l'autorité de police peut édicter des actes qu'elle n'aurait pas le droit de faire en temps de paix[46].

Les conditions de l'existence des circonstances exceptionnelles ressortent des décisions ***Heyriès*** et ***Dames Dol et Laurent***[47]. Il s'agit d'une situation grave, anormale et imprévue, exorbitante : guerre, désordres consécutifs à une guerre, émeutes, grève

---

43. CE, ass., 3 juill. 1998, *Synd. des médecins Aix et rég.* : *Rec.* 266.
44. CE, 12 févr. 1997, *Synd. nat. des inspecteurs des aff. sanit. et soc.* : *Rec.* 36.
45. CE, 2 mars 1962, ***Rubin de Servens*** : *Rec.* 143 ; 13 juill. 1965, *Gauthier* : *Rec.* 436.
46. CE, 6 août 1915, *Delmotte et Senmartin* : *Rec.* 215.
47. CE, 28 juin 1918 : *Rec.* 651 et 28 févr. 1919 : *Rec.* 208.

générale, cataclysme naturel...[48], qui doit avoir mis l'autorité administrative dans l'impossibilité de respecter la légalité normale, pour des raisons matérielles ou juridiques. Les mesures prises en violation de la légalité normale doivent être strictement limitées à ce qui est nécessaire à la sauvegarde de l'ordre public, de l'intérêt public ou de la continuité administrative ainsi qu'à la durée des circonstances exceptionnelles. Le juge vérifie à la fois si les circonstances étaient exceptionnelles au moment où la décision a été prise et si elle ne produit pas d'effets plus longtemps que nécessaire.

2) *Les effets des circonstances exceptionnelles*

Les circonstances exceptionnelles légitiment toutes les mesures nécessaires, mais seulement celles-ci. Le gouvernement peut suspendre l'application d'une loi, un comité d'habitants a pu décider de réquisitions en mai 1940 après le départ des autorités communales, les attributions de l'administration peuvent être étendues dans un domaine qui n'est pas normalement le sien, un organe de pur fait peut agir en usant des pouvoirs de l'administration[49]. Mais l'administration doit agir légalement lorsqu'elle le peut. Parfois, les circonstances exceptionnelles empêchent simplement que des illégalités ne dégénèrent en voie de fait[50].

Les notions d'urgence et de circonstances exceptionnelles ne coïncident pas toujours. L'urgence produit des effets moins étendus que les circonstances exceptionnelles. Elle permet seulement de dispenser de certaines formes, comme la motivation, ou de certaines formalités.

C - L'organisation légale du régime des circonstances exceptionnelles

1) *L'état de siège*

Organisé à l'origine par la loi du 9 août 1849, puis l'article 36 de la Constitution et codifié au Code de la défense, l'état de siège ne peut être déclaré qu'en cas de péril imminent résultant d'une guerre étrangère ou d'une insurrection à main armée. Il est décrété en Conseil des ministres. Seul le Parlement peut autoriser sa prorogation au-delà de douze jours. C'est un régime militaire, le maintien de l'ordre est confié à l'autorité militaire et la répression aux juridictions militaires. Les libertés publiques sont restreintes. L'état de siège cesse quand expire la durée pour laquelle il a été prévu. Lorsqu'il a été proclamé par une autorité autre que le Parlement et que celui-ci ne l'a pas ratifié, il peut être levé par l'autorité qui l'a proclamé.

2) *L'état d'urgence*

Ce régime, codifié au Code de la défense, est né de la situation créée en 1955 par les troubles en Algérie. Son but est, sans supprimer la législation sur l'état de siège, d'instituer un régime mieux adapté aux circonstances de crise telles qu'elles se présentent à l'époque moderne. Régime civil, il peut être déclaré par décret en Conseil des ministres

48. CE, 18 mai 1983, *Rodes* : *Rec.* 199 : éruption du volcan La Soufrière.
49. *Heyriès* : *préc.* ; CE, sect., 5 mars 1948, *Marion* : *Rec.* 113 ; 7 janv. 1944, *Lecoq* : *Rec.* 5.
50. T. confl., 27 mars 1952, ***Dme de la Murette*** : *Rec.* 826.

soit en cas de péril imminent résultant d'atteintes graves à l'ordre public, soit en cas d'événements présentant par leur nature et leur gravité le caractère de calamités publiques. Seule la loi peut le proroger au-delà de douze jours.

Ses effets normaux sont d'étendre considérablement les pouvoirs de police des préfets[51]. Les élections partielles sont suspendues. L'exécution d'office des décisions administratives est toujours possible. L'état d'urgence peut emporter des effets aggravés : une disposition expresse de la loi le proclamant peut conférer aux autorités administratives des pouvoirs supplémentaires. Il cesse de s'appliquer lorsque la durée pour laquelle il était prévu est écoulée. La loi le prorogeant devient caduque en cas de démission du gouvernement ou de dissolution de l'Assemblée nationale, après un délai de quinze jours[52].

À certains égards, l'état d'urgence est moins rigoureux que l'état de siège. Mais lorsqu'il produit des effets aggravés, il conduit à un contrôle des moyens d'expression plus rigoureux. Des recours sont possibles contre les décisions prises sous l'empire des deux régimes[53]. Le contrôle du juge est limité quant à la décision de déclarer l'état d'urgence, mais assez étroit sur les modalités de sa mise en œuvre[54].

D - Les actes de gouvernement

Au XIXe siècle, tout recours, tant judiciaire qu'administratif, tant en annulation qu'en responsabilité, est exclu contre des actes se caractérisant par leur mobile politique[55]. Sous cette forme, la théorie des actes de gouvernement a été abandonnée par les arrêts ***Prince Napoléon*** et ***Marquigny***[56]. On constate que, dans certaines espèces, le juge déclare qu'une décision, apparemment administrative, n'est pas de nature à faire l'objet d'un débat par la voie contentieuse ou qu'un acte échappe à raison de sa nature à tout contrôle juridictionnel[57]. Le Conseil d'État et le Tribunal des conflits les nomment parfois expressément[58].

Pour certains, ces actes sont une survivance de la raison d'État ; pour d'autres, ils reposent sur une distinction entre les activités de l'administration et celles du gouvernement ; pour d'autres enfin, il s'agit d'actes mixtes. Le Conseil d'État ne peut en connaître parce qu'ils ne sont pas, ou ne sont que pour partie, l'œuvre de l'exécutif.

1) Les différentes catégories d'actes de gouvernement

La plupart de ces actes touchent aux rapports entre des pouvoirs autres qu'administratifs.

---

51. CE, 25 juill. 1985, *Mme Dagostini* : *Rec.* 226.
52. CE, 25 juin 1969, *Min. int. c/éd. Parisiennes et Devay* : *Rec.* 334.
53. *Mme Dagostini* : *préc.*
54. CE, ord., 14 nov. 2005, *Rolin* : *Rec.* 499 ; ord., 21 nov. 2005, *Boisvert* : *préc.* ; ass., 24 mars 2006, *Rolin et Boisvert* : *Rec.* 171.
55. CE, 1er mai 1822, *Laffitte* : *Rec.* 1821-1825, 202 ; 9 mai 1867, *duc d'Aumale* : *Rec.* 472.
56. CE, 19 févr. 1875 : *Rec.* 155 ; T. confl., 5 nov. 1880 : *Rec.* 796.
57. CE, 2 févr. 1950, *Radiodiffusion fr.* : *Rec.* 652 ; ass., 29 sept. 1995, *Assoc. Greenpeace France* : *Rec.* 347.
58. T. confl., 12 févr. 1953, *Secr. du cté d'entreprise de la SNCASE* : *Rec.* 585 ; 24 juin 1954, *Barbaran* : *Rec.* 712 ; *Rubin de Servens* : *préc.* ; CE, 8 févr. 1963, *de Mari* : *Rec.* 809.

a) Les actes intéressant les rapports entre le gouvernement et le Parlement

Ce sont les décisions de recourir à l'article 16 de la Constitution, de déposer, retirer, s'abstenir ou refuser de déposer un projet de loi, le décret de clôture des sessions parlementaires, de dissolution de l'Assemblée nationale, de promulgation des lois ; les décisions du président de la République et du Premier ministre de saisir, ou de ne pas saisir, le Conseil constitutionnel d'une loi votée par le Parlement ; le décret du président de la République décidant de soumettre un projet de loi au référendum ; la lettre du ministre de l'Intérieur faisant connaître au président d'une assemblée parlementaire le nom du remplaçant d'un membre de cette assemblée ; la décision par laquelle le président de la République nomme un membre du Conseil constitutionnel ; le refus du Premier ministre de demander au Conseil constitutionnel de se prononcer en urgence ou de réunir le gouvernement afin que celui-ci saisisse, éventuellement, le Conseil constitutionnel compétent pour déclencher la procédure d'empêchement provisoire du président de la République à la suite d'un malaise de celui-ci ; le décret de convocation du Congrès[59]. Il s'agit encore des actes touchant aux rapports entre le président de la République et le gouvernement : constitution du gouvernement, présentation de la démission de ce dernier, nomination et cessation de fonctions de ministres, initiatives, ou refus de les prendre, d'ordre constitutionnel du président de la République et du Premier ministre[60].

b) Les actes concernant les rapports entre les pouvoirs publics français et les autorités étrangères

Ce sont les actes relatifs à la conclusion, l'interprétation ou l'application des traités ; les mesures prises et les comportements du gouvernement ou de ses membres lors de la négociation ou pour l'exécution des accords internationaux ; les décisions prises et les comportements adoptés par des autorités françaises dans la conduite des relations internationales et extérieures, touchant aux relations entre des autorités françaises et des organisations internationales, tels que les actes par lesquels le groupe français de la Cour permanente d'arbitrage propose ou refuse de proposer une candidature à l'élection des juges à la Cour pénale internationale[61].

c) Les actes se rattachant à des opérations de guerre ou des opérations militaires

Il n'y a acte de gouvernement que dans le cas où une décision a été prise et qu'elle est en relation avec des opérations ayant officiellement le caractère d'une guerre. Sinon, le recours est rejeté au fond en opposant le principe de l'irresponsabilité de l'État du fait

59. *Rubin de Servens* : *préc.* ; *Tallagrand* : *préc.* ; CE, 14 janv. 1987, *Assoc. des ingénieurs des télécomm.* : *Rec.* 867 ; 20 févr. 1989, *Allain* : *Rec.* 60 ; 3 nov. 1933, *Desreumeaux* : *Rec.* 993 ; 29 avr. 1970, *C*^té^ *des chômeurs de la Marne* : *Rec.* 279 ; ass., 9 avr. 1999, *M*^me^ *Ba* : *Rec.* 124 ; 9 oct. 2002, *Meyet et Bouget* : *Rec.* 329 ; 28 févr. 2005, *Mekhantar* : *AJDA* 2005, 516 ; 8 sept. 2005, *Hoffer* : *AJDA* 2005, 1711.
60. CE, 26 févr. 1992, *Allain* : *Rec.* 659 ; 3 déc. 1993, *Meyet et Bidalou* : *Rec.* 339.
61. CE, sect., 13 juill. 1979, *Coparex* : *Rec.* 319 ; sect., 29 nov. 1974, *Canino* : *Rec.* 597 ; ass., 18 déc. 1992, *Mhamedi* : *Rec.* 446 ; sect., 29 janv. 1993, *M*^me^ *Bouilliez* : *Rec.* 15 ; 25 mars 1988, *Soc. Sapvin* : *Rec.* 133 ; ass., 23 nov. 1984, *Assoc. Les Verts* : *Rec.* 382 ; 26 juill. 1985, *D*^me^ *Solis Esterita* : *Rec.* 230 ; sect., 28 mars 2014, *de Baynast* : *Rec.* 58.

des dommages résultant d'opérations militaires. Cette catégorie a été réactualisée à l'occasion de la guerre du Golfe[62].

D'autres actes, indépendamment des traités, concernent les relations internationales et, à ce titre, ne font l'objet d'aucun contrôle juridictionnel, comme la décision de brouiller des ondes radiophoniques ou d'instituer un périmètre autour d'une zone d'essais nucléaires, y interdisant toute navigation[63].

2) Le correctif : les actes détachables

Certains actes, alors même qu'ils intéressent les relations internationales ou les rapports entre l'exécutif et le législatif, s'en détachent suffisamment pour apparaître comme des décisions administratives internes, susceptibles de débat contentieux.

Ils sont détachables des relations internationales : décrets d'extradition, refus d'extradition, répartition entre ayants droit d'indemnités globales allouées par un État étranger, obligation de réparation du fait d'une sentence arbitrale, initiative ministérielle d'une répartition non prévue par le traité, décisions relatives au déplacement ou au stationnement de troupes étrangères en manœuvre en France, permis de construire demandé au nom d'États étrangers, demande d'autorisation d'implantation en territoire français de l'émetteur d'une société de radiodiffusion étrangère, interdiction d'exportation, décisions des consuls en matière de délivrance de documents administratifs, mesures organisant les forces armées, refus de notifier à la Commission européenne un texte de droit interne dans le cadre du contrôle communautaire des aides d'État. La détachabilité dépend des circonstances de l'espèce[64]. Le juge administratif n'est ainsi pas compétent pour examiner la demande d'indemnisation d'une société candidate malchanceuse à un contrat conclu par l'ambassade de France au Mali pour la construction d'une école militaire pour le compte des autorités de ce pays, les faits n'étant pas détachables des relations internationales[65].

Sont détachables des rapports entre l'exécutif et le législatif le décret par lequel le Premier ministre charge un parlementaire d'une mission, ou les décisions relatives à la passation de marchés portant sur l'installation et l'exploitation d'équipements de l'Assemblée nationale[66].

Il n'existe pas d'actes détachables des actes de guerre. Les dommages résultant d'événements de guerre ne sauraient ouvrir aux victimes droit à réparation... que sur le fondement de textes ayant force de loi[67].

---

62. CE, sect., 22 nov. 1957, *Soc. Myrtoon Streamship et Cie* : *Rec.* 632 ; sect., 17 juill. 1950, *Ét Ranisse* : *Rec.* 442 ; ass., 30 mars 1966, *Guyot* : *Rec.* 259 ; id., *Soc. Ignazio Messina* : *Rec.* 258.
63. T. confl., 2 févr. 1950, *Radiodiffusion fr.* : *Rec.* 562 ; CE, 11 juill. 1975, *Paris de Bolardière* : *Rec.* 423.
64. CE, ass., 15 oct. 1993, *Mme Aylor* : *Rec.* 283 ; ass., 15 oct. 1993, *Royaume-Uni de Grande-Bretagne et d'Irlande du Nord* : *Rec.* 269 ; sect., 13 mars 1964, *Vassile* : *Rec.* 179 ; *Canino* : *préc.* ; T. confl., 2 déc. 1991, *COFACE* : *Rec.* 478 ; CE, sect., 22 déc. 1978, *Vo Thanh Nghia* : *Rec.* 523 ; sect., 17 déc. 1982, *Soc. Radio Monte Carlo* : *Rec.* 418 ; ass., 8 janv. 1988, *CU Strasbourg* : *Rec.* 2 ; sect., 29 avr. 1987, *Cts Yener et cts Erez* : *Rec.* 152 ; ass., 7 nov. 2008, *Cté nat. interprof. des vins à appellations d'origine* : *Rec.* 399.
65. CE, 7 oct. 2009, *Soc. Internat. du bâtiment et du génie civil* : *Rec.* 662.
66. CE, sect., 25 sept. 1998, *Mégret* : *Rec.* 340 ; ass., 5 mars 1999, *Pdt Ass. nat.* : *Rec.* 42.
67. *Soc. Ignazio Messina* : *préc.*

PARTIE 2

L'organisation administrative

L'organisation administrative a pour objet de répondre aux besoins de la population. L'État et les institutions sur lesquelles cette organisation repose sont dotés de la personnalité morale.

Différents modes de relations peuvent s'établir entre le pouvoir central et le niveau local. Les structures administratives se définissent par rapport à l'État, qui constitue la première collectivité publique. Les principales administrations sont établies au sein de l'État.

En dehors de l'État sont organisées des administrations décentralisées, qui bénéficient d'une personnalité juridique distincte de celle de l'État. Leurs conditions d'aménagement sont diversifiées.

CHAPITRE 4

Les principes de l'organisation administrative

Des personnes morales satisfont l'intérêt public. La France, essentiellement décentralisée, connaît aussi le procédé de la déconcentration.

1 • LA PERSONNALITÉ MORALE

La personnalité morale est un procédé technique faisant accéder à la vie juridique des communautés d'intérêts, attribuant à une collectivité ou un groupement des droits et des obligations.

Les personnes morales chargées de l'activité administrative sont de droit public ou de droit privé, distinction d'importance car les biens et deniers des personnes publiques sont insusceptibles de faire l'objet des voies d'exécution. Ces personnes peuvent, lorsqu'elles sont dotées d'un comptable public, recouvrer leurs créances par la technique de l'état exécutoire et se prévaloir de la prescription quadriennale. Leurs agents peuvent être des agents publics, leurs biens relever du régime de la domanialité publique et les travaux immobiliers effectués pour leur compte être des travaux publics.

Les personnes morales, sauf l'État, sont responsables pénalement des infractions commises, pour leur compte par leurs organes ou représentants. Cette responsabilité, mise à part celle des établissements publics, ne peut être mise en jeu que restrictivement.

A - Les personnes morales de droit public

Les personnes publiques sont toujours des personnes morales. Certaines personnes physiques relevant du droit public peuvent être qualifiées d'autorités administratives (ministres, préfets, maires, assemblées délibérantes...) mais jamais de personnes publiques. Les agents publics prennent les mesures d'exécution des décisions prises par les autorités publiques et ne disposent que d'attributions.

Les personnes publiques se caractérisent par la détention de prérogatives de puissance publique et leur soumission aux sujétions correspondantes. Elles englobent des individus sans leur consentement.

1) Les groupements de personnes physiques dotés de la personnalité morale de droit public

Une personne morale est créée afin de devenir propriétaire d'un patrimoine et d'accomplir les actes juridiques nécessaires à un groupe d'individus pour atteindre certains buts d'intérêt commun. Tel est le cas des collectivités territoriales et les établissements publics.

a) Les collectivités territoriales

L'État, les régions, les collectivités à statut particulier et les collectivités d'outre-mer, les départements et les communes se définissent par un territoire et la généralité de leurs fonctions et personnifient des intérêts généraux dans un cadre territorial donné. La communauté des personnes physiques dotée de la personnalité morale correspond à l'ensemble des individus vivant sur ce territoire. La vocation des collectivités territoriales est de gérer l'ensemble des besoins collectifs des habitants de la circonscription, grâce à une organisation, des biens, un personnel et des ressources affectées à des services publics. Leur spécialité n'est pas définie, même si des lois répartissent certaines compétences. Le principe de généralité des compétences se combine avec la spécialité géographique ou la notion d'affaires locales. Seul l'État a une vocation générale. Pour déterminer si une matière relève de la compétence d'une collectivité, il faut analyser les textes législatifs puis la jurisprudence.

L'État personnifie la communauté nationale. L'État français est unitaire, tous les individus placés sous sa souveraineté obéissent à une même autorité et sont régis par les mêmes lois. L'article 72 de la Constitution fixe la liste des collectivités territoriales de façon limitative et précise que toute autre collectivité est créée par la loi. Dans les conditions prévues par la loi, les collectivités s'administrent librement par des conseils élus et disposent d'un pouvoir réglementaire pour l'exercice de leurs compétences. La fixation des règles concernant le régime électoral de leurs assemblées et les principes fondamentaux de leur libre administration..., de leurs compétences et de leurs ressources relève de la loi (art. 34, Const.).

b) Les établissements publics

Appelés à satisfaire des intérêts spéciaux non locaux, les établissements publics constituaient à l'origine un procédé efficace de gestion décentralisée d'un service public (hôpitaux, musées) ou de protection juridique de certains intérêts corporatifs (association syndicale autorisée de propriétaires, chambre de commerce). ***La personnalité morale est conférée à une communauté d'intérêts***, dont les membres participent à la désignation des organes dirigeants de l'établissement public. L'établissement public se définit comme un ensemble de moyens, affectés à un service public spécialisé, doté de la personnalité morale de droit public. Tous les établissements publics sont rattachés à une collectivité territoriale et ont une spécialité fonctionnelle plus ou moins précisément définie. Certains sont des entreprises publiques, industrielles ou commerciales.

S'en rapprochent les ordres professionnels, les établissements publics territoriaux et les groupements d'intérêt public, qui permettent de gérer des affaires d'intérêt commun à des personnes publiques et parfois à des personnes privées.

On distingue établissements administratifs (universités, hôpitaux, Pôle emploi etc.) et établissements industriels et commerciaux (Monnaies de Paris, SNCF, etc.). Normalement, la qualification doit être en relation avec le caractère de l'activité. Néanmoins, la qualification donnée à un établissement ne lui interdit pas d'exercer des activités de caractère différent (établissements publics à double visage exerçant des activités administratives et des activités industrielles et commerciales : chambres de commerce et d'industrie, ports autonomes[1]).

2) *Institution publique spécialisée et établissement public*

Certaines personnes publiques ne sont ni des collectivités territoriales ni des établissements publics. La possibilité de dissociation entre la qualité d'institution publique spécialisée et celle d'établissement public a été consacrée à propos de la Banque de France, qualifiée de personne morale de droit public. Le silence de la loi conduit à lui appliquer la méthode du faisceau d'indices. Elle n'a pas le caractère d'un établissement public mais revêt une nature particulière et présente des caractéristiques propres[2].

Certains organes, comme les communautés d'université, peuvent se doter de la personnalité morale et dans ce cas opter pour un statut de personne publique (GIP ou établissement public de coopération scientifique) ou de personne privée (fondation de coopération scientifique). Le GIP est une personne morale de droit public dotée de l'autonomie administrative et financière. Les personnes formant le GIP y exercent ensemble des activités d'intérêt général à but non lucratif, en mettant en commun les moyens nécessaires à leur exercice. Le GIP est créé par convention entre ses membres, soumise à approbation de l'État.

B - Les personnes morales de droit privé gérant une mission de service public

Le procédé de la gestion déléguée consiste à confier la gestion d'un service public par contrat, par une loi ou une décision de l'autorité administrative, à un organisme privé ou une personne physique[3]. Une personne privée est encore chargée de l'exécution d'un service public lorsqu'elle assure une mission d'intérêt général sous le contrôle de l'administration, qui la dote à cette fin de prérogatives de puissance publique.

« Même en l'absence de telles prérogatives, une personne privée doit également être regardée, dans le silence de la loi, comme assurant une mission de service public lorsque, eu égard à l'intérêt général de son activité, aux conditions de sa création, de son organisation ou de son fonctionnement, aux obligations qui lui sont imposées ainsi qu'aux mesures prises pour vérifier que les objectifs qui lui sont assignés sont atteints, il apparaît que l'administration a entendu lui confier une telle mission[4]. »

---

1. T. confl., 23 nov. 1959, *Soc. de meunerie* : *Rec.* 870 ; 9 juin 1986, *Cne Kintzheim c/ONF* : *Rec.* 448 ; 20 mars 2006, *Calatayud c/Voies navigables de France* : *Rec.* 626 ; CE, sect., 17 avr. 1959, *Abadie* : *Rec.* 239.
2. T. confl., 16 juin 1997, *Soc. La Fontaine de mars c/BDF* : *Rec.* 532 ; CE, 22 mars 2000, *Synd. nat. autonome du personnel de la Banque de France* : *Rec.* 125 ; 2 oct. 2002, *Banque de France* : *JCP* G 2003, I, 119, n° 6.
3. CE, sect., 20 avr. 1956, *Épx Bertin* : *Rec.* 167.
4. CE, 22 févr. 2007, ***Association du personnel relevant des établissements pour inadaptés-APREI*** : *Rec.* 92.

1) La concession de service public industriel et commercial

Par la concession, une collectivité publique (concédant) concède le service public par contrat (contrat de concession) à une société privée (concessionnaire). Le contrat contient les conditions de gestion et d'exploitation du service, conformes aux exigences d'intérêt général. Le concessionnaire perçoit les bénéfices et assume les pertes.

2) La gestion de services publics administratifs par des organismes de droit privé

Le recours à des personnes privées pour assurer des services publics administratifs répond à la préoccupation de confier la gestion d'une activité d'intérêt général aux représentants de la catégorie de personnes qu'elle intéresse, tout en limitant la soumission de l'organisme au droit public (sociétés mutualistes, syndicats professionnels[5], associations communales de chasse ou de pêche agréées, sportives, fédérations de football, rugby, athlétisme...). Les comités d'organisation, apparus au début de la Seconde Guerre mondiale afin de gérer la pénurie dans le domaine industriel, avaient pour mission de répartir les matières premières et la main-d'œuvre. Les ordres professionnels reçurent à partir de 1943 la mission d'encadrer et de veiller à la discipline des professions libérales. Les textes comme la jurisprudence restent muets sur leur nature[6], les arrêts indiquant qu'ils ne sont pas des établissements publics, avant d'admettre leur qualité d'organismes privés, d'un type particulier. De même, le juge a reconnu, sans les qualifier, que certains organismes gèrent un service public administratif[7]. Une difficulté surgit lorsque des associations gestionnaires d'activités de service public entretiennent avec une personne publique des liens très étroits, tels que, malgré leur qualification, elles doivent être considérées soit comme des personnes morales de droit public, soit comme de simples prolongements de l'administration, dépourvus de personnalité morale. Le Conseil d'État considère comme transparente une personne privée créée à l'initiative d'une personne publique qui en contrôle l'organisation et le fonctionnement et qui lui procure l'essentiel de ses ressources[8]. Des sociétés commerciales se voient aussi confier des missions de service public (concessions d'autoroutes).

Les décisions, réglementaires ou individuelles, prises pour l'exécution du service public administratif dont ils ont la charge constituent des actes administratifs. L'arrêt ***Monpeurt*** reconnaît explicitement la possibilité pour un organisme de droit privé de prendre des décisions administratives[9]. La question de la qualification de ces organismes reste entière.

---

5. CE, ass., 13 mai 1938, ***Caisse primaire Aide et protection*** : *Rec.* 417 ; sect., 13 janv. 1961, ***Magnier*** : *Rec.* 33.
6. CE, ass., 31 juill. 1942, ***Monpeurt*** : *Rec.* 239 ; ass., 2 avr. 1943, ***Bouguen*** : *Rec.* 86.
7. T. confl., 20 nov. 1961, *Centre rég. de lutte c/le cancer Eugène Marquis* : *Rec.* 879.
8. CE, 21 mars 2007, *Cne Boulogne-Billancourt* : *Rec.* 130.
9. *Monpeurt* : *préc.* ; *Bouguen* : *préc.*

C - Le caractère public d'une institution spécialisée

Lorsque la puissance publique fit remplir des tâches d'intérêt général par des organismes privés, il fallut les distinguer les établissements publics. S'il s'agit d'institutions publiques, ce sont des établissements publics, si non, des établissements d'utilité publique.

Si l'établissement bénéficie d'une qualification textuelle faisant foi, le juge en prend acte. S'il revêt une forme privée, il est toujours un établissement privé (associations de la loi de 1901). Le silence des textes peut être suppléé par une indication précise des travaux préparatoires de la loi. Dans le silence des textes et des travaux préparatoires, ou si le texte est antérieur à 1856, ces institutions ne peuvent être tenues pour des établissements publics que si cette qualité résulte de la nature même des règles concernant leur organisation et leur fonctionnement[10].

Les indices permettant de déterminer qu'une institution est une personne publique forment un faisceau d'indices, que des contre-indications textuelles peuvent contrecarrer[11] et dont aucun ne suffit à lui seul. Le juge se pose quatre questions. Quelle est l'origine de l'établissement ? Dans quel but son activité doit-elle être exercée ? Comment les rapports entre l'établissement et l'autorité publique sont-ils organisés ? Si oui, c'est à première vue un établissement public. Enfin, l'établissement est-il investi de prérogatives exorbitantes, ou prérogatives de puissance publique ? Si oui, il s'agit d'un établissement public. L'absence de ces indices ou de certains d'entre eux, notamment de prérogatives de puissance publique, va dans le sens de la qualité privée de l'établissement[12]. On peut, à l'aide des mêmes indices, parvenir à la conclusion que l'institution est un établissement public, ou un organisme de droit privé assurant une mission de service public. Le choix du juge procède alors de considérations d'opportunité.

2 • DÉCONCENTRATION ET DÉCENTRALISATION

Le système français participe de la déconcentration et de la décentralisation. Toutes les autorités administratives, à l'exception des plus hautes, qui sont à la fois des autorités politiques et des autorités administratives, sont soit déconcentrées, soit décentralisées.

La centralisation se caractérise par le fait que toutes les décisions sont prises ***au sein de la même personne morale, l'État***. Toute l'action administrative est le fait d'autorités centrales. ***Les représentants locaux de l'État sont des exécutants, ils reçoivent des compétences, mais toujours pour le compte et au nom de l'État***.

En cas de décentralisation, la personnalité morale est conférée à une entité, qui n'est pas soumise au pouvoir hiérarchique, mais au contrôle de l'État. Les autorités décentralisées disposent de pouvoirs autonomes de décision qu'elles exercent sous la surveillance d'un représentant de l'État.

---

10. CE, ass., 23 déc. 1957, *Barrot* : *Rec.* 675 ; Cass. civ., 5 mars 1856 : *S.* 1856, 1, 517, à propos des caisses d'épargne.
11. *Magnier* : *préc.* ; *Centre rég. de lutte c/le cancer Eugène Marquis* : préc. ; CE, 4 avr. 1962, *Chevassier* : *Rec.* 244.
12. T. confl., 9 déc. 1899, *Assoc. synd. du canal de Gignac* : *Rec.* 731.

La centralisation imparfaite se transforme en déconcentration. Les autorités déconcentrées sont placées sous la dépendance d'un supérieur hiérarchique dont les pouvoirs sont plus étendus que ceux d'une autorité de tutelle ou de contrôle.

A - Définitions

La décentralisation consiste en un transfert d'attributions de l'État à des institutions administratives juridiquement distinctes de lui et bénéficiant, sous sa surveillance, d'une certaine autonomie de gestion. La déconcentration est un transfert du pouvoir de décision du centre vers la périphérie, au profit d'autorités subordonnées au pouvoir central. Elle apparaît comme une modalité de la centralisation, dans laquelle l'État admet l'existence de circonscriptions administratives, simples découpages territoriaux dépourvus de personnalité juridique.

1) La décentralisation

La décentralisation suppose la ***reconnaissance d'intérêts distincts de ceux de l'État***. Des entités reçoivent le droit de gérer, sous la surveillance de l'État, leurs propres affaires et sont dotées de la personnalité juridique, ce qui leur permet de disposer des moyens nécessaires à leur gestion.

a) Notion

La décentralisation se distingue du fédéralisme. Les collectivités décentralisées n'ont, à la différence d'États fédérés, aucun pouvoir de s'organiser elles-mêmes. Le constituant ou le législateur leur accorde, et peut leur reprendre, leur existence et leurs compétences. Un système administratif est plus ou moins décentralisé, les collectivités décentralisées, de même que leurs compétences propres, étant plus ou moins nombreuses, leur liberté d'action plus ou moins étendue.

La décentralisation permet de tenir compte de la variété des besoins locaux tout en maintenant une suffisante unité de vues dans la gestion administrative par un certain contrôle du pouvoir central, de décongestionner l'administration centrale et de fournir à l'administration une meilleure connaissance des problèmes administratifs locaux. Ces raisons ne suffisent pas à écarter la centralisation, qui peut être tempérée par la déconcentration. ***La décentralisation est une conséquence directe du principe de la démocratie représentative étendu de l'organisation constitutionnelle à l'organisation administrative***. Elle a une signification politique. Créer des collectivités décentralisées, c'est créer autant de démocraties locales incomplètes en raison du caractère unitaire de l'État. Les représentants élus de ces collectivités ont compétence en matière d'administration, mais ni de législation, ni de justice.

b) Formes

La ***décentralisation par services***, ou ***fonctionnelle***, répond à des raisons d'ordre technique et financier. Elle permet de décongestionner l'administration, d'assurer une gestion plus indépendante et un meilleur rendement du service en le confiant à des techniciens et en y associant éventuellement des usagers. On confère la personnalité juridique et l'autonomie de gestion à des groupements d'individus unis par une communauté d'intérêts professionnels ou économiques et sociaux. Des services administratifs sont érigés en organes autonomes en raison de leur spécialité ou afin de favoriser leur fonctionnement.

La ***décentralisation territoriale*** est une technique administrative, qui a aussi une portée politique. Elle se caractérise par la personnalité juridique reconnue aux collectivités territoriales, le droit pour leurs habitants de désigner eux-mêmes les responsables de la gestion des affaires locales et le pouvoir, pour ces responsables, de prendre des réglementations locales et de les appliquer.

Symboliquement, l'article 1er de la Constitution précise que l'organisation de la République est décentralisée. L'article 72 consacre ***le principe de libre administration des collectivités territoriales de la République***, technique qui permet d'adapter l'action administrative aux besoins et aspirations des habitants et de faire participer un grand nombre de personnes aux affaires publiques. Le titre XII prévoit que les collectivités territoriales ont vocation à exercer les compétences qui peuvent être les mieux mises en œuvre à leur échelon et leur accorde des garanties financières quant aux transferts de charges induits. Les lois ou décrets peuvent autoriser certaines collectivités à déroger, à titre expérimental et pour un objet et une durée limités, aux règles en vigueur régissant l'exercice de leurs compétences, afin de prendre le mieux en compte possible les réalités locales. La décentralisation, pour être véritable, doit reposer sur l'élection, ce qui est une réalité depuis la loi du 2 mars 1982. Les autorités décentralisées doivent jouir de la plus grande indépendance possible. Elles sont le plus souvent élues au suffrage universel direct et bénéficient de garanties contre le risque de désinvestiture trop facile par les autorités de l'État. La tutelle sur les personnes est aménagée. Enfin, les autorités décentralisées doivent bénéficier de moyens financiers propres suffisants afin d'exercer librement leurs missions.

2) La déconcentration

La déconcentration administrative ***consiste à attribuer des compétences propres à des délégués du gouvernement central*** pour des raisons pratiques : soit le chef de l'exécutif délègue son pouvoir de décision à ses subordonnés, au moins dans certaines matières, soit des textes législatifs ou réglementaires attribuent certaines compétences aux subordonnés. Cette technique, dite déconcentration administrative, est largement appliquée en France depuis le milieu du XIXe siècle, les préfets ayant été dotés à plusieurs reprises d'importants pouvoirs propres tout en demeurant soumis à l'autorité hiérarchique des ministres. Elle répond à l'idée qu'on peut gouverner de loin, mais qu'on n'administre bien que de près (D. 25 mars 1852).

Le décret du 1er juillet 1992 portant charte de la déconcentration a mis en œuvre les principes de la loi du 6 février 1992 sur l'administration territoriale de la République : seules les missions de caractère national doivent revenir aux administrations centrales, le reste est pris en charge par les services déconcentrés, organisés dans le cadre des circonscriptions régionales, départementales et des arrondissements. Le département est l'échelon déconcentré de principe. La loi du 4 février 1995 relative à l'aménagement du territoire rappelle ces exigences. Vingt-cinq décrets des 19 et 24 décembre 1997 dressent la liste des cas dans lesquels la compétence pour prendre des décisions individuelles est maintenue au profit des ministres ou d'autres autorités déconcentrées, la compétence du préfet devenant de droit commun. Le décret du 29 avril 2004 relatif aux pouvoirs des préfets, à l'organisation et à l'action des services de l'État dans les régions et départements élargit les compétences des préfets de région et renforce l'échelon régional en matière de coordination et d'animation de l'action des préfets de département. Le décret du 16 février 2010 renforce l'échelon régional et l'autorité du préfet de région, garant de la cohérence de l'action de l'État dans la région. Le décret du 17 mai 2015 portant charte de la déconcentration renforce les attributions et les moyens des services déconcentrés. Il institutionnalise la possibilité pour le préfet de région de proposer au Premier ministre une modification des règles d'organisation des services déconcentrés et de répartition des missions entre ses services, pour s'adapter aux spécificités du territoire dont ils ont la charge. Il permet le renforcement de la déconcentration des ressources humaines et des moyens budgétaires. Il prévoit la mise en place de la conférence nationale de l'administration territoriale de l'État, chargée d'animer les relations entre administrations centrales et services déconcentrés et de veiller à l'application de la charte.

B - La tutelle

La tutelle désigne un type de contrôle exercé par le pouvoir central ou en son nom sur les personnes morales autres que l'État. S'agissant des collectivités territoriales, on parle de « contrôle administratif » depuis la loi du 2 mars 1982. Ce contrôle revêt une signification très générale et il ne faut pas penser que des rapports d'égalité sont instaurés entre l'État et les autres personnes publiques.

1) La tutelle administrative

Toutes les formes de décentralisation administrative se caractérisent par l'existence d'un pouvoir de contrôle des autorités supérieures sur les collectivités décentralisées. Le contrôle qui s'exerce sur les collectivités territoriales est juridictionnel.

a) Principes

La portée de l'intervention de l'autorité de tutelle est très différente selon que son contrôle porte sur la légalité du comportement de l'autorité décentralisée ou s'étend à son opportunité. ***En cas de contrôle d'opportunité, l'autorité de tutelle peut faire prévaloir ses propres vues*** sur celles de l'autorité décentralisée ; ***en cas de contrôle de légalité, elle ne peut faire prévaloir que la règle de droit***.

Le pouvoir de tutelle ne se présume pas, il n'existe que si la loi le prévoit expressément, et ne peut s'exercer que dans les cas et selon les formes prévus par elle[13]. Il s'exerce sous le contrôle du juge administratif, qui peut annuler les mesures de tutelle sur recours de la collectivité contrôlée, qui agit au nom de la décentralisation et du respect qui lui est dû. L'usage fautif du pouvoir de tutelle engage la responsabilité de son titulaire envers l'organe sous tutelle ou les tiers[14].

---

13. CE, sect., 16 mars 1984, *Broadie* : *Rec.* 118.
14. CE, 29 mars 1946, ***Caisse départementale d'assurances sociales Meurthe-et-Moselle*** : *RDP* 1946, 490 ; sect., 6 oct. 2000, *Min. int. c/Cne Saint-Florent* : *Rec.* 395 ; 27 déc. 1948, *Cne Champigny-sur-Marne* : *Rec.* 493.

Le contenu du pouvoir de tutelle : l'autorité de tutelle détient des pouvoirs lui permettant de remédier à ce qu'a de défectueux l'action ou l'inaction des autorités décentralisées :

- ***le pouvoir d'annulation*** fait disparaître rétroactivement les décisions de l'autorité décentralisée. En cas d'urgence, la suspension de la décision peut être prononcée. Si l'autorité de tutelle ne dispose pas de ce pouvoir, elle peut déférer au juge administratif la décision qu'elle estime illégale[15] ;
- ***le pouvoir d'approbation*** intéresse des décisions déjà prises, mais dont le caractère exécutoire est subordonné à l'approbation. Celle-ci, qui rétroagit à la date de leur édiction, doit parfois être explicite, et peut parfois être tacite ;
- ***le pouvoir d'autorisation*** consiste en ce que les mesures envisagées par les autorités décentralisées ne peuvent être décidées qu'après avoir obtenu l'autorisation nécessaire ;
- l'exercice du ***pouvoir de substitution d'action*** suppose une abstention d'agir de l'autorité décentralisée, il est subordonné à une mise en demeure restée infructueuse. L'autorité de tutelle prend l'acte à la place de l'autorité sous tutelle. Ce pouvoir permet de faire beaucoup plus que ce qui est permis au supérieur hiérarchique. La mesure, considérée comme prise au nom de l'institution décentralisée, engage sa responsabilité.

L'autorité de tutelle ne détient jamais le pouvoir d'instruction ni le pouvoir de réformation. ***L'autorité décentralisée n'est pas soumise, elle n'est que contrôlée***[16].

Les règles générales de la tutelle s'appliquent aux établissements publics et aux ordres professionnels, dans les conditions prévues par leurs statuts.

b) Les formes de tutelle

On distingue tutelle sur les personnes, tutelle sur les actes et tutelles techniques.

La tutelle sur les personnes ou sur les organes est une ***sorte de pouvoir disciplinaire***, qui tend à tirer les conséquences de fautes commises par les élus locaux et de certaines situations illégales ou contraires à l'intérêt général. « [...] l'institution de sanctions réprimant les manquements des maires aux obligations qui s'attachent à leurs fonctions ne méconnaît pas, en elle-même, la libre administration des collectivités territoriales ; [...] la suspension ou la révocation, qui produit des effets pour l'ensemble des attributions du maire, est prise en application de la loi [...] »[17].

L'autorité de tutelle ***peut suspendre ou révoquer certains élus ou dissoudre des organes collégiaux***. La décision doit être motivée et est susceptible de recours. Le Conseil d'État exerce un contrôle normal sur le choix de la sanction[18].

Les maires et adjoints peuvent être suspendus pendant un mois au plus par arrêté du ministre de l'Intérieur et révoqués par décret en Conseil des ministres[19]. Les conseillers municipaux, départementaux et régionaux peuvent être démis de leur mandat, lorsqu'ils

---

15. CE, 24 nov. 1911, *Cne Saint-Blancard* : *Rec.* 1089.
16. CE, 7 juin 1902, ***Maire Néris-les-Bains*** : *Rec.* 115.
17. Cons. const., 13 janvier 2012, 2011-210 QPC : *AJDA* 2012, 546.
18. CE, 2 mars 2010, *Dalongeville : Rec.* 65.
19. CE, ass., 27 févr. 1981, *Wahnapo* : *Rec.* 111. Les sanctions infligées aux maires et adjoints relèvent d'un contrôle normal du juge : *Dalongeville : préc.*

se trouvent, pour une cause survenue après leur élection, dans un cas d'inéligibilité ou d'incompatibilité. La démission d'office est prononcée par arrêté préfectoral pour les conseillers municipaux et régionaux et par le conseil départemental pour les conseillers départementaux. Un conseiller municipal ou départemental peut aussi être démis de son mandat par décision du tribunal administratif, s'il a refusé sans excuse valable de remplir une fonction à lui dévolue par la loi[20].

Les conseils municipaux, départementaux et régionaux ne peuvent être dissous que pour un motif d'intérêt général, tenant exclusivement et strictement à l'impossibilité pour le conseil d'exercer ses attributions. En cas d'urgence, les conseils municipaux peuvent être préalablement suspendus par arrêté préfectoral, pour un mois au plus. La dissolution d'une assemblée élue au suffrage universel ne peut être décidée que par décret motivé pris en Conseil des ministres. Si elle concerne un conseil départemental ou régional, le Parlement doit en être informé par le gouvernement dans le plus bref délai. S'agissant des conseils municipaux, de nouvelles élections doivent avoir lieu dans les deux mois. Dans l'attente, une délégation spéciale, désignée par arrêté préfectoral, accomplit les actes urgents de pure administration conservatoire. Le président du conseil régional ou départemental assure l'expédition des affaires courantes, ses décisions n'étant exécutoires qu'avec l'accord du préfet.

Le contrôle sur les actes ne concerne que les actes ***pris par les autorités locales au nom de la collectivité territoriale***. Le contrôle des collectivités territoriales et de leurs groupements est organisé sur un même modèle, à quelques nuances près pour les actes de la région. Les lois de 1982 substituent pour l'essentiel un contrôle du juge à celui des autorités de l'État, substitution conforme à la Constitution dès lors que le préfet peut saisir le juge pour le mettre en œuvre[21].

– Sont exécutoires de plein droit après avoir été publiés ou notifiés et transmis au préfet, ou au sous-préfet, *les* ***délibérations, les décisions réglementaires et individuelles prises par le maire en vertu de son pouvoir de police***, à l'exclusion de celles relatives à la circulation et au stationnement, les actes réglementaires en général, les conventions relatives aux marchés les plus importants et aux emprunts ainsi que les conventions de concession ou d'affermage de services publics locaux, certaines décisions individuelles relatives au recrutement des agents de la collectivité, en matière d'urbanisme, les ordres de réquisition du comptable et les décisions relevant de l'exercice de prérogatives de puissance publique prises par les sociétés d'économie mixte locales pour le compte de la collectivité. L'application avant la transmission est illégale et l'acte est entaché de rétroactivité s'il prévoit son application avant transmission[22]. Le maire n'est pas compétent pour signer un contrat tant que la délibération l'y autorisant n'a pas été transmise au préfet[23]. Mais cette irrégularité n'entraîne pas nécessairement la nullité du contrat[24].

– ***Les autres actes administratifs faits au nom de la collectivité*** ne sont pas soumis à l'obligation de transmission.

20. CE, ass., 10 janv. 1969, *Maire Saint-Laurent-l'Abbaye* : *Rec.* 25.
21. Cons. const., 82-137 DC, 25 févr. 1982, *Droit et libertés des communes, des départements et des régions* : *Rec.* 38.
22. CGCT, art. L. 3131-2 ; CE, 27 avr. 1987, *Co. Rép. Côtes du Nord* : *Rec.* 721 ; sect., 30 sept. 1988, *Cne Nemours c/Mme Marquis* : *Rec.* 320.
23. CE, avis, 10 juin 1996, *Préf. Côte-d'Or : Rec.* 198 ; sect., 20 oct. 2000, *Soc. Cité Câble-Est : Rec.* 457.
24. CE, ass., 28 déc. 2009, ***Cne Béziers*** : *Rec.* 509.

– ***Les actes de droit privé et ceux faits au nom de l'État***[25] sont soumis au régime qui leur est propre.
– ***Les actes soumis à l'obligation de transmission sont susceptibles de déféré préfectoral***. Le préfet peut, dans les deux mois suivant leur transmission, s'il les estime illégaux, les déférer au tribunal administratif aux fins d'annulation (***déféré spontané***). Dans le même délai, il peut présenter à l'autorité locale un ***recours gracieux***, qui préserve le délai du recours contentieux dans les conditions du droit commun[26].

Lorsque la transmission de l'acte ne comporte pas le texte intégral ou n'est pas accompagnée des documents nécessaires pour permettre d'en apprécier la portée ou la légalité, il appartient au préfet de demander à l'autorité locale, dans les deux mois suivant la réception de l'acte, de la compléter. Le délai de déféré court de la réception du texte intégral ou des documents réclamés, ou de la décision explicite ou implicite de refus de compléter la transmission. À défaut de recours gracieux ou de demande de complément, le délai de déféré court de la réception de l'acte.

Le préfet informe l'autorité locale du déféré, formalité qui n'est pas prescrite à peine de nullité de la procédure. Le déféré d'un acte illégal n'est pas obligatoire. Le préfet peut se désister de son déféré[27]. Mais la responsabilité de l'État peut être engagée pour faute lourde si un acte manifestement illégal n'a pas été déféré[28].

Ce déféré s'apparente au recours pour excès de pouvoir. Le déféré est ouvert également contre les actes non transmis, y compris les décisions implicites de refus[29].

Le préfet peut assortir son recours d'une ***demande de référé suspension***, à condition que l'acte attaqué soit déjà exécutoire[30]. Le tribunal, qui doit statuer dans le délai d'un mois, est tenu d'accorder la suspension si l'un des moyens invoqués est sérieux. Lorsque l'acte attaqué est de nature à compromettre une liberté publique ou individuelle, le président du tribunal administratif prononce la suspension dans les 48 heures. L'illégalité constitue le moyen sérieux justifiant la suspension[31].

Tout intéressé peut demander au préfet de saisir lui-même le tribunal administratif (***déféré provoqué***). La demande doit être adressée au préfet dans le délai de deux mois à compter de la date à laquelle l'acte est devenu exécutoire. Le refus de déférer n'est pas susceptible de recours, mais la demande de déféré, formée dans le délai de recours contentieux, proroge le délai jusqu'à l'intervention de la décision explicite ou implicite par laquelle le préfet se prononce sur la demande[32].

---

25. CE, 27 févr. 1987, *Cne Grand Bourg de Marie Galante c/Mme Pistol* : *Rec.* 80.
26. CE, 18 avr. 1986, *Co. Rép. Ille-et-Vilaine* : *Rec.* 658.
27. CE, 13 janv. 1988, *Mutuelle gén. des personnels des collectivités locales* : *Rec.* 7 ; 24 avr. 1985, *V. Aix-en-Provence* : *Rec.* 528 ; sect., 25 janv. 1991, *Brasseur* : *Rec.* 23 ; sect., 28 févr. 1997, *Cne Port* : *Rec.* 61.
28. *Min. int. c/Cne Saint-Florent* : *préc.*
29. CE, sect., 26 juill. 1991, *Cne Sainte Marie de La Réunion* : *Rec.* 302 ; ass., 15 avr. 1996, *Synd. CGT des hospitaliers de Bédarieux* : *Rec.* 130 ; *Cne Port* : *préc.*
30. CE, 1er févr. 1989, *Cne Briançon* : *Rec.* 512.
31. CE, 15 déc. 1982, *Cne Garches* : *Rec.* 417.
32. *Brasseur* : *préc.*

Les actes non soumis à l'obligation de transmission ne relèvent pas du déféré. Ils peuvent donner lieu à un recours en annulation du préfet ou de tout intéressé dans les conditions du droit commun[33].

Certaines formes de tutelle subsistent. ***En matière budgétaire***, le préfet, agissant en liaison avec la Chambre régionale des comptes (CRC), conserve certaines prérogatives de substitution.

Les tutelles techniques, procédés de contrôle indirect, consistant à contraindre les collectivités décentralisées à adopter certaines mesures, grâce à des actes types adoptés par l'État ou des normes techniques au respect desquels l'État subordonne son aide financière ont en principe été supprimées.

2) *La tutelle sur les institutions décentralisées autres que les collectivités territoriales*

La tutelle s'exerce sur les établissements publics nationaux, les chambres professionnelles, les hôpitaux publics et certaines institutions spécialisées de droit privé, qui ne sont pas inclus dans le domaine d'application de la loi du 2 mars 1982. Le pouvoir de tutelle est aménagé à leur égard selon des modalités extrêmement variées. Les formes traditionnelles de tutelle sont maintenues. Il faut noter l'importance du pouvoir d'approbation, qui porte toujours au moins sur les décisions financières des divers établissements publics administratifs.

C - Le pouvoir hiérarchique

Au cœur de la déconcentration, le pouvoir hiérarchique est détenu par l'autorité supérieure, qui l'exerce à l'égard de ses subordonnés. Dans le cadre de l'État, une autorité d'État l'exerce sur une autre autorité d'État, notamment sur le maire pris en sa qualité d'agent de l'État. Ce pouvoir est lié à la qualité de supérieur hiérarchique, en vertu d'un principe général du droit[34], et s'exerce de plein droit.

L'autorité supérieure peut exercer son pouvoir hiérarchique sans cause déterminée, pour des raisons d'opportunité comme de légalité. Entier pouvoir d'annulation et de réformation, il s'exerce spontanément ou sur demande de tout intéressé formant un recours hiérarchique, ce qui dessaisit l'autorité subordonnée[35].

1) *Composantes du pouvoir hiérarchique*

Ce pouvoir comprend des mesures de trois ordres.

Le pouvoir d'instruction consiste en l'émission d'ordres de service et de circulaires, déterminant ce que doit être le comportement de leurs destinataires. Le subordonné doit s'y conformer, faute de manquer au devoir d'obéissance et d'encourir des poursuites disciplinaires. S'il peut attirer l'attention du supérieur sur l'illégalité ou l'inopportunité des instructions reçues, il n'est libéré de l'obligation d'y obéir que si elles sont

33. *Cne Port* : *préc.* ; *Mutuelle gén. des personnels des collectivités locales* : *préc.*
34. CE, sect., 11 juin 1982, *Berjon* : *Rec.* 221 ; *Quéralt* : *préc.*
35. CE, sect., 4 déc. 1959, *Geoffroy* : *Rec.* 654 ; 26 janv. 1979, *SCI Le Maréchal* : *Rec.* 595.

manifestement illégales et de nature à compromettre gravement un intérêt public[36]. Il n'est pas recevable à poursuivre devant le juge l'annulation des ordres qu'il a reçus.

Le pouvoir d'annulation permet de faire disparaître rétroactivement de l'ordonnancement juridique les décisions du subordonné[37].

Le pouvoir de réformation permet de remplacer la décision du subordonné par une autre, sans effet rétroactif.

Les pouvoirs d'annulation et de réformation peuvent être mis en œuvre spontanément mais doivent l'être sur recours hiérarchique d'un administré. Le pouvoir de substitution n'appartient en principe au supérieur hiérarchique que si un texte particulier le prévoit et en cas de compétence liée.

2) Exercice du pouvoir hiérarchique

Le pouvoir hiérarchique doit respecter les droits acquis. Le supérieur hiérarchique ne peut exercer qu'un contrôle de légalité et sa décision doit avoir un rapport suffisant avec ce qui était demandé[38].

Lorsqu'un recours hiérarchique est exercé, l'autorité supérieure saisie est tenue d'exercer son contrôle hiérarchique. Elle apprécie si la décision qui lui est déférée doit être annulée ou réformée pour cause d'illégalité ou d'inopportunité. Si la décision est illégale, elle doit l'annuler ou la remplacer par une décision légale[39].

3) Aménagement du pouvoir hiérarchique

Des textes prescrivent certaines règles de procédure : obligation de l'autorité supérieure de se prononcer après avis d'un organisme consultatif, délai d'exercice du recours, délai dans lequel le supérieur hiérarchique doit statuer, limitation des intéressés recevables à former le recours hiérarchique. La décision prise par l'autorité supérieure se substituera à celle du subordonné[40].

Le supérieur hiérarchique ne peut pas se substituer à son subordonné pour décider lui-même en ses lieu et place. S'il arrive que le subordonné ne prenne pas certaines décisions, le supérieur doit lui donner instruction de les prendre. Ces principes connaissent des dérogations (substitution du préfet au maire pris comme agent de l'État). La jurisprudence interprète restrictivement la possibilité de substitution d'action[41].

L'exercice du recours hiérarchique est souvent imposé comme préalable au recours juridictionnel, qui sera irrecevable s'il n'a pas été précédé du premier[42].

---

36. CE, sect., 10 nov. 1944, *Langneur* : *Rec.* 288.
37. CE, sect., 16 nov. 1992, *V. Paris* : *Rec.* 406.
38. CE, 3 nov. 1922, ***Dme Cachet*** : *Rec.* 790 ; sect., 25 févr. 1983, *Union des commerçants de Parthenay* : *Rec.* 80.
39. *Quéralt* : *préc.* ; CE, 19 nov. 1971, *Dlle Bruguière* : *Rec.* 692 ; *Geoffroy* : *préc.* ; ass., 23 avr. 1965, *Dme Vve Ducroux* : *Rec.* 231.
40. CE, ass., 29 mars 1968, ***Manufacture fr. des pneumatiques Michelin*** : *Rec.* 215 ; sect., 30 mars 1973, *Gen* : *Rec.* 269.
41. CE, 15 févr. 1961, *Alfred Joseph* : *Rec.* 114 ; *Ducousso* : *préc.*
42. Voir sur le RAPO : Conseil d'État, « Les recours administratifs préalables obligatoires », 29 mai 2008, La Documentation française.

CHAPITRE 5

L'administration d'État

L'administration d'État correspond à un territoire, ses relations avec ce dernier étant plus ou moins étroites. La compétence de ses organes s'étend à l'ensemble du territoire, ils constituent l'administration centrale de l'État. Parfois, ils sont aménagés afin de couvrir une partie délimitée du territoire et constituent l'administration territoriale de l'État.

L'administration d'État est aménagée dans le cadre de circonscriptions territoriales, simples divisions géographiques de l'État sans personnalité juridique ni autonomie administrative.

1 • L'ADMINISTRATION CENTRALE

Au sens large, ***l'administration centrale désigne l'ensemble des organes administratifs centraux de l'État***, au sens étroit, les services centraux des départements ministériels, la plupart implantés en région parisienne. Les administrations centrales n'ont pas de personnalité juridique distincte de celle de l'État, en application du principe de l'unité de la personnalité juridique de l'État. Deux autorités administratives dirigent l'administration d'État, le Premier ministre et le président de la République. Certains organes occupent une place à part : le Conseil d'État, le Conseil économique, social et environnemental et les autorités administratives indépendantes.

A - Les organes suprêmes de l'administration

1) Le président de la République et le Premier ministre

Le gouvernement dispose de l'administration (Constitution, art. 20). Le Premier ministre dirige l'action du gouvernement (art. 21) et donc celle de l'administration. Cet article attribue au Premier ministre le pouvoir réglementaire et la nomination aux emplois civils et militaires. Il y a là l'essentiel des pouvoirs et attributions nécessaires pour lui reconnaître la qualité de chef de l'administration. Cette lecture de la Constitution se trouve atténuée par une réserve contenue dans l'article 21 pour faire référence à l'article 13, qui donne au président de la République le pouvoir de prendre lui-même certaines mesures, notamment de nommer aux emplois civils et militaires de l'État, pouvoir quelque peu encadré par la loi constitutionnelle du 23 juillet 2008 pour des emplois ou fonctions particulièrement importants. Certaines de ses attributions (nomination du Premier ministre et des ministres : art. 8, présidence du Conseil des ministres :

art. 9, commandement des armées : art. 15), confirment qu'il exerce un rôle à la tête de l'administration. Chef de l'État, il est aussi chef de l'administration.

L'administration française est ainsi placée sous la direction de deux autorités administratives, qui sont aussi des autorités politiques. Adoptée expressément sous la IIIe République à propos du président de la République[1], la solution perdure. Le président de la République et *a fortiori* le Premier ministre sont des autorités administratives, ce pourquoi leurs actes peuvent être contrôlés par le juge administratif.

2) Leurs services

Les ***services du président de la République*** (***cabinet, secrétariat général et état-major particulier)*** sont restreints, chaque président les organise comme il l'entend. Le cabinet a une fonction d'animation politique (déplacements du président, courrier, réceptions, relations avec les partis politiques...). L'état-major assiste et conseille le président dans ses fonctions constitutionnelles de chef des armées. Le secrétariat général a une fonction d'animation et de coordination administrative et technique (préparation du Conseil des ministres, rapports avec le gouvernement, suivi des dossiers traités par les ministères).

Les ***services du Premier ministre*** sont plus étoffés. Au sens large, ils regroupent un ensemble de services et d'organismes, dont plusieurs établissements publics, placés sous l'autorité ou la tutelle du Premier ministre. Au sens étroit, ce sont uniquement les services directement placés sous son autorité. Le ***cabinet civil***, dirigé par un directeur, comprend des conseillers techniques et des chargés de mission spécialisés dans différents secteurs de l'activité gouvernementale. Correspondants des ministres et de leurs cabinets, ils veillent à l'unité de l'action gouvernementale. Le ***cabinet militaire*** assiste le Premier ministre dans ses fonctions constitutionnelles de responsable de la défense nationale. Le ***secrétariat général du gouvernement***, dirigé par un membre du Conseil d'État, assure la préparation du travail gouvernemental, dresse l'ordre du jour du Conseil des ministres en liaison avec le secrétaire général de la présidence de la République, suit l'élaboration, l'adoption et l'application des lois et règlements, coordonne l'action des ministères. S'y ajoutent des directions (*Direction de l'Information Légale et Administrative*) et des ***secrétariats généraux*** (défense nationale, coopération des affaires européennes).

D'autres directions, souvent placées sous la responsabilité d'un ministre, dépendent encore en règle générale du Premier ministre : direction générale de la fonction publique et de l'administration, Centre d'analyse stratégique, DATAR...

B - Les départements ministériels

1) La structure gouvernementale

Selon les gouvernements, le nombre et la dimension des départements ministériels, ossature de l'administration de l'État, varient. Si le schéma de base demeure, la répartition des attributions et des services entre eux n'est pas figée. Certains ministères sont

1. CE, 6 déc. 1907, ***Cie des chemins de fer de l'Est*** : *Rec.* 913.

pérennes (justice, intérieur, finances, défense, éducation), avec des appellations et des attributions restreintes ou élargies (les finances sont souvent réunies à l'économie). Certains ministères englobent de larges secteurs (affaires sociales), d'autres sont limités à un domaine étroit (enseignement supérieur). Un ministère peut être imbriqué dans un autre (ministre ou secrétaire d'État délégué auprès d'un ministre ou du Premier ministre). Il existe parfois des secrétaires d'État autonomes, qui n'ont pas rang de ministre. Le décret de nomination du gouvernement désigne les ministres et identifie les ministères correspondants. Un décret en Conseil des ministres pris après avis du Conseil d'État répartit les attributions entre les ministères. Un décret en Conseil d'État fixe l'organisation générale de chaque département ministériel, précisée par un arrêté conjoint du Premier ministre et du ministre intéressé. Le ***Conseil des ministres***, principale formation gouvernementale, réunit tous les ministres et parfois les secrétaires d'État, sous la présidence du président de la République. Pour s'en tenir à ses fonctions administratives, il examine les projets de lois et d'ordonnances et les mesures individuelles de nomination des plus hauts fonctionnaires, qui n'acquièrent un effet normatif que lorsque le président de la République les signe.

Les ***conseils*** et ***comités interministériels***, organes de coordination, réunissent certains ministres, en général sous la présidence du Premier ministre, afin de régler certaines questions. Certains sont permanents et coordonnent l'ensemble des ministères dans des domaines administratifs spécifiques : comité interministériel d'aménagement du territoire, comités interministériels pour le développement durable, de restructuration industrielle, conseil de défense et de sécurité nationale...

Les administrations civiles de l'État se composent d'administrations centrales, de services déconcentrés et de services à compétence nationale. Les administrations centrales assurent un rôle de conception, d'animation, d'orientation, d'évaluation et de contrôle. Les missions des autres services, nationales également, ont un caractère plus opérationnel. La compétence des administrations centrales est strictement définie.

2) L'organisation interne des ministères

Chaque ministère se compose de ***directions***, qui constituent la plus grande subdivision. Elles sont en majorité verticales ou fonctionnelles (du budget, des hôpitaux), ou horizontales, gérant des activités d'intérêt commun à tout le ministère (contentieux, personnel). À leur tête se trouvent les directeurs d'administration centrale, souvent hauts fonctionnaires, nommés par décret en Conseil des ministres, dont les emplois sont ***« à la décision du gouvernement »***, le gouvernement étant en droit d'en attendre une totale loyauté politique, qui peuvent être librement révoqués.

Les directions sont divisées en sous-directions (de 2 à 4 bureaux), parfois subdivisées en services ou en divisions. L'unité de travail de base a longtemps été le bureau.

Les ***services à compétence nationale*** assument des fonctions de gestion, d'études techniques, de production de biens ou de prestations de services, ou à caractère opérationnel. Ils sont placés tantôt directement sous l'autorité du ministre, tantôt sous celle d'un directeur d'administration centrale, d'un chef de service ou d'un sous-directeur.

Les secrétaires généraux des ministères animent les orientations gouvernementales au sein du département ministériel et coordonnent les services ministériels.

3) Les attributions administratives des ministres

Le ministre représente l'État pour les actes juridiques entrant dans le champ de ses attributions. Il dirige les services placés sous son autorité et dispose du pouvoir d'organisation reconnu à tout chef de service par la jurisprudence. Titulaire du pouvoir hiérarchique sur l'ensemble des personnels de son département, il donne des ordres à ses subordonnés pour l'organisation, le fonctionnement, l'activité de ses services. Il peut à ce titre prendre des mesures réglementaires. Il peut réformer ou annuler les décisions de ses subordonnés[2], préciser leurs fonctions, les noter et les sanctionner. Le ministre est ordonnateur principal des dépenses de son ministère. Il participe à l'exercice du pouvoir réglementaire.

Il peut déléguer certaines de ses compétences à des collaborateurs, membres de son cabinet ou fonctionnaires, à l'exception du contreseing des décrets. Pour la mise en œuvre de ses attributions, chaque ministre dispose d'une équipe de collaborateurs personnels, qu'il choisit librement, composant ***le cabinet***, placé sous la responsabilité d'un directeur de cabinet.

C - Les organes particuliers de l'administration centrale

Ces organes, situés au niveau central de l'État, échappent à la structure générale décrite ci-dessus. Les principaux sont des organismes consultatifs et des autorités administratives indépendantes.

1) Les organes consultatifs

Au nombre de plusieurs centaines, ils se composent soit de fonctionnaires exclusivement, soit uniquement de personnes étrangères à l'administration (représentants des organisations professionnelles), soit des deux. Ils sont placés tantôt auprès du Premier ministre, tantôt d'un ministre. Leurs attributions peuvent être spécialisées ou couvrir un domaine d'activité très général.

Leur fonction consiste essentiellement à donner des avis aux autorités compétentes. Tantôt l'avis est donné spontanément ou recueilli facultativement (avis facultatif), tantôt doit être obligatoirement demandé avant la prise d'une décision (avis obligatoire). Cette seconde hypothèse ouvre une nouvelle alternative : tantôt, alors même qu'il doit être obligatoirement recueilli, l'avis formulé peut ne pas être suivi par l'autorité qui prend la décision (avis simple), tantôt cette autorité ne peut pas prendre de décision autre que celle que l'avis formulait (avis conforme). On citera les conseils supérieurs des hôpitaux, de la fonction publique, de l'équitation, le conseil national de l'enseignement supérieur, de la consommation, des transports.

Le Conseil d'État est d'abord un organe d'administration, au moins à titre consultatif. Ses formations administratives comportent ***six sections*** (intérieur, finances, des travaux publics, sociale, administrative et du rapport et des études). Les affaires ressortissant aux différents départements ministériels sont réparties par arrêté entre les cinq premières. La sixième entreprend des études sur des questions particulières et prépare le rapport

2. **Jamart** : *préc.* ; **Quéralt** : *préc.*

général annuel du Conseil. ***L'assemblée générale*** comporte une formation plénière, qui réunit le vice-président, les présidents de section et tous les conseillers d'État, et une formation ordinaire, moins étoffée. ***La commission permanente*** est une formation plus restreinte. Les affaires sont délibérées en section, en assemblée générale (les plus importantes) ou en commission permanente (en cas d'urgence). Le Conseil d'État collabore au travail gouvernemental soit dans la préparation de textes, soit dans la réponse à des questions. Lui sont obligatoirement soumis les projets de lois, d'ordonnances et de décrets pour lesquels cette procédure est prévue par la Constitution ou une loi. Le Conseil d'État peut remanier le texte qui lui a été transmis par le gouvernement. Ce dernier peut reprendre sa version, mais ne peut, sauf pour les projets de loi, retenir un texte non délibéré par le Conseil d'État. La solution diffère lorsque le gouvernement lui soumet un projet à titre facultatif. Il peut également poser au Conseil d'État des questions sur certaines difficultés. Celui-ci ne rend alors qu'un avis et exerce une fonction véritablement consultative. L'avis conforme est parfois exigé (retrait des décrets de naturalisation).

Le ***Conseil économique, social et environnemental*** (Constitution, titre XI) doit favoriser la collaboration des principales activités du pays, contribuer à l'information des assemblées parlementaires et donner des avis au gouvernement sur les questions de sa compétence. Il est obligatoirement saisi pour avis par le Premier ministre des projets de loi de plan et des projets de loi de programmation à caractère économique, social ou environnemental, à l'élaboration desquels il peut être associé. Le gouvernement peut le consulter sur les projets de loi de programmation définissant les orientations pluriannuelles des finances publiques, des projets de loi, d'ordonnances ou de décrets et des propositions de loi entrant dans le domaine de sa compétence. Il peut être consulté par le Premier ministre, les présidents du Sénat et de l'Assemblée nationale, sur tout problème de caractère économique, social ou environnemental et peut être saisi par voie de pétition (LO 28 juin 2010). Après examen de la pétition, il fait connaître les suites qu'il entend y donner au gouvernement et au Parlement. La majorité de ses membres est désignée par les organismes socioprofessionnels, les autres nommés par le gouvernement.

2) Les corps d'inspection et de contrôle

Ces corps (***Inspections générales de l'administration, des finances, de l'Éducation nationale, Contrôle général des Armées, Inspection des Ponts et Chaussées)*** représentent une ***sorte d'autocensure de l'administration*** : des fonctionnaires indépendants contrôlent l'activité d'autres fonctionnaires. Ils exercent aussi une mission de conseil et d'assistance à la demande des administrations elles-mêmes. D'autres organismes exercent des activités de contrôle de l'administration (Comité central d'enquête sur le coût et le rendement des services publics...).

D - Les autorités administratives indépendantes

Leur institution est liée à la recherche de formules permettant d'isoler au sein de l'administration des organes disposant d'une réelle autonomie par rapport au gouvernement, pour l'exercice d'attributions dans des domaines sensibles (libertés publiques, activités économiques). Organes administratifs de l'État, ce sont des autorités parce qu'elles sont spécialement aménagées et disposent de certains pouvoirs. Elles sont administratives parce qu'elles appartiennent à l'administration active et ne sont pas assimilables à des juridictions. Elles sont indépendantes essentiellement parce que, outre certains aspects de leur composition, elles ne sont soumises à aucun pouvoir hiérarchique. Elles ne répondent pas à un modèle juridique uniforme.

Leur organisation est variée et ne comporte pas la personnalité juridique, sauf exception. Institutions étatiques rattachées pour leur gestion aux services du Premier ministre ou d'un ministre, elles engagent la responsabilité de l'État pour les préjudices qu'elles peuvent causer[3]. Certaines sont constituées d'une seule personne (Médiateur du cinéma, Contrôleur général des lieux de privation de liberté), d'autres sont collégiales (CNIL, CADA, Conseil de la concurrence, Comité national d'éthique pour les sciences de la vie et de la santé, Autorité de contrôle prudentiel, Agence d'évaluation de la recherche et de l'enseignement supérieur, Autorité de régulation des jeux en ligne...). Leur composition est diversifiée. La désignation de leurs membres peut résulter d'un décret en Conseil des ministres, d'un décret simple ou d'un arrêté. Leurs membres sont désignés par les assemblées parlementaires ou leurs présidents, élus par certains corps constitués (Conseil d'État, Cour de cassation, Cour des comptes) ou nommés par le président de ceux-ci.

Elles peuvent assurer une protection des administrés contre certains abus de l'administration (CADA, CNIL), fonction *parajuridictionnelle* qui peut ne pas être exclusive d'autres attributions concernant principalement l'encadrement des activités économiques, soit dans leur ensemble (Commission de la sécurité des consommateurs, ARCEP) soit dans certains secteurs (CSA) ou la protection de libertés. Leurs pouvoirs sont plus ou moins forts : ***recommandations*** qui peuvent prendre la forme d'avis ou de proposition exerçant une influence sur la décision prise par un autre organe ou ***décisions***, individuelles ou réglementaires (CNIL, CADA), cas original d'exercice du pouvoir réglementaire national. Le Conseil constitutionnel a validé le principe du pouvoir de sanction attribué à ces autorités, qui doivent être regardées comme décidant du bien-fondé d'une accusation en matière pénale[4].

Leur indépendance ne les fait pas échapper au contrôle juridictionnel : autorités administratives, elles sont ***soumises en principe à la justice administrative, parfois relèvent de la Cour d'appel de Paris***. En vertu d'un principe fondamental, le contentieux de leurs actes relève en principe du juge administratif. Leurs décisions peuvent en principe être contestées devant lui, voire annulées. Elles peuvent s'autosaisir, l'acte de saisine d'office ne pouvant s'apparenter à un préjugement[5].

Les « autorités publiques indépendantes » (API) sont dotées de la personnalité morale. On citera l'Autorité des marchés financiers (AMF), la Haute autorité de santé, l'Agence française de lutte contre le dopage, la Haute autorité pour la diffusion des œuvres et la

---

3. CE, 22 juin 1984, *Soc. Pierre et Cristal* : *Rec.* 736 ; 30 nov. 2001, *Min. éco. c/M. et Mme Kechichian* : *AJDA* 2002, 133.
4. Cons. const., 88-248 DC, 17 janv. 1989, *Liberté de communication* : *Rec.* 18 ; 28 juill. 1989, *COB* : *Rec.* 71 ; CE, ass., 3 déc. 1999, *Didier* : *Rec.* 399 ; Cass. ass. plén., 5 févr. 1999, *COB c/Oury* : *Bull. civ.* A. P. n° 1.
5. Cons. const., 96-380 DC, 23 juill. 1996, *France Télécom* : *Rec.* 107 ; CE, 10 juill. 1981, *Retail* : *Rec.* 303 ; ass., 12 mars 1982, *CGT* : *Rec.* 107 ; ass., 20 oct. 2000, *Soc. Habib Bank limited* : *Rec.* 433.

protection des droits sur internet (HADOPI) et l'Autorité de régulation des activités ferroviaires (ARAF).

Le Défenseur des droits « constitue une autorité administrative dont l'indépendance trouve son fondement dans la Constitution » et ne doit donc pas être compté « au nombre des pouvoirs publics constitutionnels ». Ainsi, « l'immunité pénale reconnue au Défenseur des droits et à ses adjoints ne saurait s'appliquer qu'aux opinions qu'ils émettent et aux actes qu'ils accomplissent pour l'exercice de leurs fonctions [...] elle ne saurait exonérer le Défenseur des droits et ses adjoints des sanctions encourues en cas de méconnaissance des règles prévues par les articles 20 et 29 de la loi organique, sur les secrets protégés par la loi, et par son article 22, sur la protection des lieux privés »[6].

2 • L'ADMINISTRATION TERRITORIALE DE L'ÉTAT

Les services de l'État sont aménagés territorialement dans le cadre de ***circonscriptions***, divisions géographiques (technique de la déconcentration), dépourvues de personnalité juridique, alors même qu'elles servent aussi à l'institution de collectivités décentralisées. Leur dimension varie selon les services, on essaie de faire coïncider leurs limites avec celles des collectivités territoriales.

A - Les préfets

1) Dispositions communes aux préfets de région et de département

Le terme de préfet désigne à la fois un corps de fonctionnaires, régi par le décret du 29 juillet 1964, et une fonction. ***L'emploi de préfet est à la décision du gouvernement***. Pourvu en Conseil des ministres, il peut être occupé temporairement par des personnes n'appartenant pas au corps préfectoral. Les 2/3 des préfets sont recrutés parmi les sous-préfets et les administrateurs hors classe, les autres choisis discrétionnairement. Ils doivent faire preuve d'une absolue loyauté à l'égard du gouvernement, qu'ils représentent[7], et sont soumis à des contraintes statutaires rigoureuses (absence de droit syndical, de droit de grève, mutation possible à tout instant, garanties disciplinaires réduites, possibilité de mise en congé spécial sans affectation pour de simples raisons d'opportunité). En contrepartie, outre l'intérêt même de la fonction, ils peuvent être nommés dans n'importe quel emploi supérieur relevant du gouvernement.

L'autorité des préfets sur les services de l'État, y compris les établissements publics dont ils sont, en principe, délégués territoriaux, a été renforcée. Les juridictions et les services du ministère de la Justice conservent leur indépendance, mais d'autres services (éducation nationale, inspection du travail et des finances publiques), même s'ils conservent leur autonomie pour leurs missions fondamentales, peuvent être conduits à participer aux politiques interministérielles conduites sous l'autorité du préfet.

---

6. Cons. const., 2010-626 DC, 29 mars 2011, *Défenseur des droits* : *JO* 30 mars, 5507.
7. *Guigue* : *préc.*

Le préfet représente le Premier ministre et chacun des ministres (Const., art. 72). Il est dépositaire de l'autorité de l'État, a la charge des intérêts nationaux et du respect des lois. Il veille à l'exécution des règlements et des décisions gouvernementales et dirige, sous l'autorité des ministres, les services déconcentrés des administrations civiles de l'État. Il vérifie la régularité du fonctionnement des instances qui utilisent des moyens de puissance publique ou bénéficient de crédits publics. Il délivre certains agréments et contrôle le fonctionnement de certains organismes. En cas de crise, il peut mettre en œuvre des plans d'urgence, comme le plan Vigipirate. Il édicte certains actes individuels.

Il a en principe seul qualité pour recevoir les délégations des ministres chargés des administrations civiles de l'État, dirige les services déconcentrés des administrations civiles de l'État, met en œuvre les règlements et décisions gouvernementales en matière d'aménagement du territoire, de développement économique, de maîtrise de l'espace, de défense de l'environnement, de réalisation des grandes infrastructures de communication.

2) Le préfet de région

Le préfet de région représente l'État dans la région. Préfet du département chef-lieu, il administre une circonscription départementale et une circonscription régionale, aidé par un secrétaire général pour les affaires régionales. Le décret du 16 février 2010 consacre sa prééminence sur le préfet du département. Il est le garant de la cohérence de l'action de l'État dans la région, sous réserve des compétences de l'Agence régionale de santé, ainsi que de l'exécution des politiques communautaires qui relèvent de la compétence de l'État. Il arrête la répartition entre actions et entre départements des crédits qui sont mis à sa disposition à l'intérieur d'un même programme budgétaire. Il a autorité sur les préfets de département, qui prennent leurs décisions conformément aux instructions qu'il leur adresse. Le préfet de région peut évoquer, par arrêté, et pour une durée limitée, tout ou partie d'une compétence à des fins de coordination régionale. Dans ce cas, il prend les décisions correspondantes en lieu et place des préfets de département. Il dispose, vis-à-vis des préfets de département, du pouvoir d'instruction et du pouvoir d'évocation et d'un droit de regard sur l'organisation des services à l'échelon départemental.

Il détermine les opérations nécessaires à la mise en œuvre dans la région des politiques nationales communautaires de sa compétence et les notifie aux préfets de département qui s'y conforment dans leurs décisions et lui en rendent compte. Il assure le contrôle administratif de la région, de ses établissements publics et des établissements publics interrégionaux qui ont leur siège dans la région. Il arrête le projet d'action stratégique de l'État dans la région après consultation du Comité de l'Administration Régionale.

Il doit concilier la politique nationale de développement économique et social avec celle de la région, en négociant le contrat de projet qu'il signe avec elle au nom de l'État. Il dirige la programmation sur la base de laquelle des opérations sont financées par des fonds structurels européens, en s'appuyant sur le secrétariat général pour les affaires régionales (SGAR), puis en négocie les termes avec la Commission, en contrôle l'exécution et ordonne le paiement des subventions.

Il coordonne le travail des préfets de département lors de la préparation des mesures de défense civile et les dirige en matière de défense économique. En période de crise, il peut constituer un centre opérationnel de défense.

Trois préfets maritimes (Brest, Cherbourg et Toulon) sont chargés d'assurer la police administrative au large des côtes.

Dans les sept régions nouvellement fusionnées, des préfets préfigurateurs sont chargés d'animer et de coordonner la réforme.

3) Le préfet de département

Le préfet de département est le dépositaire de l'autorité de l'État dans le département. Il préside les cérémonies publiques en l'absence du chef de l'État et de membre du gouvernement.

Il détient seul la responsabilité de l'ordre public et du respect des lois et dispose à ce titre d'un pouvoir de police administrative générale. Il dispose également de nombreuses polices administratives spéciales (chasse, pêche, étrangers, transports, mines et carrières, établissements classés pour la protection de la nature et de l'environnement...). Il est assisté notamment par le commandant du groupement de gendarmerie et le directeur de la population. Il assure en permanence le respect par les communes et départements des sujétions qui leur sont imposées dans l'intérêt de la défense nationale. Il peut constituer un centre opérationnel de défense en cas de crise.

En matière de politiques publiques, il dispose d'une compétence de droit commun pour toutes les décisions individuelles.

Il met en œuvre la stratégie immobilière qu'arrête le préfet de région.

Le contrôle de légalité des actes des collectivités territoriales et de leurs établissements publics est centralisé en préfecture. Le préfet peut contester devant le juge les opérations relatives aux élections locales, exercer les poursuites en cas de contravention de grande voirie. Il peut élever le conflit devant le juge judiciaire lorsqu'il lui semble y avoir atteinte à la séparation des autorités administrative et judiciaire.

Les principaux collaborateurs du préfet sont le secrétaire général et le directeur de cabinet. Le secrétaire général, sous-préfet, habilité à suppléer le préfet en cas d'absence ou d'empêchement de ce dernier, peut recevoir des délégations de signature en toutes matières. Il a vocation à prendre en charge les actions interministérielles et assure le contrôle administratif des collectivités territoriales, l'administration de l'arrondissement chef-lieu et la gestion des personnels. Le directeur de cabinet, souvent sous-préfet, peut recevoir délégation de signature pour les matières relevant de ses attributions. Ses tâches sont essentiellement des tâches de relations publiques, des affaires politiques à caractère confidentiel et des activités relatives à la sécurité et à l'autorité de l'État (défense, transmissions, protection civile).

Remarque : Il existe dans certains départements un préfet délégué pour la défense chargé d'assister le préfet de zone. Des préfets délégués pour l'égalité des chances peuvent être nommés dans les départements concernés par les tensions urbaines, afin de coordonner l'action de l'État avec les élus et le milieu associatif. Ils assistent les préfets de département pour toutes les missions qui concourent à la mise en œuvre de la politique du gouvernement en matière de cohésion sociale, d'égalité des chances, de lutte contre les discriminations et d'intégration des populations immigrées.

4) Le sous-préfet d'arrondissement

Le sous-préfet d'arrondissement est le délégué du préfet dans l'arrondissement (il existe 330 arrondissements en métropole). Il l'assiste dans la représentation territoriale de l'État, et sous son autorité, veille au respect des lois et règlements et concourt au maintien de l'ordre public et à la sécurité des populations. Il anime et coordonne l'action, dans l'arrondissement, des services de l'État. Il participe à l'exercice du contrôle administratif et au conseil aux collectivités territoriales.

B - L'administration départementale

Le niveau départemental est chargé de la mise en œuvre des politiques publiques de l'État, au plus près des administrés et du territoire. ***Le département constitue l'articulation essentielle de l'administration territoriale de l'État***, le cadre géographique de principe des services déconcentrés de l'État, issu de la Révolution (1790). Il existe 96 départements en métropole, 3 d'outre-mer, plus Mayotte.

Les services déconcentrés de l'État sont normalement aménagés dans le cadre du département. Depuis la loi du 27 janvier 2014 de modernisation de l'action publique territoriale et d'affirmation des métropoles, la circonscription départementale de l'État et celle de la collectivité territoriale département ne coïncident plus. Le préfet du département du Rhône est à la tête d'une circonscription qui correspond à la réunion de deux collectivités territoriales aux périmètres distincts : le département du Rhône et la métropole de Lyon.

Les services sont organisés en ***directions départementales interministérielles***, services déconcentrés interministériels, rattachés au Premier ministre et placés sous l'autorité directe, organisationnelle et fonctionnelle du préfet. Dans les départements de moins de 400 000 habitants existent une direction des territoires et une direction de la cohésion sociale et de la protection des populations. Dans les autres, le préfet peut décider de créer une troisième direction « de la protection des populations », la direction de la cohésion sociale devenant une direction à part. Des adaptations sont possibles dans les départements ayant à traiter de problématiques spécifiques (dans les départements côtiers, la direction des territoires comporte une délégation à la mer et au littoral). Le préfet arrête, sur proposition du directeur, l'organisation de chaque direction départementale interministérielle, conformément aux orientations du Premier ministre, après présentation au Comité de l'administration régionale et accord du préfet de région.

Les directions départementales interministérielles mettent en œuvre, sous l'autorité du préfet de département, des politiques définies par le gouvernement, dont le pilotage et la coordination sont assurés par le préfet de région. Elles exercent leurs missions sous réserve des compétences dévolues à d'autres services ou établissements publics de l'État. Les ***unités territoriales*** de direction régionale ne sont pas intégrées aux directions départementales (direction des entreprises, de la concurrence, de la consommation, du travail et de l'emploi ou direction régionale des affaires culturelles).

À côté des directions interministérielles subsistent la direction départementale des finances publiques, l'inspection d'académie, la direction départementale de la protection judiciaire de la jeunesse, les services de police et les unités de gendarmerie.

Le collège des chefs de service, présidé par le préfet de département, est consulté sur les conditions de mise en œuvre des politiques de l'État dans le département et les conditions d'organisation et de fonctionnement des services de l'État, en vue de la réalisation d'actions communes et de la mutualisation de leurs moyens. Il comprend notamment le directeur des finances publiques, l'inspecteur d'académie et le directeur du Service départemental d'incendie et de secours.

C - L'administration régionale

La région est l'échelon de mise en œuvre des politiques nationale et communautaire de développement économique et social et d'aménagement du territoire, et d'animation et de coordination des politiques de l'État relatives à la culture, à l'environnement, à la ville et à l'espace rural. Il existe douze circonscriptions régionales en métropole, auxquelles s'ajoute la Corse et quatre outre-mer. Le préfet de région a autorité sur le secrétariat général des affaires régionales (SGAR) et cinq directions régionales : des entreprises, de la concurrence, de la consommation, du travail et de l'emploi ; de l'environnement, de l'aménagement et du logement ; de la jeunesse, des sports et de la cohésion sociale ; de l'alimentation, de l'agriculture et de la forêt ; des affaires culturelles. S'y ajoutent deux administrations autonomes : l'Agence régionale de santé et l'éducation (rectorat et académies). Neuf recteurs coordonnateurs sont chargés de proposer un projet d'organisation inter-académique.

Le Comité de l'administration régionale, présidé par le préfet de région, qui comprend le recteur d'académie, les directeurs régionaux des services déconcentrés, le directeur général de l'ARS et, le cas échéant, le directeur interrégional de la mer, est consulté sur les orientations stratégiques de l'État dans la région. Il est consulté facultativement sur l'exécution de programmes ministériels ou communautaires, les conventions avec la région collectivité territoriale, l'organisation et le fonctionnement des services déconcentrés. Il est obligatoirement consulté sur la gestion des ressources humaines, la stratégie immobilière, les mutualisations et la répartition des crédits. Certaines questions doivent être soumises à son examen : emploi des crédits, exécution des programmes, respect des objectifs de performance.

Le secrétaire général pour les affaires régionales assiste le préfet dans l'exercice de ses missions. Sous son autorité, il coordonne l'action des services régionaux de l'État et veille à l'articulation de celle-ci avec celle des services départementaux ; veille à la cohérence de la mise en œuvre des politiques nationales et de celles de l'Union européenne qui relèvent du niveau régional et met en œuvre certaines d'entre elles ; anime l'action des services régionaux de l'État dans les domaines des études, de l'évaluation et de l'utilisation des technologies de l'information et de la communication ; coordonne la mise en œuvre des actions d'information et de communication de l'État relatives aux politiques publiques dans la région, en relation avec le service d'information du gouvernement ; anime et coordonne l'organisation et la mise en œuvre des fonctions mutualisées des services de l'État en région ; organise et anime une plate-forme d'appui interministérielle à la gestion des ressources humaines.

Il prépare et suit l'application des décisions et avis relatifs à la mise en œuvre territoriale des programmes budgétaires nationaux mis au point dans le cadre de la LOLF.

L'organisation des services régionaux de l'État va se calquer sur la nouvelle carte des régions afin de constituer « l'état-major de l'État en région ».

D - L'administration infra-départementale

1) L'arrondissement

L'arrondissement, créé par la loi du 28 pluviôse an VIII, est une circonscription administrative, subdivision du département, lui-même subdivisé en cantons, et administré par un sous-préfet qui assiste le préfet de département. Il n'est pas le siège d'une collectivité territoriale et n'a pas de nom propre. Les arrondissements sont désignés par le nom de la ville siège de la sous-préfecture. Sept arrondissements ont été supprimés fin 2014. Une nouvelle carte des sous-préfectures devrait être élaborée avant le 1er janvier 2016.

2) Le canton

Le canton, circonscription d'action de l'État[8], est la circonscription électorale pour l'élection des conseillers départementaux. Une commune urbaine en comprend plusieurs, un canton rural regroupe plusieurs communes. C'est aussi le ressort territorial de services de l'État : perception, brigade de gendarmerie, parfois subdivision de l'équipement. Certains sont de dimension trop modeste pour accueillir tous ces services.

3) La commune

La commune, collectivité territoriale, sert aussi de circonscription territoriale de l'État. Le maire, bien qu'élu par le conseil municipal et exécutif de la commune, est ainsi soumis à l'autorité hiérarchique du préfet pour certaines attributions (technique du ***dédoublement fonctionnel***). En qualité d'agent de l'État, il est chargé de la publication et de l'exécution des lois et règlements de l'État, de l'exécution des mesures de sûreté générale, du recensement et de la confection des listes électorales, de l'organisation matérielle des scrutins, des services de l'état civil, de la mise en œuvre de certaines polices spéciales, de la légalisation des signatures, de la délivrance de certains certificats (de domicile, de concubinage). Il est officier de police judiciaire et chargé de l'exécution des lois sur le service national. Il dispose de compétences de police spéciale : délivrance d'autorisations d'urbanisme au nom de l'État lorsque la commune est dépourvue de plan local d'urbanisme, visa des certificats d'hébergement des étrangers...

Il exerce certaines attributions sous l'autorité du procureur de la République. En qualité d'officier d'état civil et sous le contrôle de l'autorité judiciaire[9], il célèbre les mariages, enregistre les naissances et les décès, délivre des copies et extraits de registres. En qualité d'officier de police judiciaire, il constate les infractions et en dresse procès-verbal s'agissant de contraventions ou de crimes et délits flagrants. Dans les autres cas, il enregistre les plaintes et dénonciations et les transmet au procureur de la République.

---

8. CE, sect., 18 nov. 1977, *Cne Fontenay-sous-Bois* : *Rec.* 448.
9. T. confl., 17 juin 1991, *Maadjel* : *Rec.* 465.

CHAPITRE 6

Les administrations décentralisées

L'organisation de la France est décentralisée (Const., art. 1er). L'administration française comporte de nombreuses institutions répondant aux caractéristiques principales de la décentralisation. Chaque collectivité territoriale a vocation à prendre les décisions pour l'ensemble des compétences qui peuvent le mieux être mises en œuvre à son échelon (Const., art. 72, al. 2). C'est le ***principe de subsidiarité***. Le ***principe de libre administration*** est confirmé comme principe de mise en œuvre de l'organisation décentralisée de la République : dans les conditions prévues par la loi, ces collectivités s'administrent librement par des conseils élus.

La loi du 31 mars 2015 vise à faciliter l'exercice par les élus locaux de leur mandat. Elle contient notamment une charte de l'élu local, qui rappelle les devoirs et certains droits des élus, en particulier le droit individuel à la formation et contient des dispositions relatives aux indemnités de fonction.

Le Conseil constitutionnel n'a pas véritablement tranché la question de savoir si la compétence générale est ou non un élément de définition de la libre administration des collectivités territoriales au sens de l'article 72, alinéa 3[1]. La loi NOTRe adoptée le 16 juillet 2015 supprime la clause de compétence générale des régions et des départements. Les collectivités territoriales ou leurs groupements peuvent, lorsque, selon le cas, la loi ou le règlement l'a prévu, déroger, à titre expérimental et pour un objet et une durée limités, aux dispositions législatives ou réglementaires qui régissent l'exercice de leurs compétences (***principe d'expérimentation***).

Aucune collectivité territoriale ne peut exercer une tutelle sur une autre (Const., art. 72, al. 5)[2].

Tout transfert de compétence entre l'État et les collectivités territoriales s'accompagne de l'attribution de ressources équivalentes à celles qui étaient consacrées à leur exercice et toute création ou extension de compétence ayant pour conséquence d'augmenter les dépenses des collectivités territoriales est accompagnée de ressources déterminées par la loi.

L'autonomie n'exclut pas l'aménagement d'un contrôle de l'État soit pour préserver les droits de celui-ci, soit pour protéger les administrés.

Certaines collectivités territoriales obéissent au statut général, d'autres sont dotées d'un statut particulier.

1. Cons. const., 9 déc. 2010, n° 2010-618 DC, *Réforme des collectivités territoriales* : *Rec.* 367.
2. CE, ass., 12 déc. 2003, *Dpt Landes* : *Rec.* 502.

1 • LES COLLECTIVITÉS TERRITORIALES À STATUT GÉNÉRAL

Les institutions décentralisées, correspondant à une certaine étendue du territoire dont elles assurent l'administration, sont les collectivités territoriales.

Les unités territoriales s'emboîtent : le département englobe plusieurs communes, la région plusieurs départements.

Toutes les collectivités de même niveau ont en principe le même statut ; elles sont toutes administrées par un conseil élu au suffrage universel direct et dotées d'un exécutif élu au sein de ce conseil.

Les collectivités territoriales, qui correspondent à une communauté d'habitants, en un lieu donné, ont vocation à poursuivre la satisfaction de l'intérêt collectif de leurs membres.

CE, 20 oct. 2010, Province des Îles Loyauté (Rec. 653)
« [...] l'existence d'un besoin local des populations, qui ne peut être satisfait par les activités privées existantes permet d'établir l'intérêt local de l'objet d'une délibération par laquelle une collectivité, dans l'exercice des compétences qui lui sont dévolues à cette fin, décide d'une action de soutien à une activité économique [...] »

L'existence d'un intérêt public local justifie la prise de décisions ou le financement de projets en rapport, par exemple, avec des édifices ou pratiques cultuels[3]. Les compétences des collectivités territoriales résultent pour une part de textes et pour une part de la clause générale de compétence. Les textes distinguent les services publics locaux, obligatoires ou facultatifs, des services publics nationaux que seul l'État a vocation à assumer. La clause générale de compétence permet aux communes d'intervenir au-delà de cette énumération, dès lors que la question présente un intérêt local, dont le juge vérifie l'existence[4].

Le Conseil d'État rappelle que les compétences dont disposent les collectivités territoriales s'exercent en vue de satisfaire un intérêt public local, sauf dans l'hypothèse où elles agissent au nom de l'État[5].

A - La commune

Issues de la loi du 14 décembre 1789, les communes constituent la plus petite subdivision administrative et le premier échelon de proximité. Toutes les communes de France, de dimension et de population très variables, sont administrées de la même manière, sauf Paris, Lyon et Marseille.

3. CE, ass., 19 juillet 2011, *Cne Montpellier* : *AJDA* 2011, 1460.
4. CE, 20 nov. 1985, *Cne Aigues-Mortes* : *Rec.* 330.
5. CE, 30 déc. 2014, *Soc. Armor SNC* : *Rec.* 433.

1) *Les organes de l'administration communale*

Le corps municipal comprend le conseil municipal, le maire et un ou plusieurs adjoints.

a) Le conseil municipal

Les conseillers municipaux sont élus pour six ans au suffrage universel direct. Leur nombre varie de 7 pour les communes de moins de 100 habitants, à 69, pour celles de 300 000 habitants et plus (à Paris 163 et à Marseille 101).

Dans les communes de 1 000 habitants et moins, le scrutin est majoritaire à deux tours, les listes peuvent être incomplètes et l'électeur peut panacher. Dans les communes de plus de 1 000 habitants, des listes bloquées doivent être présentées au premier tour et l'introduction d'une représentation proportionnelle permet la représentation des minorités. Panachage et vote préférentiel sont interdits. Le système aboutit à ce que la liste majoritaire obtienne au moins les deux tiers des sièges. Sur l'attribution des sièges, v. CE, 30 janv. 2015, *Préf. Dordogne*, n° 382627.

Le ***mandat municipal*** est accessible aux Français et ressortissants de l'Union européenne résidant en France de façon continue ou y ayant leur domicile et inscrits sur une liste électorale complémentaire (qui ne peuvent cependant être maire ni adjoint et dont la nationalité doit être précisée sur le bulletin de vote), âgés de 18 ans au moins. Le mandat est gratuit. La démission d'un conseiller municipal peut intervenir volontairement ou d'office, par survenance d'une inéligibilité ou d'une incompatibilité.

Le ***conseil municipal se réunit au moins une fois par trimestre*** et chaque fois que le maire le juge utile. Le maire doit le réunir sur demande motivée du préfet ou d'un tiers au moins des membres du conseil municipal pour les communes de plus de 3 500 habitants et de la majorité de ses membres pour les autres communes. La convocation, accompagnée de l'ordre du jour et des documents préparatoires, ainsi que des projets de décisions soumis à approbation du conseil et le cas échéant de notes de synthèse, doit être, à peine de nullité, adressée aux conseillers cinq jours francs au moins avant la réunion[6]. Les conseillers peuvent demander en séance les informations supplémentaires nécessaires pour apprécier dans tous ses aspects le projet qui leur est soumis[7]. Les votes sont acquis à la majorité absolue des suffrages exprimés. Ne peuvent prendre part au vote les conseillers ayant un intérêt personnel dans l'affaire. Le maire préside les séances, qui sont publiques. Les délibérations doivent faire l'objet d'une publication, au moins par affichage à la mairie. Le conseil adopte son règlement intérieur, susceptible de recours.

Le conseil règle par ses délibérations les affaires de la commune (vote du budget, création de services publics, administration des biens communaux, autorisation donnée au maire de conclure les contrats etc.). Les délibérations ne peuvent porter que sur des affaires d'intérêt communal[8] et ne deviennent exécutoires qu'à compter de leur transmission à la préfecture. Certaines sont obligatoires (budget, gestion du domaine communal, création de certains services publics).

6. CE, 19 avr. 1985, *de Littaye* : *Dr. adm.* 1985, 272.
7. CE, sect., 23 avr. 1997, *V. Caen c/Paysant* : *Rec.* 158.
8. CE, 29 juin 2001, *Cne Mons-en-Baroeul* : *Rec.* 298 ; 23 juin 2004, *Cne Dunkerque* : *JCP A* 2004, 1531 et 7 juill. 2004, *Cne Celoux* : *Rec.* 319.

b) La municipalité

Le maire et les adjoints sont élus au scrutin secret par le conseil municipal en son sein, pour la durée de son mandat, lors de sa première réunion suivant les élections. Le maire et les adjoints, dont le nombre est fixé librement dans un maximum de 30 % de l'effectif du conseil, sont élus à la majorité absolue lors des deux premiers tours, relative au troisième. Ils sont officiers d'état civil. Ils sont protégés pénalement contre les outrages, injures et voies de fait et bénéficient d'une certaine immunité pour les crimes et délits qu'ils commettraient dans l'exercice de leurs fonctions. La commune doit réparer les dommages qu'ils subiraient dans l'exercice de leurs fonctions. Les fonctions sont gratuites mais des indemnités de fonctions peuvent être allouées.

Le maire a une ***double casquette :*** agent de l'État et exécutif de la commune. En cette dernière qualité, il prépare les réunions du conseil municipal, en préside les séances et en exécute les délibérations. Il détient le pouvoir de police municipale (bon ordre, sécurité, tranquillité et salubrité publique : art. L. 2212-2, CGCT), sauf dans les communes où la sécurité relève de l'État. Le maire est habilité à recruter des policiers municipaux et des gardes champêtres. Il dirige l'administration communale, est le supérieur hiérarchique des agents communaux. Il peut recevoir du conseil municipal des délégations de pouvoir dans les domaines énumérés par la loi. En tant qu'agent de l'État, il est chargé d'exécuter les mesures de sûreté générale et des fonctions spéciales qui lui sont attribuées par les lois. Il a la qualité d'officier de police judiciaire et participe à ce titre à la poursuite des infractions. Il assure l'exécution du service de l'état civil sous l'autorité du procureur de la République et du ministre de la Justice.

2) Compétences et moyens d'action

Les compétences communales ne sont pas limitativement énumérées. ***La commune peut intervenir dans les affaires présentant un intérêt communal***. Celui-ci n'étant pas rigoureusement défini, son appréciation dépend des circonstances. Les lois de transfert de compétences des 7 janvier, 22 juillet et 29 décembre 1983 ont reconnu aux communes des attributions particulières (urbanisme, écoles primaires...). La loi du 2 mars 1982 leur permet d'intervenir en matière économique et sociale dans des conditions restreintes par la loi du 5 janvier 1988.

a) Les compétences de la commune

Le conseil municipal règle par ses délibérations les affaires de la commune (CGCT, art. L. 2121-29), formule imprécise.

La commune crée les services publics d'intérêt communal. Certains sont légalement obligatoires : entretien des voies publiques, enseignement élémentaire, service extérieur des pompes funèbres... Elle peut créer des musées, bibliothèques, mettre en place des programmes de formation professionnelle ou d'habitat, des services publics industriels et commerciaux, la liberté communale étant ici limitée par l'interprétation jurisprudentielle du principe de la liberté du commerce et de l'industrie posé par la loi d'Allarde des 2-17 mars 1791. La création d'un service, même commercial, est légale dans les domaines qui ressortissent traditionnellement à l'intérêt général : hygiène, assistance[9].

---

9. CE, ass., 12 juill. 1939, ***Chbre synd. des maîtres buandiers de Saint-Etienne*** : *Rec.* 489.

En dehors de ces domaines, la création d'un service économique est admise lorsqu'il vise à la satisfaction d'un besoin public auquel l'initiative privée ne pourvoit pas. La commune ne peut pas concurrencer le secteur privé, à moins que la carence ou l'insuffisance de l'initiative privée ne justifie son intervention[10]. Sous cette réserve, elle peut créer des campings, piscines, salles de spectacles, hôtels, cabinets médicaux, etc.

La commune élabore, sous le contrôle du préfet, les plans locaux d'urbanisme. Certaines compétences sont partagées avec d'autres collectivités territoriales, y compris l'État : participation à l'élaboration des schémas de cohérence territoriale, protection de l'environnement et aménagement du territoire. La commune peut élaborer un programme local de l'habitat, créer et exploiter des ports de plaisance, accorder certaines aides aux entreprises, et créer des sociétés d'économie mixte locales. Elle peut prendre en charge certaines des compétences d'action sociale et de santé du département, par voie d'accord avec ce dernier ; accorder des aides à la construction et à la réhabilitation de logements, participer au financement des aides dont la région définit le régime et décide l'octroi, sous réserve de conventionnement avec celle-ci. Avec l'accord de la région, elle peut mettre en œuvre ses propres projets d'aides ou de régimes d'aides.

La loi du 6 février 1992 a introduit davantage de démocratie dans la gestion communale et prévu une meilleure ***information des habitants sur les affaires locales***. Le budget et, pour les communes de plus de 3 500 habitants, de nombreux documents annexes d'ordre financier doivent être mis à la disposition du public. Certains de ces documents doivent, de même que les délibérations réglementaires du conseil municipal et les arrêtés réglementaires, être publiés dans un recueil des actes administratifs.

b) Les moyens financiers des communes

Les ressources propres des communes ne couvrent qu'environ 40 % de leurs dépenses, l'État fournit le reste. Les communes fixent librement le taux des ***quatre impôts directs*** qu'elles perçoivent (taxes foncières sur les propriétés bâties et non bâties, taxe d'habitation et contribution économique territoriale). L'État verse aux communes de nombreuses subventions et compense les transferts de compétences effectués au profit des communes : ***dotation globale de fonctionnement, dotation globale d'équipement, dotation générale de décentralisation et contributions du Fonds de compensation de la TVA***. Plus de 10 % des ressources proviennent d'***emprunts***. Certaines communes tirent un revenu de l'exploitation de leur domaine (forêts...).

3) Les fusions de communes

500 communes comptent moins de 2 000 habitants, 800 seulement plus de 10 000 habitants et regroupent à elles seules à peu près la moitié de la population du pays. Des solutions tentent de remédier au morcellement communal.

La fusion de communes : si depuis la loi du 5 avril 1884, les communes peuvent fusionner pour ***créer une nouvelle commune***, l'opération a été rarement engagée, les communes craignant de perdre leur identité. La loi du 16 juillet 1971 encourage les fusions-associations, qui permettent aux communes associées de conserver un maire

10. CE, 30 mai 1930, ***Chbre synd. du commerce en détail de Nevers*** : *Rec.* 583 ; 12 juin 1959, *Synd. des exploitants de cinématographes de l'Oranie* : *Rec.* 363 ; sect., 20 nov. 1964, *V. Nanterre* : *Rec.* 563.

délégué, quelques services propres, et leur nom. Peu de communes y ont recouru. La procédure de fusion est lourde et complexe.

La « commune nouvelle » peut être créée en lieu et place de communes contiguës ou de communes appartenant à un même établissement public de coopération intercommunale (EPCI) à fiscalité propre, à la demande soit des conseils municipaux, soit de l'organe délibérant d'un EPCI à fiscalité propre, soit du préfet. La création nécessite l'accord, soit de tous les conseils municipaux des communes intéressées, soit des électeurs de chacune de ces communes, consultés par référendum. Aucune commune ne peut être intégrée au sein de la commune nouvelle sans son accord.

En principe, des communes déléguées, qui reprennent le nom et les limites territoriales des anciennes communes, sont instituées au sein de la commune nouvelle. Le conseil municipal de celle-ci peut décider la suppression des communes déléguées dans un délai qu'il fixe. Seule la commune nouvelle a la qualité de collectivité territoriale.

La création de communes déléguées entraîne pour chacune d'elles l'institution d'un maire délégué, désigné par le conseil municipal de la commune nouvelle et la création d'une annexe de la mairie, dans laquelle sont établis les actes de l'état civil qui concernent les habitants de la commune déléguée. Le rôle des communes déléguées répond au dispositif prévu par la loi du 31 décembre 1982 « PLM ».

B - Le département

Le département, création artificielle de la Révolution (L. 22 décembre 1789), fut vite et bien assimilé par la société. Son régime juridique est issu de la loi du 10 août 1871.

1) Les organes du département

a) Le conseil départemental

Le ***conseil départemental*** est élu au suffrage universel direct, au scrutin majoritaire uninominal à deux tours. La circonscription électorale est le canton. Les conseillers sont élus pour 6 ans. Les électeurs de chaque canton du département élisent au conseil départemental deux membres de sexe différent qui se présentent en binôme de candidats. Des remplaçants de même sexe que chaque candidat figurent sur le bulletin de vote. Les candidats doivent être âgés de 21 ans au moins, Français, être domiciliés ou contribuables dans le département, n'être atteints par aucun cas d'inéligibilité ou d'incompatibilité frappant les fonctionnaires et entrepreneurs en relation avec les administrations départementales.

Le conseil élit en son sein un ***président*** et une ***commission permanente*** à la représentation proportionnelle. La commission bénéficie de quelques attributions propres, mais surtout de délégations consenties par le conseil départemental (à l'exception des questions budgétaires).

Le conseil se réunit au moins une fois par trimestre, ainsi que sur décision de la commission permanente ou à la demande du tiers de ses membres, sur un ordre du jour précis. Il peut être convoqué par décret en cas de circonstances exceptionnelles. Il établit son règlement intérieur. Il doit entendre le préfet soit avec l'accord de son président, soit sur demande du Premier ministre. Il peut être dissous par décret motivé.

b) Le président du conseil départemental

Exécutif du département, le président prépare et exécute les réunions du conseil départemental ; il préside ses débats. Il est ordonnateur des dépenses du département et gère le domaine public départemental. Il est le chef des services administratifs du département et, à ce titre, le supérieur hiérarchique du personnel départemental. Il représente le département dans les actes de la vie juridique. Il est seul chargé de l'administration.

2) Compétences et moyens d'action

Le département a vocation à intervenir spécialement dans certaines matières, principalement l'aide sociale. La loi du 13 août 2004 a accru ses compétences en matière de santé et de solidarité.

a) Compétences

Le département a surtout une ***vocation sociale***, domaine dans lequel il apparaît comme « chef de file ». Ses attributions sont relatives à l'enfance ; à l'autonomie des personnes, à la prévention ou à la prise en charge des situations de fragilité ; à l'éducation ; à l'aménagement ; aux ports maritimes de pêche, aux transports routiers non urbains de personnes ; à la voirie en extension ; à la culture.

La loi portant nouvelle organisation territoriale de la République (NOTRe) adoptée le 16 juillet 2015 lui permet de participer au service public de l'emploi et d'accompagner financièrement des filières agricoles locales. Les communes et les intercommunalités pourront lui déléguer des compétences en matière de gestion du foncier et de l'immobilier d'entreprise.

b) Moyens

Les départements se sont dotés de services administratifs propres relativement développés.

Ils disposent d'un budget propre. Ils bénéficient ***d'une partie des quatre impôts directs locaux et des droits d'enregistrement et de publicité foncière sur les mutations immobilières***. L'essentiel des ressources provient de ***contributions de l'État*** (dotation globale de fonctionnement, dotation globale d'équipement, dotation générale de décentralisation, fonds de compensation de la TVA), ***des revenus du domaine*** et du produit des ***emprunts***.

C - La région

L'existence de la région est moins ancienne et ses compétences moins étendues que celles de la commune et du département. La qualité de collectivité territoriale, reconnue par la loi du 2 mars 1986, devenue effective avec la première élection des conseillers régionaux au suffrage universel direct le 16 mars 1986, a été consacrée par la révision constitutionnelle du 28 mars 2003. Les conseillers régionaux élus en décembre 2015 devront proposer le nom de la région, sauf en région Normandie, et son chef-lieu, sauf en région Alsace-Champagne-Ardenne-Lorraine où la loi a imposé Strasbourg.

1) *Les organes de la région*

Le *conseil régional* est élu pour 6 ans au suffrage universel direct. L'éligibilité est fixée à 18 ans. L'effectif du conseil varie selon l'importance de la population (de 43 à 209).

Le ***conseil économique, social et environnemental***, chargé de donner des avis avant les principales décisions financières et économiques de la région, est composé de représentants des organismes économiques, sociaux, culturels et syndicaux de la région.

L'exécutif est le ***président du conseil régional***, élu au sein du conseil. Il est assisté d'une ***commission permanente***, à laquelle le conseil peut déléguer une partie de ses attributions, à l'exception des attributions budgétaires. Son statut est calqué sur celui du président du conseil départemental, mais il n'a aucun pouvoir de police. Le ***bureau*** comprend le président, les vice-présidents et, le cas échéant, des membres de la commission permanente ayant reçu délégation du président.

2) *Compétences et moyens d'action*

La région est principalement compétente dans les domaines du développement économique et de l'éducation et de la formation professionnelle.

La loi du 27 février 2002 lui a transféré de manière expérimentale certaines compétences qui appartenaient auparavant à l'État : la protection du patrimoine, le développement des ports maritimes et des aérodromes et la mise en œuvre d'un plan régional pour la qualité de l'air et le classement des réserves naturelles régionales. La loi NOTRe adoptée le 16 juillet 2015 augmente ses compétences et lui transfère les transports scolaires et en font le chef de file sur le développement économique et les transports, le tourisme, le service public d'accompagnement vers l'emploi expérimental, ainsi que « l'accès au logement ». Il renforce son pouvoir réglementaire.

Les régions disposent de leurs propres services administratifs, placés sous l'autorité du président du conseil régional. Leur budget est alimenté par des ***ressources fiscales*** (taxe sur les permis de conduire, taxes additionnelles aux droits de mutation immobilière, à la taxe sur les cartes grises et aux quatre impôts directs locaux) et des dotations de l'État. S'y ajoutent le produit de l'emprunt et des ***fonds de l'Union européenne***.

2 • LES COLLECTIVITÉS À STATUT PARTICULIER

Le principe d'indivisibilité de la République a dû être adapté à une réalité institutionnelle de plus en plus diversifiée.

A - En métropole

Aucun principe ou règle de valeur constitutionnelle n'interdit au législateur d'instituer des divisions administratives au sein des communes, ni d'instituer des organes élus autres que le conseil municipal et le maire[11]. Le législateur a pu instituer à Paris, Lyon et

11. Cons. const., 82-149 DC, 28 déc. 1982, *Paris, Marseille, Lyon* : *Rec.* 76.

Marseille, des arrondissements et créer des conseils et des maires d'arrondissement dotés de compétences propres. « Si les dispositions dérogent, pour les trois grandes villes de France, au droit commun de l'organisation communale, elles ne méconnaissent pas pour autant la Constitution »[12]. La Corse peut être dotée d'institutions originales, cette création devant « se conformer aux règles et principes de valeur constitutionnelle »[13].

1) Paris, Lyon et Marseille

Le conseil est élu, dans ces communes, selon les mêmes règles que ceux des communes de plus de 3 500 habitants, avec quelques particularités. La commune est divisée en secteurs électoraux correspondant chacun à un arrondissement (20 à Paris, 9 à Lyon et 16, groupés 2 à 2 en 8 secteurs à Marseille), qui sert de cadre à l'élection des conseillers municipaux et des conseillers d'arrondissement. Chaque conseil d'arrondissement comprend un tiers de conseillers municipaux et deux tiers de conseillers d'arrondissement, élus dans le secteur.

La dissolution du conseil municipal, qui a lieu selon la même procédure que celle des conseils départementaux pour Paris, entraîne celle des conseils d'arrondissement.

Chaque ***arrondissement, unité administrative, sans personnalité juridique,*** a son maire, élu par le conseil d'arrondissement, qui délibère sur l'implantation et l'aménagement de certains équipements de proximité, à vocation éducative, sociale, culturelle, sportive et d'information et peut en assurer la gestion. Il peut saisir le maire et le conseil municipal de questions avec débat et émettre des vœux sur tous les objets intéressant l'arrondissement. Il est consulté sur l'octroi des subventions communales aux associations de l'arrondissement et sur certaines opérations d'urbanisme le concernant.

Le ***maire d'arrondissement***, assisté d'adjoints, assure le service de l'état civil, est chargé d'affaires scolaires liées au respect de l'obligation scolaire, intervient dans l'établissement des listes électorales. Il exerce un pouvoir de décision en matière d'attribution de logements, donne son avis sur certaines mesures de gestion du patrimoine immobilier de la ville. Il préside la caisse des écoles et désigne les représentants de la commune au conseil d'administration de cet établissement public.

La loi du 31 décembre 1975 a rapproché le régime de Paris, du droit commun, la dotant d'un maire, assisté de 18 adjoints, auxquels peuvent s'ajouter 9 adjoints supplémentaires.

Aux attributions normales d'un maire s'ajoute la présidence du conseil de Paris exerçant les compétences du département de Paris, département et ville de Paris coïncidant. Ce département n'a ni arrondissement ni sous-préfet.

L'essentiel des pouvoirs de police reste confié au préfet de police, qui exerce les pouvoirs et attributions qui lui sont conférés par l'arrêté des consuls du 12 messidor an VIII. Outre ses compétences en matière de circulation et de stationnement dans certaines voies, il exerce les pouvoirs conférés au préfet par le Code de la route et est chargé des secours et de la défense contre l'incendie. Le maire de Paris est chargé de la police municipale en matière de salubrité sur la voie publique, de bruits de voisinage, du

12. *Idem.*
13. Cons. const., 91-290 DC, 9 mai 1991, *Corse* : *Rec.* 50.

maintien du bon ordre dans les foires et marchés et de la police de la conservation sur les dépendances du domaine public de la commune. La délimitation des compétences entre le maire et le préfet de police est souvent malaisée.

Le préfet de police a accès au conseil de Paris pour les questions relevant de sa compétence, il peut y prendre la parole. Il exécute les délibérations qui le concernent. Le conseil de Paris, composé de 163 membres, siège tantôt en qualité de conseil municipal, tantôt en qualité de conseil départemental. 120 conseils de quartier ont été mis en place en application de la loi démocratie de proximité.

Le conseil municipal de Marseille se compose 101 membres, celui de Lyon de 73 membres. Marseille est dotée d'un préfet de police.

Le 1er janvier 2016, Paris deviendra une métropole et Marseille intégrera la future métropole d'Aix-Marseille-Provence.

2) L'Alsace et la Moselle

Les départements du Bas-Rhin, du Haut-Rhin et de la Moselle ont conservé quelques règles du « ***droit local*** », en vigueur durant l'annexion allemande (1871-1918) qui régissent certains aspects de la vie quotidienne des Alsaciens et des Mosellans : droit communal, cultes, aide sociale obligatoire, assurance-maladie, livre foncier, chasse, faillite civile ou droit des associations.

3) La collectivité territoriale de Corse

La Corse a été dotée d'un statut spécial dès 1982. Le statut issu de la loi du 13 mai 1991 met en place la collectivité territoriale de Corse. Ce n'est pas une région, mais elle est régie par le droit applicable à celles-ci, dans tous les cas où aucune disposition spécifique n'y fait obstacle. Elle bénéficie d'importants transferts de compétences, notamment en matière d'éducation et de culture.

L'Assemblée de Corse, de 51 membres élus pour six ans, tient chaque année deux sessions ordinaires de trois mois maximum. Elle élit son président et son bureau, règle par ses délibérations les affaires de la collectivité, contrôle le Conseil exécutif, vote le budget, arrête le compte administratif, adopte le plan d'aménagement et de développement de la Corse. Elle est ***consultée sur tous les projets de lois ou de décrets comportant des dispositions propres à la Corse*** et ***peut proposer au Premier ministre des modifications aux textes qui la concernent directement***.

Un Conseil exécutif de neuf membres, dont le président, élu par l'Assemblée et responsable devant elle et un conseil économique, social et culturel, organisme consultatif, constituent ses autres organes. Le Conseil exécutif et son président font figure de *gouvernement* de la Corse. L'Assemblée peut voter une motion de défiance à l'égard du Conseil exécutif, l'obligeant à démissionner. Le président du Conseil exécutif et celui de l'Assemblée peuvent adresser au Premier ministre des observations et suggestions sur la réglementation en vigueur et sur l'organisation des services publics en Corse.

Outre les attributions des régions, la Corse a notamment compétence en matière d'espaces verts et de transports. Elle peut bénéficier du droit à l'expérimentation et, sous certaines réserves, adapter les dispositions réglementaires à la situation corse.

La loi NOTRe adoptée le 16 juillet 2015 prévoit qu'à compter du 1er janvier 2018, la Corse constituera une collectivité à statut particulier au sens de l'article 72 de la

Constitution, en lieu et place de la collectivité de Corse et des départements de Corse-du-Sud et de Haute-Corse.

B - Outre-mer

Les collectivités territoriales situées outre-mer sont, depuis la révision constitutionnelle du 28 mars 2003, complétée par celle du 23 juillet 2008, énumérées par l'article 72-3, alinéa 2 de la Constitution, soit trois départements et régions d'outre-mer (Guadeloupe, Réunion, Mayotte) et deux collectivités uniques et cinq collectivités d'outre-mer de l'article 74 de la Constitution. S'y ajoute la Nouvelle-Calédonie.

1) Les collectivités de l'article 73 de la Constitution

Depuis la départementalisation de Mayotte le 31 mars 2011, la France compte cinq collectivités régies par l'article 73 de la Constitution, Mayotte et quatre départements et régions d'outre-mer : la Guadeloupe, la Martinique, la Guyane, La Réunion. Ces régions monodépartementales sont dotées d'un conseil régional et d'un conseil départemental, sauf la Martinique et la Guyane dotées depuis 2014 d'une assemblée unique. Le département de Mayotte est lui aussi doté d'une assemblée unique qui exerce les compétences d'un département et d'une région d'outre-mer.

Leur organisation administrative est proche de celle des collectivités de métropole. Les lois et les règlements s'y appliquent, le cas échéant sous réserve de mesures d'adaptation nécessitées par leur situation particulière.

La Guyane et la Martinique, qui détiennent des compétences départementales et régionales depuis deux lois du 27 juillet 2011, deviendront en décembre 2015 des collectivités uniques. Des Assemblées uniques cumuleront les compétences exercées jusqu'alors par leurs conseils généraux et régionaux respectifs.

2) Les collectivités d'outre-mer (COM)

Dans les collectivités d'outre-mer : Saint-Barthélemy et Saint-Martin (L. 21 févr. 2007) et à Saint-Pierre-et-Miquelon, s'applique le régime d'identité législative, avec parfois des dérogations. En Polynésie française et à Wallis-et-Futuna, s'applique le régime de spécialité législative, les règles applicables aux collectivités territoriales de métropole devant y être expressément étendues.

Les COM sont dotées d'un statut fixé par la loi organique qui tient compte des intérêts propres de chacune d'elles au sein de la République (Const., art. 74, al. 1). Les actes des COM autonomes sont soumis à un régime contentieux particulier. Elles peuvent adopter des mesures afin de protéger l'emploi local ou leur patrimoine, les autres COM ne le peuvent.

3) Les collectivités à statut spécifique

L'outre-mer comprend également la Nouvelle-Calédonie, collectivité *sui generis* et les Terres australes et antarctiques françaises (TAAF) régies par la loi du 6 août 1955.

La Nouvelle-Calédonie est une collectivité *sui generis*, à laquelle fait référence l'article 72-3, alinéa 1er de la Constitution, qui renvoie au titre XIII, qui lui est spécifiquement consacré. Son statut reste incertain. Elle est gérée par les assemblées de province

(Nord, Sud et les îles Loyauté), le Congrès du territoire, le Sénat coutumier et le Conseil économique et social, un gouvernement, exécutif élu, et un haut-commissaire de la République, garant du bon fonctionnement des institutions néo-calédoniennes. Elle a bénéficié de très importants transferts de compétences et s'est vu reconnaître certains éléments de souveraineté d'un État fédéré (LO 25 juill. 2011, mod. LO 19 mars 1999).

Les TAAF forment un « territoire d'outre-mer », statut confirmé par la loi du 21 février 2007 adoptée en application de l'article 72-3, alinéa 4 de la Constitution. Elles sont composées de l'archipel de Crozet, de l'archipel des Kerguelen, des îles Saint-Paul et Amsterdam, de la terre Adélie et des Îles Éparses (Bassas da India, Europa, Glorieuses, Juan de Nova et Tromelin). Elles sont administrées par un administrateur supérieur, dépositaire des pouvoirs de la République dans le territoire.

3 • LES GROUPEMENTS DE COLLECTIVITÉS TERRITORIALES

A - La coopération intercommunale

Tous les EPCI sont juridiquement des établissements publics administratifs. ***Les communes ne disparaissent pas, mais l'établissement public exerce certaines de leurs attributions***, parmi les plus importantes. Le préfet de département prend l'initiative de mettre en place une commission départementale de coopération intercommunale, qui établit et tient à jour un état de la coopération intercommunale dans le département et peut formuler toute proposition tendant à la renforcer.

La création des EPCI se fait soit à l'initiative de conseils municipaux soit à celle du préfet. Les EPCI peuvent, dans certaines conditions, se transformer et fusionner. Une commune peut être autorisée à se retirer d'un EPCI

1) La coopération de gestion : les syndicats de communes

Les syndicats de communes correspondent à la forme associative des EPCI, sans fiscalité propre, financée par les contributions des communes membres. La loi du 22 mars 1890 prévoit la création de ***syndicats intercommunaux à vocation unique*** (SIVU), chargés de gérer une œuvre d'utilité intercommunale. L'ordonnance du 5 janvier 1959 crée les ***syndicats à vocation multiple*** (SIVOM), chargés de gérer plusieurs services d'intérêt commun aux communes membres. Administrés par un comité, ces syndicats ne peuvent prendre que des décisions relevant de la mission pour laquelle ils ont été créés. Toutes les communes sont représentées au sein du comité du syndicat de communes, qui se réunit au moins une fois par trimestre. Le président du syndicat est élu par les membres du comité, dont il est l'exécutif. Il représente le syndicat, prépare et préside les réunions du comité et exécute ses décisions. Le syndicat de communes est financé par les contributions versées par les communes et peut percevoir des redevances correspondant aux services rendus.

Les ***syndicats mixtes*** groupent des communes et des EPCI (syndicats fermés) ou des communes, départements, régions, chambres de commerce, établissements publics (syndicats ouverts).

Les ***pôles métropolitains*** regroupent des EPCI, dont l'un de plus de 100 000 habitants, et, le cas échéant, des régions et des départements, formant un ensemble de plus de 300 000 habitants, afin de promouvoir un modèle de développement durable de pôle métropolitain et d'améliorer la compétitivité et l'attractivité de son territoire, ainsi que l'aménagement du territoire infra-départemental et infrarégional. Leur création peut être décidée par arrêté préfectoral.

Le pôle a pour objet des actions d'intérêt métropolitain en matière de développement économique, de promotion de l'innovation, de la recherche et de l'enseignement supérieur, de la culture, d'aménagement de l'espace, afin de promouvoir un modèle de développement durable du pôle métropolitain et d'améliorer la compétitivité et l'attractivité de son territoire, ainsi que l'aménagement du territoire infra départemental ou infrarégional.

2) La coopération de projet

Les communautés de communes, les communautés d'agglomération et les communautés urbaines sont regroupées au sein d'un espace de solidarité, en vue d'élaborer et de conduire ensemble un projet commun de développement et d'aménagement de leur territoire. Ce sont des EPCI à fiscalité propre, dite additionnelle, car elles perçoivent une part des impôts directs locaux.

Depuis 2014, les EPCI à fiscalité propre sont administrés par un organe délibérant composé de délégués élus au suffrage universel direct dans le cadre de l'élection municipale pour toutes les communes dont le conseil municipal est élu au scrutin de liste. Dans les autres communes, les délégués restent élus par le conseil municipal en son sein.

a) Les communautés de communes

La formule, créée par la loi du 6 février 1992, est principalement destinée aux communes rurales et semi-urbaines, aucun seuil démographique n'étant exigé pour la création. La communauté regroupe plusieurs communes, associées au sein d'un espace de solidarité, autour d'un projet commun de développement économique et d'aménagement de l'espace. Elle est administrée par un conseil, au sein duquel les sièges sont en principe répartis en fonction de la population, chaque commune disposant d'au moins un siège et aucune ne pouvant disposer à elle seule de plus de la moitié des sièges. Son président, élu par le conseil de la communauté, en est l'exécutif.

La communauté est compétente de plein droit en matière d'***aménagement de l'espace*** et ***de développement économique***. Elle bénéficie en outre d'un transfert de compétences pour au moins un des quatre domaines suivants : environnement ; logement et cadre de vie ; voirie communautaire ; collecte et traitement des déchets ménagers ; équipements culturels et sportifs et équipements de l'enseignement préélémentaire et élémentaire.

La communauté dispose de ressources fiscales propres et peut notamment recevoir le produit de la ***contribution économique territoriale perçue sur les entreprises dans les zones d'activité économique*** qu'elle gère.

b) Les communautés d'agglomération

La communauté d'agglomération, créée par la loi du 12 juillet 1999, regroupe plusieurs communes formant en principe, à la date de sa création, un ensemble de plus de 50 000 habitants d'un seul tenant et sans enclave, autour d'une ou plusieurs communes centre de plus de 15 000 habitants. Elle est gérée par un conseil composé de délégués des conseils municipaux des communes intéressées.

Son objet est d'associer des communes au sein d'un espace de solidarité, en vue de bâtir un projet commun de développement urbain. Elle exerce de plein droit des compétences en matière de ***développement économique, d'aménagement de l'espace***, (création et réalisation de ZAC, organisation des transports urbains...), d'équilibre social de l'habitat et de politique de la ville. Elle doit en outre exercer au moins trois compétences parmi les cinq suivantes : voirie et parcs de stationnement, assainissement, eau, protection de l'environnement et équipements culturels et sportifs.

c) Les communautés urbaines

La loi du 31 décembre 1966, qui institue cette catégorie d'EPCI, en créait quatre d'office (Bordeaux, Lille, Lyon et Strasbourg). Les autres se créent volontairement. Il en reste neuf au 1er janvier 2015, le Grand Dijon ayant été créé le 1er janvier 2015. La communauté urbaine est conçue pour regrouper plusieurs communes d'un seul tenant et sans enclave qui forment, à la date de sa création, un ensemble de plus de 450 000 habitants. Elle dispose de vastes compétences. À titre obligatoire, elle est compétente dans les mêmes domaines que la communauté d'agglomération, mais aussi en matière de développement et d'aménagement économique, social et culturel, de gestion des services collectifs, en matière d'environnement, d'équilibre social de l'habitat, de politique de la ville et de politique du cadre de vie.

Des compétences supplémentaires peuvent lui être attribuées sur décision des communes membres. Des contrats de plan peuvent être passés par l'État avec les communautés urbaines pour fixer les orientations du développement à venir de l'agglomération et financer en commun certains programmes d'équipements.

La communauté prélève de plein droit des ***suppléments aux impôts directs locaux***. Elle peut percevoir la ***contribution économique territoriale*** à la place des communes membres.

d) Les métropoles

La métropole, créée par la loi du 16 décembre 2010, modifiée par la loi du 27 janvier 2014, est destinée à regrouper, à la date de sa création, plusieurs communes formant dans une aire urbaine un ensemble de plus de 400 000 habitants, pour élaborer et conduire un projet d'aménagement et de développement économique, écologique, éducatif, culturel et social, afin d'améliorer la compétitivité et la cohésion. Peuvent également obtenir le statut de métropole les quatre communautés urbaines instituées par la loi du 31 décembre 1966. La métropole peut être créée *ex nihilo*, d'une transformation d'EPCI à fiscalité propre préexistant, avec ou sans extension de périmètre, ou d'une fusion d'EPCI. L'initiative appartient aux communes, le cas échéant, au conseil communautaire, mais pas au préfet. La continuité territoriale entre les communes n'est pas exigée. La métropole se substitue aux EPCI inclus dans son périmètre. Le régime fiscal est aligné sur celui de la communauté urbaine.

Le nombre de délégués est établi à partir d'un tableau. L'attribution des sièges se fait selon la règle de la proportionnelle à la plus forte moyenne, un siège étant ensuite attribué aux communes n'ayant pu bénéficier de cette répartition. Une commune ne peut disposer de plus de la moitié des sièges.

Nice Côte d'Azur a été créée le 31 décembre 2011. L'ont rejointe le 1er janvier 2015, Toulouse, Bordeaux, Nantes, Rennes, Rouen, Grenoble, Montpellier, Brest, Lille, Strasbourg et Lyon, dotée d'un statut particulier car elle intègre le département du Rhône sur son territoire. Les rejoindront le 1er janvier 2016 le Grand Paris et Aix-Marseille-Provence.

Les métropoles exercent les compétences de l'EPCI d'origine et certaines compétences en matière de développement économique et d'aménagement économique, social et culturel, d'aménagement de l'espace, de politique locale de l'habitat, de politique de la ville, de gestion des services d'intérêt collectif, de protection et de mise en valeur de l'environnement et de politique du cadre de vie. Elle peut exercer sur demande certaines compétences par délégation de l'État en matière d'habitat et, par convention, des compétences relevant du département et de la région.

e) Les pôles d'équilibre territoriaux et ruraux

Les « PETR », institués par la loi du 27 janvier 2014, sont des établissements publics constitués par accord entre plusieurs EPCI à fiscalité propre, au sein d'un périmètre d'un seul tenant et sans enclave. Ils sont chargés d'élaborer un projet de territoire pour le compte de leurs membres et en partenariat avec eux.

B - La coopération interdépartementale

Les ***conférences interdépartementales***, réunions de délégués des conseils départementaux intéressés, discutent de leurs intérêts communs, sans pouvoir prendre de décisions. Elles élaborent un projet, qui doit faire l'objet de délibérations concordantes des conseils.

Les ***ententes interdépartementales*** sont des établissements publics, dotés de l'autonomie financière, créés par deux ou plusieurs conseils départementaux, même entre départements non limitrophes. Elles sont administrées par des délégués des conseils départementaux. Peuvent y participer des conseils régionaux et municipaux.

C - La coopération interrégionale

Des régions limitrophes peuvent se grouper dans un établissement public, l'***entente interrégionale***, créée par décret en Conseil d'État, sur délibérations concordantes des conseils régionaux intéressés. Une région peut adhérer à plusieurs ententes. Une région membre peut se retirer sur décision unanime du conseil de l'entente. L'entente peut être dissoute à la demande du conseil d'une région membre.

Ses organes sont un conseil d'administration, composé de délégués des conseils régionaux élus par eux, une commission permanente, à laquelle le conseil peut déléguer certaines de ses attributions, et un président, élu par le conseil, organe exécutif.

Ses compétences sont celles que les régions lui attribuent. Elle peut passer des contrats de plan avec l'État. Elle fait l'objet des mêmes contrôles administratifs et financiers que les régions.

D - La coopération décentralisée

Les collectivités territoriales peuvent nouer des contacts avec des collectivités étrangères pour l'exercice en commun de compétences, dans le respect des engagements internationaux de la France. Des services publics d'intérêt commun peuvent être confiés à des ***sociétés d'économie mixte locales***, au capital desquelles peuvent participer des collectivités étrangères. Les collectivités territoriales des États membres de l'Union européenne peuvent participer à des ***groupements d'intérêt public*** ayant pour objet le développement social urbain et plus largement la coopération transfrontalière.

La loi NOTRe, adoptée le 16 juillet 2015 devant le Parlement, supprime la clause de compétence générale des départements et des régions et y substitue des compétences précises confiées par la loi à chaque niveau de collectivités. Les compétences des régions sont accrues. Elles doivent élaborer un schéma de développement économique et un schéma en faveur de l'aménagement durable des territoires.

PARTIE 3

L'activité administrative

L'activité de l'administration emprunte les voies la décision et de l'opération. ***Administrer consiste à faire des actes juridiques et à accomplir toutes les opérations matérielles et intellectuelles normatives et de prestation****.*

Les autorités administratives édictent des règles juridiques, qui s'ajoutent aux règles constitutionnelles, législatives et jurisprudentielles et contribuent à déterminer le contenu de l'ordonnancement juridique. Elles fournissent également des biens et des services aux membres de la collectivité (versement de sommes d'argent, distribution d'eau, de gaz, d'électricité, enseignement, traitement des malades, acheminement du courrier, des communications téléphoniques, transport...).

Les opérations administratives sont multiples et multiformes : soit elles précèdent et préparent des décisions (études préalables), soit elles en constituent l'exécution et l'accomplissement du service. Mais leur rôle juridique demeure toujours secondaire.

Elles ne peuvent donner naissance à des obligations que de manière indirecte, par exemple en causant un dommage qui ouvre un droit à réparation au profit de la victime. Elles ne sont souvent que l'exécution matérielle d'obligations préexistantes.

Comme tout acte juridique, l'acte de l'administration est un acte de volonté destiné à introduire un changement dans les rapports de droit, ou mieux, à modifier l'ordonnancement juridique. Il importe ainsi de distinguer les actes de l'administration de son activité, sa fonction normative (titre 1) de ses fonctions sociales (titre 2).

TITRE 1

La fonction normative de l'administration

Les actes de l'administration sont soumis les uns au droit public (les actes administratifs), les autres au droit privé. *Parmi les actes administratifs, on distingue ceux qui revêtent un caractère unilatéral des contrats. Les* ***actes unilatéraux*** *ont ou non un caractère décisoire. On classe généralement les actes selon leur mode de formation, pour distinguer l'acte unilatéral, œuvre d'une seule volonté, individuelle ou collective (délibération d'une assemblée) et l'acte bilatéral ou plurilatéral, qui se forme par la rencontre de deux ou plusieurs volontés (contrat).*

En droit administratif, l'acte unilatéral occupe une place considérable. Sous la forme de la ***décision exécutoire****, il constitue le mode d'action principal de l'administration. L'acte unilatéral est destiné à régir le comportement de personnes étrangères à son édiction, de tiers par rapport à lui. L'acte bilatéral ou plurilatéral, ou contrat, est destiné à régir les relations réciproques de ses auteurs.*

La distinction n'est pas exhaustive. Il existe des ***actes mixtes****, pour partie unilatéraux, pour partie contractuels (concessions de service public ou de travaux publics).*

L'administration recourt de plus en plus souvent à la technique du contrat, la négociation apparaissant plus efficace que l'acte d'autorité. Mais l'autorité administrative n'a pas un choix discrétionnaire entre la voie contractuelle et la voie unilatérale. Il est des matières qui ne sont pas négociables avec les usagers ou les collaborateurs du service[1]*. Tel est le cas lorsqu'une disposition législative investit une autorité administrative d'un pouvoir réglementaire. L'administration ne pouvant renoncer à exercer son pouvoir réglementaire lorsque la loi le lui confère, les actes, même d'apparence contractuelle, qu'elle prendrait dans ces domaines seraient requalifiés d'actes unilatéraux.*

1. CE, 20 janv. 1978, *Synd. nat. de l'enseignement techn. agric. publ.* : *Rec.* 22.

CHAPITRE 7

Les actes unilatéraux

La prérogative de puissance publique essentielle est le pouvoir de prendre des décisions s'imposant par la seule volonté de leur auteur et indépendamment du consentement de ceux qu'elles concernent. Cette prérogative permet à l'administration d'imposer des obligations, de délivrer des autorisations, de conférer des droits, sans avoir à faire reconnaître par un juge son droit d'agir. Hauriou a qualifié cette prérogative, qui constitue la règle fondamentale du droit public[1] de privilège du préalable. Le juge n'intervient qu'*a posteriori*, la décision étant présumée légale.

Les autorités administratives, tenues d'exercer leur pouvoir, sont irrecevables à demander au juge le prononcé de mesures qu'elles ont le pouvoir de décider[2].

L'***acte administratif unilatéral*** est l'acte pris par une autorité publique dans l'exercice de ses fonctions, ou l'acte pris par une personne privée pour l'exécution du service public dont elle est chargée en faisant usage des prérogatives de puissance publique dont elle est investie pour accomplir ce service. Tous les actes unilatéraux ne sont pas des décisions. Un acte unilatéral constitue une décision lorsque la manifestation de volonté de son auteur se traduit par l'édiction d'une norme, ayant pour but de modifier ou de maintenir en état l'ordonnancement juridique, modification ou maintien qui se réalise lors de l'entrée en vigueur de la norme. La modification peut consister dans l'ajout d'une nouvelle norme à d'autres, la norme pouvant être totalement nouvelle ou préciser le contenu d'une autre norme, ou en la suppression, la modification d'une norme. Le maintien peut se traduire par une décision de refus, la volonté de ne pas modifier l'ordonnancement juridique, le refus de donner satisfaction à une demande, qui est toujours une décision, même si ne sont demandés que de simples renseignements. La décision confirmative rappelle l'existence d'une norme, l'ordre juridique n'est pas modifié, pourtant une nouvelle norme a été édictée (refus ou confirmation).

Seules les décisions peuvent être déférées au juge administratif. Il faut donc distinguer les décisions exécutoires des actes administratifs qui ne constituent pas des décisions, puis rechercher le régime juridique qui leur est applicable.

On distingue actes réglementaires, décisions individuelles et actes particuliers, t***ous pris par les mêmes autorités.***

1. CE, ass., 2 juill. 1982, ***Huglo*** : *Rec.* 257.
2. CE, 30 mai 1913, *Préf. Eure* : *Rec.* 583 ; sect., 13 juill. 1956, *OPHLM Seine* : *Rec.* 343.

1 • LES CARACTÈRES GÉNÉRAUX DE L'ACTE UNILATÉRAL

Le procédé normal de l'action juridique privée réside dans l'accord des volontés. En règle générale, nul ne peut voir sa situation juridique modifiée sans son consentement, par la seule volonté d'autrui. ***L'administration peut modifier les situations juridiques par sa seule volonté, sans le consentement des intéressés***.

La ***décision exécutoire*** est l'acte par lequel l'administration met en œuvre ce pouvoir de modifier unilatéralement des situations juridiques. Procédé type de l'action administrative, il est le plus révélateur des prérogatives de puissance publique. Depuis quelques décennies, la volonté d'atténuer la sujétion des administrés à l'égard de l'administration a inspiré des réformes qui tendent à diminuer ce caractère autoritaire de l'acte unilatéral (L. 17 juill. 1978 sur l'accès aux documents administratifs, L. 18 juill. 1979 sur l'obligation de motiver certaines décisions, L. 12 avr. 2000).

A - La notion d'acte administratif

En principe, les actes administratifs sont pris par des autorités publiques. Cependant, ces autorités prennent parfois des actes de droit privé, et des actes administratifs peuvent avoir pour auteur des personnes privées. Deux critères permettent de qualifier l'acte administratif : un critère organique et un critère matériel.

1) Le critère organique

En règle générale, l'acte administratif se reconnaît comme la décision émanant d'une autorité publique (gouvernants, fonctionnaires, élus locaux, autorités publiques détentrices de la puissance publique). Ce principe s'applique toujours lorsque les décisions à qualifier sont des règlements. Il comporte des exceptions s'agissant des décisions non réglementaires. Certaines sont des décisions de droit privé : gestion des services publics industriels et commerciaux et du domaine privé[3].

Cependant, l'acte détachable de la gestion du domaine privé est administratif (décision de donner à bail ou de refuser de vendre un terrain du domaine privé, acte pris au titre de l'exécution de services publics assurés sur les dépendances du domaine privé). Les règlements pris en vue du maintien de l'ordre public sur le domaine privé sont des actes administratifs. Les décisions non réglementaires prises par les autorités gestionnaires des services publics industriels et commerciaux sont des actes de droit privé (décision intéressant les rapports du service avec son personnel, refus du maire d'autoriser un branchement sur le réseau communal d'eau potable).

Sont des actes administratifs les décisions détachables de la gestion privée du service : refus de faire respecter par l'exploitant le règlement du service[4], règlements pris pour l'organisation et le fonctionnement du service, telle que la décision de supprimer une prestation, fixation des tarifs.

---

3. T. confl., 22 nov. 2010, *SARL Brasserie du Théâtre c/cne Reims* : *Rec.* 590 : acte de gestion du domaine privé.
4. CE, 14 janv. 1998, *Cne Toulon et Cie des eaux et de l'ozone* : *Rec.* 8.

2) Le critère matériel

Des personnes privées peuvent prendre des actes administratifs.

Sont des décisions administratives celles prises par une institution privée dans l'accomplissement de la mission de service public qui lui est confiée et mettant en œuvre des prérogatives de puissance publique et celles, réglementaires ou non, prises en vue de l'exécution du service public administratif confié à l'organisme.

Mais les décisions prises par ces organismes en vue de leur aménagement interne sont des actes de droit privé, car elles concernent l'institution et non son activité[5].

Enfin, en principe, les décisions des organismes de droit privé gérant un service public industriel et commercial sont de droit privé (décisions d'ordre individuel prises en vue de l'exécution du service public et décisions concernant l'aménagement interne des organismes). Sont en revanche des actes administratifs les règlements pris par ces organismes qui se rapportent à l'organisation du service public assuré[6].

B - La notion de décision exécutoire

Certains actes administratifs ne constituent pas des décisions, soit parce que leur auteur n'a pas entendu, en les prenant, ***modifier les situations juridiques existantes*** (actes purement déclaratifs ou préparatoires[7], actes qui sont la suite d'une décision et n'y ajoutent rien tels que la notification d'une décision, simples informations[8], recommandations de la HALDE[9], décisions confirmatives), ***soit parce qu'ils sont privés d'effets de droit***. Cependant, le refus de prendre, de modifier ou d'abroger un acte réglementaire ne saurait être regardé comme purement confirmatif d'un refus antérieurement opposé à une demande tendant aux mêmes fins[10].

Les circulaires et instructions adressées par les ministres aux services et établissements de l'État sont tenues à la disposition du public sur un site internet relevant du Premier ministre, faute de quoi elles ne sont pas applicables et les services ne peuvent en aucun cas s'en prévaloir à l'égard des administrés. Cette publicité se fait sans préjudice des autres formes de publication éventuellement applicables à ces actes. Les circulaires et instructions déjà signées sont réputées abrogées si elles ne sont pas reprises sur ce site (D. 2008-1282 du 8 déc. 2008).

1) Les mesures d'ordre intérieur

Les mesures d'ordre intérieur (vœux, avis, recommandations, propositions, mises en demeure et actes types) ne font en principe pas grief et sont donc insusceptibles de recours. Toutefois, ils s'analysent comme des décisions si leurs destinataires sont tenus de s'y conformer (mise en demeure assortie d'une menace de sanction).

---

5. T. confl., 13 janv. 1992, *Assoc. nvlle des Girondins de Bordeaux* : *Rec.* 473 ; *Centre rég. de lutte c/le cancer Eugène Marquis* : *préc.* ; CE, 30 déc. 2013, *SIEMP et V. Paris* : *Rec.* 340.
6. *Cie Air France c/épx Barbier* : *préc.*
7. CE, 21 oct. 2009, *Assoc. Radio-Horizon* : *AJDA* 2010, 339, présélection des candidats à l'attribution de fréquences radio.
8. CE, 10 janv. 2007, *Synd. nat. CGT du ministère des affaires étrangères* : *Rec.* 5.
9. CE, 13 juill. 2007, *Soc. Éditions Tissot* : *Rec.* 355.
10. CE, 27 avr. 2011, *Assoc. pour une formation médicale indépendante* : *Rec.* 168.

Certaines mesures d'ordre intérieur visent à réglementer la discipline dans les établissements scolaires, pénitentiaires et dans l'armée. La jurisprudence tend à réduire leur nombre et admet le recours lorsque la mesure entraîne une atteinte sensible à des libertés ou droits protégés (ce qui comprend l'aggravation sensible des conditions de vie de l'usager en milieu fermé) ou une atteinte substantielle à la situation statutaire ou administrative de l'intéressé (ce qui couvre notamment les éventuelles conséquences des mesures sur les perspectives de carrière ou d'évolution au sein de l'institution)[11]. Les fouilles de détenus, à l'intérieur des établissements pénitentiaires ou lors de leur extraction pour comparution devant les juridictions judiciaires, ne constituent pas des mesures d'ordre intérieur[12]. Une mesure qui ne porte atteinte ni aux perspectives de carrière ni à la rémunération d'un agent, mais qui traduit une discrimination est susceptible de recours pour excès de pouvoir. En l'absence de discrimination, elle a le caractère d'une mesure d'ordre intérieur[13].

Certaines sont des actes préparatoires, dont l'illégalité peut être invoquée à l'appui d'un recours formé contre la décision prise à leur suite[14].

2) Les circulaires

Les circulaires, instructions et notes de service contiennent normalement des recommandations, instructions, explications, adressées par les chefs de service à leurs subordonnés. Destinées aux agents des services, elles ne s'imposent pas aux administrés. N'étant qu'indicatives, elles ne font pas grief et sont insusceptibles de recours pour excès de pouvoir.

En revanche, celles qui n'ont que la forme, l'intitulé de circulaires et contiennent des dispositions impératives à caractère général font grief aux administrés et sont susceptibles de recours si l'interprétation qu'elles donnent des textes méconnaît leur sens et leur portée. Les dispositions impératives à caractère général d'une circulaire ou d'une instruction doivent être regardées comme faisant grief, tout comme le refus de les abroger[15]. Le juge recherche si leur auteur avait le pouvoir de prendre des dispositions réglementaires et, à défaut, annule la circulaire pour incompétence[16].

3) Les lignes directrices

Les lignes directrices, notion qui a remplacé celle de directive, fixent aux autorités administratives des critères afin qu'elles-mêmes ou leurs subordonnés appliquent les règles existantes de façon égalitaire et cohérente à toutes les situations individuelles qu'elles auront à traiter. Elles ne sont pas impératives mais s'en approchent. Le Conseil d'État les classe entre les circulaires normatives et les circulaires non normatives. Les autorités

---

11. CE, ass., 17 févr. 1995, *Marie, Hardouin* : *Rec.* 85 ; ass., 14 déc. 2007, *Boussouar, Planchenault, Payet* : *Rec.* 474, 495 et 498 ; 21 mai 2014, *Garde des sceaux c/Mme G.* : *Rec.* 139.
12. CE, 14 nov. 2008, *El Shennawy* : *Dr. adm.* 2009, 1.
13. CE, 15 avr. 2015, *Mme A.*, n° 373893.
14. CE, 22 mai 1987, *Tête* : *Rec.* 179.
15. CE, ass., 28 juin 2002, ***Villemain*** : *Rec.* 229 ; 30 juill. 2003, *Assoc. Avenir de la langue fr.* : *Rec.* 249 ; sect., 18 déc. 2002, ***Mme Duvignères*** : *Rec.* 463 ; 29 nov. 2004, *Union des transports publ. et a.* : *AJDA* 2005, 285.
16. CE, 3 juill. 2009, *Synd. nat. FO des personnels de préfecture et Masquelet* : *Rec.* 605 : circulaire encadrant de manière impérative les modalités d'attribution des montants individuels des primes de certains agents et conférant valeur réglementaire à ces règles d'attribution.

administratives peuvent y déroger soit lorsque l'intérêt général le commande, soit en raison de la particularité de chaque situation individuelle à traiter. C'est pourquoi les administrés peuvent les invoquer devant l'administration et le juge[17].

Le Conseil d'État préconise de les utiliser pour l'attribution des aides en matière économique, sociale et environnementale, l'orientation d'échelons déconcentrés disposant d'un pouvoir d'appréciation, l'accompagnement d'un pouvoir de dérogation individuelle à la règle de droit et la définition d'orientations en matière de gestion des agents publics.

C - Décision réglementaire et décision non réglementaire

La distinction revêt un caractère fondamental, car le régime des décisions administratives se différencie en fonction de leur caractère réglementaire ou non réglementaire.

1) La décision individuelle

La décision individuelle édicte une norme ayant pour destinataire une ou plusieurs personnes nommément désignées, quel que soit leur nombre ou leur nature (permis de construire ou de conduire, nomination d'un agent public).

La décision collective concerne plusieurs personnes nommément désignées, dont elle règle la situation par un même acte (liste des candidats reçus à un concours, tableau d'avancement d'un corps de fonctionnaires, nomination des membres d'un organisme collégial). Juridiquement, elle est une décision individuelle.

2) L'acte réglementaire

L'acte réglementaire édicte une norme générale, s'adressant à une ou plusieurs personnes désignées de façon abstraite, par leur situation, leur statut ou leur fonction (interdiction générale, décision visant le préfet, le Premier ministre). Le règlement peut revêtir un caractère permanent ou temporaire, provisoire. Le refus d'édicter un règlement est un acte à caractère réglementaire.

3) L'acte particulier

La décision sui generis, ***ou décision particulière, n'est ni une norme individuelle ni une norme générale***. Elle ne vise pas des personnes nommément désignées mais des opérations particulières (déclaration d'utilité publique, ouverture d'un concours, acte de tutelle, décret de dissolution d'un conseil municipal). Son régime juridique emprunte à ceux des décisions réglementaires et des décisions individuelles.

17. CE, 19 sept. 2014, *Jousselin* : *Rec.* 272 ; sect., 4 févr. 2015, *Min. intérieur*, n° 383267.

2 • FORMES ET ÉLABORATION DES DÉCISIONS ADMINISTRATIVES

Bien que le droit administratif soit peu formaliste, certaines irrégularités de forme peuvent entacher l'acte d'illégalité.

A - Les formes

En principe, la décision exécutoire n'est assujettie à aucune forme déterminée. Chaque autorité doit observer les formes qui lui sont prescrites (décret pour les décisions du président de la République et du Premier ministre, arrêtés pour celles des ministres, préfets et maires et délibérations pour celles des assemblées). Mais, sauf disposition contraire, la décision peut être prise en dehors de toute forme, par un écrit ordinaire et même verbalement ou gestuellement, ou tacitement. Il suffit que l'autorité compétente manifeste clairement sa volonté de produire un certain effet juridique.

La décision peut être expresse ou explicite, ou au contraire tacite ou implicite. La décision implicite revêt un caractère fictif : on suppose une décision intervenue au terme d'un délai, dont le cours a été déclenché par une demande adressée à l'administration. En principe, à compter du 12 novembre 2014 s'agissant des actes relevant de la compétence des administrations ou des établissements publics administratifs de l'État et du 12 novembre 2015 s'agissant des actes pris par les collectivités territoriales et leurs établissements publics, ainsi que ceux des organismes de sécurité sociale et des autres organismes chargés de la gestion d'un service public administratif, le silence gardé pendant deux mois par l'autorité administrative sur une demande vaut décision d'acceptation. La liste des procédures pour lesquelles le silence vaut acceptation est publiée sur Légifrance (L. 12 avr. 2000, art. 21-1).

Des décrets en Conseil d'État et en Conseil des ministres peuvent, pour certaines décisions, écarter l'application du principe eu égard à l'objet de la décision ou pour des motifs de bonne administration. Des décrets en Conseil d'État peuvent fixer un délai différent de celui de deux mois, lorsque l'urgence ou la complexité de la procédure le justifiera (*idem*).

Le silence vaut notamment refus :

- lorsque la demande ne tend pas à l'adoption d'une décision présentant le caractère d'une décision individuelle ;
- lorsque la demande ne s'inscrit pas dans une procédure prévue par un texte législatif ou réglementaire ou présente le caractère d'une réclamation ou d'un recours administratif ;
- lorsque la demande présente un caractère financier sauf en matière de sécurité sociale, dans les cas prévus par décret ;
- dans les cas, précisés par décret en Conseil d'État, où une acceptation implicite ne serait pas compatible avec le respect des engagements internationaux et européens de la France, la protection de la sécurité nationale, la protection des libertés et des principes à valeur constitutionnelle et la sauvegarde de l'ordre public ;

– dans les relations entre les autorités administratives et leurs agents (L. 12 avr. 2000, art. 21-1).

Dans le cas où la décision demandée peut être acquise implicitement et doit faire l'objet d'une mesure de publicité à l'égard des tiers lorsqu'elle est expresse, la demande est publiée par les soins de l'administration, le cas échéant par voie électronique, avec l'indication de la date à laquelle elle sera réputée acceptée si aucune décision expresse n'est intervenue. La décision implicite d'acceptation fait l'objet, à la demande de l'intéressé, d'une attestation délivrée par l'autorité administrative (L. 12 avr. 2000, art. 22).

La décision expresse doit, lorsqu'elle émane d'une autorité individuelle, porter la signature de celle-ci, qui lui donne sa force juridique. Si elle émane du président de la République ou du Premier ministre, elle doit comporter les contreseings nécessaires.

En général la date et le lieu d'édiction figurent sur l'acte, ainsi que des visas qui renvoient à sa base légale et aux circonstances de fait qui ont conduit à son édiction. L'absence ou l'irrégularité de ces éléments ne sont pas sanctionnées. La loi du 12 avril 2000 impose cependant que les décisions des autorités administratives mentionnées à son article 1er comportent la signature, la mention, en caractères lisibles, du nom, du prénom et de la qualité de leur auteur. Est irrégulier un permis de construire signé par un adjoint au maire, sans indication de nom ni de prénom[18].

B - La procédure d'élaboration

L'administration doit respecter certaines règles de compétence et de procédure, des règles de procédure administrative non contentieuse ayant été élaborées par la jurisprudence et les textes.

L'irrégularité de la consultation d'un organisme n'entraîne l'annulation d'un acte que si elle a eu une influence sur le sens de la décision ou a privé les intéressés d'une garantie[19]. Il existe aussi quelques règles de forme dont la motivation est la principale.

1) Les règles de compétence

Les règles de répartition des compétences entre les autorités publiques ont un caractère d'ordre public. Elles connaissent des altérations exceptionnelles et sont aménagées par le jeu des délégations de compétence.

L'incompétence de l'autorité peut être soulevée à tout moment et même d'office par le juge. Les règles de compétence ne confèrent pas seulement à l'administration le pouvoir d'agir mais lui imposent l'obligation d'agir[20].

a) Les formes d'incompétence

La compétence positive revêt trois formes :

– la ***compétence ratione materiae*** investit telle ou telle autorité du pouvoir de décision en fonction de la matière considérée ;

18. CE, 30 déc. 2009, *Cne Cannet-des-Maures* : *AJDA* 2010, 1488.
19. CE, ass., 23 déc. 2011, ***Danthony*** : *Rec.* 649 ; 17 fév. 2012, *Soc. Chiesi SA* : *Rec.* 43.
20. *Quéralt* : *préc.*

- la ***compétence ratione temporis*** n'appartient qu'à l'autorité investie du pouvoir de décision au moment où celle-ci est prise. Un acte pris prématurément, par une autorité qui n'a pas encore été investie de ses fonctions, ou tardivement, par une autorité qui ne l'est plus, est illégal ;
- la ***compétence ratione loci*** définit le champ géographique des pouvoirs de telle ou telle autorité.

Les textes déterminant souvent l'autorité compétente pour prendre une décision, sans préciser celle compétente pour l'abroger ou la modifier, la jurisprudence a dégagé la règle du ***parallélisme des compétences***, en vertu de laquelle l'autorité compétente pour prendre une décision l'est également pour la modifier ou l'abroger[21].

Dans certaines situations d'urgence, des textes particuliers ou même l'application de la théorie jurisprudentielle des circonstances exceptionnelles permettent d'étendre le champ des compétences normalement dévolues à telle ou telle autorité administrative. La nécessité d'assurer une certaine continuité de l'action administrative peut conduire l'autorité désinvestie à prendre certaines décisions, pour l'expédition des affaires courantes[22]. La théorie du ***fonctionnaire de fait*** vise essentiellement l'hypothèse dans laquelle, du fait de la carence ou de la disparition des autorités administratives régulièrement désignées, certains citoyens ont été obligés de prendre des décisions d'urgence dans l'intérêt général. Quoique prises par des autorités incompétentes, ces décisions pourront être considérées comme légales[23]. La théorie juridique de l'***apparence*** empêche, dans un souci de sécurité juridique, que certains actes, qui avaient légitimement aux yeux des administrés toutes les apparences de la légalité, ne soient remis en cause[24].

L'incompétence négative : l'autorité administrative se déclare à tort incompétente pour édicter un acte ou se croit liée par un avis purement consultatif, le gouvernement agissant dans le cadre d'une habilitation de l'article 38 de la Constitution reste en deçà de la compétence de l'autorité investie du pouvoir de prendre des mesures relevant du domaine de la loi[25].

b) Les délégations de compétence

Par la délégation, une autorité administrative charge une autre autorité, qui lui est hiérarchiquement subordonnée, d'agir en son nom, dans certains cas déterminés. On distingue la délégation de pouvoir et la délégation de signature.

La délégation de pouvoir a des effets plus importants que la délégation de signature. L'autorité délégante se dessaisit elle-même et devient incompétente pour décider dans les matières déléguées, sauf à révoquer la délégation[26]. La délégation ne vise pas une personne nommément désignée, mais le titulaire d'une fonction, et

---

21. CE, ass., 13 mars 1953, *Teissier* : *Rec.* 133.
22. CE, ass., 4 avr. 1952, *Synd. rég. des quotidiens d'Algérie* : *Rec.* 120.
23. CE, 5 mars 1948, *Marion* : *Rec.* 113.
24. CE, 2 nov. 1923, *Assoc. des fonctionnaires de l'adm. centrale des postes* : *Rec.* 699 ; ass., 2 déc. 1983, *Charbonnel* : *Rec.* 474.
25. CE, ass., 3 juill. 1998, *Synd. des médecins de l'Ain* : *Rec.* 277 ; ass., 7 juill. 2006, *France Nature Environnement* : *Rec.* 329 ; 9 mars 1951, *Cne Villefranche-sur-Saône* : *Rec.* 144.
26. CE, sect., 20 mai 1966, *Centre nat. du commerce ext.* : *Rec.* 341.

demeure valable même si les personnes du délégant ou du délégataire changent. Le délégataire ne peut pas procéder à une subdélégation de pouvoir, mais peut déléguer sa signature.

La délégation de signature ne dessaisit pas le délégant, qui peut toujours prendre lui-même des décisions dans les domaines pour lesquels il a simplement délégué sa signature à un collaborateur. Mesure d'organisation interne du service, beaucoup plus fréquente que la délégation de pouvoir, elle ne modifie pas la répartition des compétences. Elle est accordée à une personne nommément désignée et cesse si celle-ci ou le délégant perdent les fonctions au titre desquelles la délégation avait été accordée. Cependant, le changement de ministre ne met pas fin aux délégations de signature dont sont de plein droit titulaires les hauts fonctionnaires du ministère. Le délégataire ne fait qu'agir en lieu et place du délégant. Il ne peut procéder à aucune subdélégation. Une délégation de signature ne peut être accordée simultanément à plusieurs personnes[27].

Ces deux modes de délégation doivent être autorisés par un texte. La décision de délégation doit préciser son étendue et doit résulter d'une décision expresse.

2) La procédure administrative non contentieuse

La concertation précédant la décision permet à l'administration de mieux en apprécier l'adéquation à la situation qu'elle est censée régir. Ce souci de transparence et de concertation est à l'origine de réformes, qui ont multiplié les enquêtes publiques préalables à la prise de certaines décisions (expropriation, urbanisme, aménagement du territoire). Afin de faciliter les démarches des administrés, le législateur a prévu qu'une autorité administrative, saisie d'une demande affectée par un vice de forme ou de procédure faisant obstacle à son examen mais susceptible d'être couvert dans les délais légaux, doit inviter le demandeur à la régulariser en lui indiquant le délai imparti pour cette régularisation, les formalités ou procédures à respecter et les dispositions légales et réglementaires qui les prévoient. Si la réponse de l'administration ne comporte pas ces indications, les délais de recours ne sont pas opposables au demandeur (L. 12 avr. 2000, art. 19-1, I).

Les autorités administratives s'échangent toutes les informations ou données strictement nécessaires au traitement des demandes des usagers. L'autorité chargée d'instruire une demande entrant dans le champ d'application du dernier alinéa du I de l'article 16 A de la loi du 12 avril 2000 fait connaître au demandeur les informations ou données nécessaires pour instruire sa demande et celles qu'elle se procure auprès d'autres autorités administratives françaises. Le demandeur ne peut être tenu de produire les informations ou données qu'il a déjà produites auprès de la même autorité ou d'une autre autorité administrative participant au même système d'échanges de données. Il informe l'autorité du lieu et de la période de la première production du document.

Lorsque l'autorité administrative procède à la consultation d'un organisme avant de prendre une décision, seules les irrégularités susceptibles d'avoir exercé une influence

---

27. CE, 4 juin 2007, *Ligue de l'Enseignement et a.* : *Rec.* 643.

sur le sens de la décision prise au vu de l'avis rendu peuvent, le cas échéant, être invoquées à l'encontre de la décision (art. 70, L. 17 mai 2011).

a) Les procédures contradictoires

Il résulte du ***principe du respect des droits de la défense*** (*D^{me} v^{ve} Trompier-Gravier*[28]), que toute mesure ayant le caractère d'une sanction doit être précédée d'une procédure permettant à l'intéressé de discuter les griefs formulés contre lui. En l'espèce, « eu égard au caractère que présentait... le retrait de l'autorisation » de vendre des journaux dans un kiosque situé sur la voie publique « et à la gravité de cette sanction, une telle mesure ne pouvait légalement intervenir sans que la dame veuve Trompier-Gravier eût été mise à même de discuter les griefs formulés contre elle ».

Article 24 L. 12 avril 2000

« Exception faite des cas où il est statué sur une demande, les décisions individuelles qui doivent être motivées en application des articles 1er et 2 de la loi n° 79-587 du 11 juillet 1979 relative à la motivation des actes administratifs et à l'amélioration des relations entre l'administration et le public n'interviennent qu'après que la personne intéressée a été mise à même de présenter des observations écrites et, le cas échéant, sur sa demande, des observations orales. Cette personne peut se faire assister par un conseil ou représenter par un mandataire de son choix. L'autorité administrative n'est pas tenue de satisfaire les demandes d'audition abusives, notamment par leur nombre, leur caractère répétitif ou systématique.

Les dispositions de l'alinéa précédent ne sont pas applicables : – 1° En cas d'urgence ou de circonstances exceptionnelles ; – 2° Lorsque leur mise en œuvre serait de nature à compromettre l'ordre public ou la conduite des relations internationales ; – 3° Aux décisions pour lesquelles les dispositions législatives ont instauré une procédure contradictoire particulière. »

Lorsqu'une procédure particulière a été organisée par une loi spécifique, elle s'applique à condition d'offrir des garanties équivalentes à celles prévues par la loi du 12 avril 2000.

Le principe des droits de la défense retrouve son empire, sauf en matière de police, lorsque l'administration envisage de prendre une décision d'une certaine gravité en considération de la personne[29], qui n'entre pas dans le champ d'application de la loi du 12 avril 2000 (cas des relations entre l'administration et ses agents), ou de textes spécifiques[30]. L'administration doit mettre l'intéressé à même de demander communication de son dossier et lui communiquer ce dossier complet s'il le souhaite, dans un délai raisonnable, afin de lui permettre de présenter ses observations.

b) Les procédures consultatives

La consultation de très nombreux organes est tantôt obligatoire, tantôt facultative. ***La consultation doit toujours être régulièrement opérée***[31], ce qui implique notamment que les personnes qui ont un intérêt personnel à l'affaire ne participent pas aux délibérations de l'organe collégial.

---

28. CE, sect., 5 mai 1944 : *Rec.* 133.
29. CE, sect., 9 mai 1980, *Soc. Éts Cruse* : *Rec.* 217.
30. CE, 5 juill. 2000, *Mermet* : *Rec.* 292 ; sect., 9 avr. 1999, *Soc. Interbrew* : *Rec.* 118 ; 7 déc. 2001, *SA Ferme de Rumont* : RFDA 2002, 46 ; 28 déc. 2009, *Abbadie* : *Rec.* 533.
31. CE, 19 déc. 2008, *Kierzkowski-Chatal* : *Rec.* 467.

Si la ***consultation*** est purement ***facultative, la liberté de décision de l'autorité administrative reste entière***. Elle conserve la faculté d'apporter à son projet toutes les modifications qui lui paraissent utiles, sans avoir l'obligation de saisir à nouveau l'organisme consulté[32]. Lorsque l'administration y procède spontanément, la consultation doit être effectuée dans des conditions régulières, à peine d'entacher la décision prise d'illégalité.

Si la ***consultation*** est ***obligatoire, l'administration ne peut adopter que la décision soumise à consultation ou la décision proposée ou modifiée par l'organisme consultatif ou s'abstenir de toute décision***. Cette exigence s'apprécie par ensemble de dispositions ayant un rapport entre elles[33]. Une décision contenant des dispositions qui n'ont pas été soumises à consultation, est irrégulière[34]. Lorsque le Conseil d'État doit être consulté pour avis, il assimile le défaut de consultation à une incompétence et non à un simple vice de procédure.

Lorsque la décision ne peut être prise que sur avis conforme d'un organisme, l'autorité doit suivre l'avis ou renoncer purement et simplement à la décision[35].

Des textes imposent la consultation du public, notamment en matière d'environnement, avant la prise d'une décision[36].

c) La procédure applicable aux sanctions administratives

L'administration peut prendre des sanctions contre les administrés, pouvoir dérivé du pouvoir disciplinaire détenu par tout chef de service sur ses subordonnés.

Le principe de séparation des pouvoirs, non plus qu'aucun principe ou règle de valeur constitutionnelle, ne fait obstacle à ce qu'une autorité administrative, agissant dans le cadre de prérogatives de puissance publique, puisse exercer un pouvoir de sanction dès lors, d'une part, que la sanction susceptible d'être infligée est exclusive de toute privation de liberté, d'autre part, que l'exercice du pouvoir de sanction est assorti par la loi de mesures destinées à sauvegarder les droits et libertés constitutionnellement garantis[37]. Une peine ne peut être infligée qu'à la condition que soient respectés les principes de légalité des délits et des peines, de nécessité des peines, de non-rétroactivité de la loi pénale plus sévère, ainsi que des droits de la défense. Ces exigences valent pour toute sanction ayant le caractère d'une punition, même si le législateur a laissé à une autorité de nature non juridictionnelle le soin de la prononcer[38].

Moins sévèrement, le Conseil d'État exige que les éléments constitutifs d'une infraction susceptible d'exposer à une sanction administrative soient déterminés de façon précise et complète[39], mais ne considère pas violé le principe de spécialité des peines lorsque le Conseil des marchés financiers inflige une sanction pécuniaire à une société pour des

32. CE, sect., 15 mars 1974, *Synd. nat. CGT-FO des fonctionnaires du commerce ext.* : *Rec.* 188.
33. CE, 20 déc. 2013, *Fédé. fr. des artisans coopérateurs du bâtiment*, n° 357198.
34. CE, ass., 23 oct. 1998, *Union fédé. CFDT des fonctions publ.* : *RFDA* 1998, 1270.
35. CE, 22 févr. 1957, *Soc. coop. de reconstruction de Rouen* : *Rec.* 132.
36. CE, 6 juin 2007, *Assoc. Le réseau Sortir du nucléaire* : *Rec.* 242 : démantèlement d'une centrale nucléaire.
37. Cons. const., 89-260 DC, 28 juill. 1989, *Sécurité et transparence du marché financier* : *Rec.* 71.
38. Cons. const., 93-325 DC, 13 août 1993, *Maîtrise de l'immigration* : *Rec.* 224.
39. CE, 9 oct. 1996, *Soc. Prigest* : *Rec.* 738.

agissements commis par une société dont elle a fait l'acquisition[40]. Mais les principes d'impartialité et des droits de la défense doivent être respectés dès la phase administrative pour que la procédure soit régulière[41]. La communication préalable des griefs, le fait que la personne poursuivie dispose d'un délai pour préparer sa défense, la possibilité de recourir à un défenseur de son choix, l'égalité des droits pour l'audition des témoins, ou la possibilité d'être assisté gratuitement par un interprète constituent des éléments de la défense dont l'application est requise pour garantir, dès l'origine de la procédure, son caractère équitable par le respect de la conduite contradictoire des débats[42].

L'article 6 § 1 de la Conv. EDH est applicable aux autorités administratives dotées de pouvoirs de sanction qui, en raison de leur nature, de leur composition et de leurs attributions, peuvent être qualifiées de tribunaux au sens de cet article[43].

Les sanctions administratives infligées aux administrés, à l'exception de celles infligées aux détenus, relèvent du contentieux de pleine juridiction[44].

C - La motivation des actes administratifs

La motivation n'est obligatoire que dans les cas limitativement énumérés par les textes ou prévus par la jurisprudence. Elle doit être suffisamment précise pour que soient connues les considérations de droit et de fait qui fondent la décision.

1) Les cas de motivation obligatoire

Le ***principe reste celui de l'absence d'obligation de motivation***, sauf pour certains organismes professionnels, en raison de leur composition, de leur nature et de leurs attributions.

La ***loi du 11 juillet 1979*** relative à la motivation des actes administratifs a consacré une obligation de motivation de certaines décisions individuelles :

- décisions défavorables à leurs destinataires (mesures de police, mesures restrictives des libertés, sanctions, retrait ou abrogation d'une décision créatrice de droits, décisions opposant une prescription, une forclusion ou une déchéance, subordonnant l'octroi d'une autorisation à des conditions restrictives ou imposant des sujétions, refusant un avantage constituant un droit pour les personnes qui remplissent les conditions légales pour l'obtenir, refus d'autorisation et rejet d'un recours administratif dont la présentation est obligatoire préalablement à tout recours contentieux en application d'une disposition législative ou réglementaire) ;
- décisions dérogeant aux règles générales fixées par les lois et règlements.

Par exception, ces décisions peuvent ne pas être motivées lorsqu'elles se heurtent à un secret protégé par la loi (secret médical, des délibérations du gouvernement, de la défense nationale).

---

40. CE, 22 nov. 2000, *Soc. Crédit agricole IndoSuez Chevreux* : *CJEG* 2001, 68.
41. CE, 31 mars 2004, *Soc. Etna Finance* : *Rec.* 693.
42. CE, 27 oct. 2006, *Parent* : *Rec.* 454.
43. CE, sect., 20 oct. 2000, *Soc. Habib Bank Ltd* : *préc.*
44. CE, ass., 16 févr. 2009, *Soc. ATOM* : *Rec.* 25 ; 4 févr. 2013, *Garde des Sceaux c/Ikemba* : *Rec.* 680.

L'urgence absolue peut dispenser l'administration de l'obligation de motiver. Une décision implicite de rejet n'est pas illégale du seul fait qu'elle n'est pas, par nature, motivée. Toutefois, dans ces deux derniers cas, l'auteur de la décision est tenu, sur demande de l'intéressé, de lui en communiquer les motifs dans le délai d'un mois.

2) Portée de l'obligation de motiver

Le défaut de motivation entache l'acte d'illégalité pour vice de forme. La motivation doit être écrite et comporter l'énoncé des considérations de droit et de fait qui constituent le fondement de la décision. Mais la motivation peut être contenue dans un document joint à la décision, auquel celle-ci renvoie. Les motivations types sont illégales[45].

3 • L'APPLICATION DES DÉCISIONS ADMINISTRATIVES UNILATÉRALES

Les actes administratifs ont force exécutoire dès leur entrée en vigueur. L'administration dispose de moyens de coercition à l'encontre des particuliers pour les contraindre à s'y conformer. L'administration doit respecter ses propres décisions tant qu'elles existent.

L'exécution de certaines décisions est laissée à la discrétion des particuliers : le bénéficiaire d'une autorisation est libre d'utiliser la faculté qui lui est donnée (permis de conduire, de construire...), l'administration n'intervient que pour sanctionner d'éventuels abus. Lorsque l'administration édicte une interdiction, elle n'intervient que pour sanctionner sa violation. D'autres décisions supposent une action positive de l'administration, notamment la prise de décisions subséquentes (nomination d'un agent public : installation, paiement du traitement... mise à la retraite).

A - L'exécution de la décision

Les décisions administratives sont revêtues de l'autorité de la chose décidée. Elles s'appliquent jusqu'à leur annulation par le juge ou leur abrogation ou retrait par l'autorité compétente. L'administration doit donner leur plein effet aux actes individuels irréguliers qui n'ont été ni annulés, ni déclarés illégaux par une juridiction, ni rapportés[46]. Le ***privilège du préalable*** signifie que les actes administratifs s'appliquent dès leur édiction, sans que le recours exercé contre eux ait, en principe, un caractère suspensif.

En vertu d'un principe général, l'autorité administrative ne peut appliquer un règlement illégal[47].

1) La crainte des sanctions

Pour vaincre les éventuelles résistances, l'administration compte normalement sur la ***crainte de la sanction pénale***. Si le particulier refuse d'exécuter, l'administration le

45. CE, ass., 27 nov. 1970, *Agence maritime Marseille Fret* : *Rec.* 704 ; 24 juill. 1981, *Belasri* : *Rec.* 322.
46. CE, sect., 16 déc. 2005, *Mme Lacroix* : *Rec.* 585.
47. *Marangio* : *préc.*

traduit devant le juge répressif, qui le condamne à la peine prévue. Ceci suppose qu'un texte ait érigé la désobéissance à l'acte administratif en infraction et précisé la sanction correspondante, ce qui est le cas pour tous les règlements de police.

L'administration peut aussi prévoir des ***sanctions administratives*** (retrait de cartes professionnelles, du permis de conduire par arrêté préfectoral). Ces sanctions sont soumises au principe de la ***légalité des délits et des peines***, à un strict contrôle du respect des droits de la défense ainsi que d'une nécessaire proportionnalité des sanctions par rapport à la gravité des faits[48]. Les infractions doivent être définies en termes suffisamment clairs pour exclure l'arbitraire[49]. Une peine ne peut être infligée qu'à la condition que soient respectés le principe de légalité des délits et des peines, le principe de nécessité des peines, le principe de non-rétroactivité de la loi pénale plus sévère, ainsi que les droits de la défense et que ces exigences s'étendent à toute sanction ayant le caractère d'une punition, même si le législateur a laissé le soin de la prononcer à une autorité de nature non juridictionnelle. Les éléments constitutifs de l'infraction sont déterminés de façon précise et complète. La sanction, qui doit être motivée, ne doit pas être excessive par rapport aux faits qui ont pu la motiver[50].

Le ***principe de la non-rétroactivité des lois plus sévères*** concerne les peines appliquées par les juridictions répressives, mais aussi toute sanction ayant le caractère d'une punition, même si le législateur a cru devoir laisser le soin de la prononcer à une autorité de nature non judiciaire. Mais la loi plus douce s'applique immédiatement, dès lors qu'elle fait apparaître que les sanctions antérieures cessent d'être nécessaires[51].

2) *Le recours à la contrainte*

Si les craintes ou l'application des sanctions ne suffisent pas à faire exécuter l'acte par le particulier, ou si aucun texte n'a édicté de sanction en cas de refus d'exécution, ou si la décision doit être exécutée d'urgence sans qu'il soit possible d'attendre la mise en œuvre de la répression, l'administration peut recourir à la contrainte afin d'obtenir l'exécution. C'est l'exécution d'office (mise en fourrière d'un véhicule automobile en stationnement gênant sur la voie publique).

Lorsque l'exécution implique un acte strictement personnel, l'administration peut user de la contrainte matérielle contre le contrevenant, c'est ***l'exécution forcée*** à proprement parler (ordre de réquisition d'un immeuble exécuté de force). Ce recours à la contrainte est entouré de conditions, fixées par les conclusions du commissaire du gouvernement Romieu sur la décision ***Société immobilière de Saint Just***[52].

a) L'exécution forcée autorisée par la loi

De nombreuses lois autorisent l'administration à agir d'office : réquisitions militaires, mise en fourrière des véhicules, exécution de travaux nécessaires à la lutte contre le

---

48. Cons. const., 89-260 DC, 28 juill. 1989, *Sécurité et transparence du marché financier* : *Rec.* 71.
49. Cons. const., 92-307 DC, 25 févr. 1992, *Séjour des étrangers en France* : *Rec.* 48.
50. Cons. const., 13 août 1993, 93-325 DC, *Maîtrise de l'immigration* : *Rec.* 224 ; CE, 9 oct. 1996, *Soc. Prigest* : *Rec.* 690 ; ass., 1er mars 1991, *Le Cun* : *Rec.* 71.
51. Cons. const., 30 déc. 1982, 82-155 DC, *Loi de finances rectificative pour 1982* : *Rec.* 88 ; CE, avis, sect., 5 avr. 1996, *Houdmond* : *Rec.* 116.
52. T. confl., 2 déc. 1902 : *Rec.* 13.

bruit, exécution de travaux de débroussaillage pour prévenir les incendies, exécution forcée des mesures de reconduite à la frontière des étrangers.

b) L'exécution forcée en cas d'urgence

L'urgence justifie à elle seule le recours à l'exécution forcée ou d'office, même sans recours préalable à la sanction pénale et si aucune résistance ne doit être vaincue. L'administration peut même agir d'office sans avoir au préalable pris une décision exécutoire qui se serait heurtée à la désobéissance d'un particulier (saisie d'un journal, lacération d'affiches, dangereux pour l'ordre public). C'est l'***action d'office***[53]. Le juge opère un contrôle de l'existence de l'urgence ou du péril immédiat[54].

c) L'exécution forcée en l'absence d'autres voies de droit

L'administration peut recourir à l'exécution forcée en l'absence d'autres voies de droit lorsque la décision dont elle entend obtenir l'exécution n'est assortie d'aucune sanction et qu'aucune action judiciaire ne peut être exercée. Il doit être impossible d'assurer l'obéissance à la loi par tout autre procédé juridique[55].

Trois conditions doivent être réunies : la décision à exécuter doit trouver sa base dans un texte à portée générale ; l'administration doit se heurter à une résistance réelle ; elle ne doit pas disposer d'autres moyens de vaincre cette résistance, ou les sanctions doivent s'être révélées inefficaces.

Les mesures prises ne sauraient jamais légalement excéder le but recherché. Le recours indu à l'exécution forcée peut être constitutif de voie de fait[56].

B - La durée des effets de la décision exécutoire

À partir de quand et jusqu'à quelle date l'acte produit-il des effets ?

L'existence de l'acte administratif n'est pas subordonnée à sa publication ou à sa notification. Il peut faire l'objet d'un recours pour excès de pouvoir dès sa signature, mais n'est opposable aux administrés qu'à compter de l'accomplissement de certaines formalités de publicité. ***L'entrée en vigueur de l'acte ne saurait être rétroactive***, sauf exceptions prévues par la loi ou autorisées par la jurisprudence.

Le souci de stabilité des situations juridiques explique que les conditions de retrait d'un acte sont plus restrictives que celles de l'abrogation.

1) L'entrée en vigueur des actes administratifs

Un acte ne produit d'effets que s'il est opposable[57]. Ses destinataires, les tiers et l'administration peuvent alors exiger ou imposer son respect[58]. Les directives, instructions et circulaires, ainsi que les notes et réponses ministérielles qui comportent une

---

53. T. confl., 12 mai 1954, *Office publicitaire de France* : *Rec.* 703.
54. T. confl., 21 juin 1993, *Préf. Corse* : *Rec.* 402.
55. CE, 17 mars 1911, *Abbé Bouchon* : *Rec.* 341.
56. T. confl., 8 avr. 1935, ***Action fr.*** : *Rec.* 1226 ; CE, 11 mars 1998, *Mme Auger* : *JCP* G 1998, IV, 1185.
57. CE, 28 déc. 1997, *C. c/Min. défense* : *JCP* G 2008, II, 10066.
58. CE, sect., 17 nov. 2006, *Soc. CNP Assurances* : *Rec.* 473.

interprétation du droit positif ou une description des procédures administratives doivent être publiées. Une circulaire ou une instruction qui ne figure pas sur le site *www.circulaires.gouv.fr* n'est pas applicable. Cette publicité se fait sans préjudice des autres formes de publication éventuellement applicables à ces actes. Les circulaires sont « réputées abrogées » si elles n'ont pas été reprises sur le site à la date du 1er mai 2009, à moins qu'il s'agisse d'une circulaire dont la loi permet à un administré de se prévaloir. Leur mise en ligne ultérieure ne peut les remettre en vigueur[59]. Pour être opposable à un administré, une circulaire qui comporte une interprétation du droit doit avoir été publiée de manière complète à la fois dans un bulletin officiel et sur le site[60].

L'acte administratif ne produit d'effets que pour l'avenir, en vertu du principe général du droit de non-rétroactivité des actes administratifs[61]. L'administration ne peut faire rétroagir un acte que si la loi l'y a expressément autorisé, sauf en matière répressive, où la règle est constitutionnelle : la loi plus sévère ne peut être rétroactive. Un acte peut être illégal uniquement en tant qu'il est rétroactif.

Les règlements et, lorsque la loi ou le décret le prévoient, les autres actes administratifs, sont publiés au *Journal officiel*, le même jour, sur papier et sous forme électronique. Ils entrent en vigueur à la date qu'ils fixent et, à défaut, le lendemain de leur publication. L'entrée en vigueur des dispositions dont l'exécution nécessite des mesures d'application est reportée à la date d'entrée en vigueur de celles-ci. En cas d'urgence, les actes administratifs pour lesquels le gouvernement l'ordonne par une disposition spéciale entrent en vigueur dès leur publication.

a) Les règlements

Les règlements entrent en vigueur à la date de leur émission et deviennent applicables lorsqu'ils ont reçu la publicité requise. Les décrets réglementaires sont publiés au Journal officiel, les arrêtés ministériels au Journal officiel ou au Bulletin officiel du ministère, les actes des autorités locales au recueil de la collectivité et affichés. Avant cette publicité, les règlements n'emportent d'effets ni à l'égard des particuliers ni à l'égard de l'administration[62]. Parfois, d'autres mesures doivent être accomplies : transmission des règlements des autorités locales en préfecture, signalisation adéquate sur le terrain des règlements de police.

Un règlement qui n'est pas entré en vigueur, faute de publication, produit néanmoins certains effets. Dès qu'il est signé, il existe[63] et peut servir de fondement à la prise de mesures réglementaires précisant ses modalités d'application, mais non de décisions individuelles[64]. Le fait de ne pas être publié ne le rend pas illégal. Lorsqu'un règlement est devenu illégal en tant qu'il ne prévoit pas un dispositif que la loi imposait au pouvoir réglementaire d'adopter, le juge doit appliquer ce dispositif[65]. Un recours pour excès de

59. CE, 23 févr. 2011, *Assoc. La Cimade* : *Rec.* 723.
60. CE, 24 oct. 2011, *Min. intérieur, outre-mer, collectivités territoriales et immigration c/Shala* : *Rec.* 723.
61. *Soc. du journal L'Aurore* : *préc.* ; Cons. const., 69-572 L, 24 oct. 1969, *Art. 96 de la loi de finances du 26 décembre 1959* : *Rec.* 32 ; *Soc. CNP Assurances* : *préc.*
62. CE, sect., 25 janv. 1974, *Jean* : *Rec.* 60.
63. CE, sect., 27 janv. 1961, *Daunizeau* : *Rec.* 57.
64. CE, 7 janv. 1970, *Chaze et Bussière* : *Rec.* 6.
65. CE, sect., 25 févr. 2005, *Mme Barbier* : *Rec.* 81.

pouvoir peut être intenté contre lui et le juge peut l'annuler[66], sa légalité s'apprécie à la date de sa signature.

b) Les actes non réglementaires

La publicité se réalise en principe par la notification de l'acte. Certains actes non réglementaires doivent être publiés ou affichés (déclaration d'utilité publique), d'autres notifiés aux intéressés et transmis en préfecture (actes des autorités locales). Les autres, en particulier ceux de nature à conférer des droits, entrent en vigueur dès leur signature[67]. Les actes défavorables à leurs destinataires entrent en vigueur dès leur notification, ils peuvent créer des droits au profit de tiers dès leur signature.

2) La fin de l'application de l'acte

La plupart des décisions ne prévoient pas leur terme L'autorité compétente pour modifier, abroger ou retirer un acte administratif est en principe celle qui est compétente pour prendre cet acte à la date de la modification, de l'abrogation ou du retrait et, le cas échéant, s'il s'agit d'un acte individuel, son supérieur hiérarchique[68].

Si l'auteur d'une décision individuelle créatrice de droits peut, faisant droit à une demande du bénéficiaire, la retirer ou l'abroger à tout moment, c'est à la condition de ne pas porter atteinte aux droits des tiers[69].

a) La caducité

La décision peut fixer elle-même la durée de son application, explicitement (autorisation accordée pour x mois) ou implicitement (interdiction d'une manifestation prévue pour une certaine date). Elle devient caduque à la date prévue. La plupart des décisions ne prévoient cependant pas leur terme. Il n'y a pas en principe de caducité des actes administratifs et pas d'abrogation par le non-usage[70], mais un acte devient caduc s'il est dépourvu d'exécution ou de notification pendant une période anormalement longue, ce retard étant imputable à la seule administration[71].

b) L'abrogation

L'abrogation met fin à l'existence de l'acte pour l'avenir uniquement, les effets qu'il a pu produire demeurent. Elle peut être totale ou partielle, explicite ou implicite. L'exercice du pouvoir réglementaire implique pour son détenteur la possibilité de modifier à tout moment les normes qu'il définit, sans que les personnes auxquelles sont, le cas échéant, imposées de nouvelles contraintes, puissent invoquer un droit au maintien de la réglementation existante[72]. Ce pouvoir d'abrogation visant à édicter de nouvelles normes doit respecter le principe de sécurité juridique, consacré par l'arrêt ***KPMG***[73]. En application de ce principe, l'administration doit édicter des dispositions transitoires dans

---

66. *Synd. gén. des ingénieurs-conseils* : *préc.*
67. CE, sect., 19 déc. 1952, *D^lle^ Mattéi* : *Rec.* 594.
68. CE, sect., 30 sept. 2005, *Ilouane* : *Rec.* 402.
69. CE, 2 févr. 2011, *Soc. TV Numeric* : *Rec.* 30.
70. CE, sect., 27 sept. 2006, *C^té^ d'agglomération Montpellier* : *RDP* 2007, 595.
71. CE, 1er avr. 1998, *Préf. Yvelines c/Nsonde* : *Rec.* 120 ; sect., 26 mars 1999, *Villegas* : *Rec.* 94.
72. CE, sect., 13 déc. 2006, *Mme Lacroix* : *RFDA* 2006, 6.
73. *Soc. KPMG* : *préc.*

tous les cas où l'application immédiate de ses dispositions apporterait une atteinte excessive aux intérêts publics ou privés en cause, soit que la norme nouvelle ne puisse matériellement être appliquée immédiatement, soit que cette application entraîne des conséquences d'une excessive gravité sur les situations juridiques en cours.

L'abrogation peut être automatique. Lorsqu'un acte est soumis à des conditions, il peut être abrogé si elles ne sont plus remplies[74]. Les circulaires et instructions signées avant le 1er mai 2009 sont réputées abrogées si elles ne sont pas reprises sur le site Internet prévu par le décret du 8 décembre 2008, à l'exception de celles publiées avant la même date dont la loi permet à un administré de se prévaloir[75] (v. *supra*).

Les règles régissant l'abrogation varient selon que l'acte est créateur de droits ou non.

Abrogation des actes administratifs

Actes non créateurs de droits	
Règlements	Actes non réglementaires
Possible *– pas de droit au maintien d'un règlement* *– possibilité d'abrogation avant le terme que le règlement s'est fixé (Synd. nat. de la meunerie à seigle ; Vannier)* *– le principe de sécurité juridique peut imposer la prise de mesures transitoires (KPMG)*	**Possible**
Obligatoire si le règlement est illégal ou sans objet (L. 12 avr. 2000, art. 16-1)	
Actes créateurs de droits	
Légaux	Illégaux
Impossible sauf acte contraire	**Possible** *sous conditions :* *– dans les 4 mois de la prise de l'acte (Coulibaly),* *– si acte soumis à des conditions : si celles-ci ne sont plus remplies (Crédit coopératif),* *– si acte pécuniaire soumis à des conditions : si celles-ci ne sont plus remplies (Mme Soulier)*

1. Les actes non créateurs de droits

Ne créent pas de droits les décisions recognitives, l'administration constatant une situation ou l'existence de droits sans disposer d'un quelconque pouvoir d'appréciation (délimitation du domaine public naturel, relevé de notes) les décisions juridiquement inexistantes (nominations et promotions pour ordre, décisions obtenues par fraude), les actes *sui generis* comme les déclarations d'utilité publique, les décisions défavorables (refus d'autorisation ou de permis), les nominations aux emplois à la discrétion du

74. CE, 7 août 2008, *Crédit coopératif* : *Rec.* 316.
75. CE, 16 avr. 2010, *Azelvandre* : *Rec.* 626.

gouvernement. Ces décisions peuvent toujours être abrogées, même pour simple opportunité[76].

Il n'existe jamais de droit acquis au maintien des règlements, qui peuvent être abrogés à tout moment, dès lors que l'administration agit dans l'intérêt général. Un règlement peut même être abrogé avant le terme qu'il s'est fixé[77].

Il existe même une obligation d'abroger les règlements illégaux ou sans objet dès leur édiction ou qui le sont devenus du fait d'un changement dans les circonstances de droit ou de fait, sur demande de tout intéressé, ou d'office (L. 12 avr. 2000, art. 16-1)[78].

L'obligation s'impose aux établissements publics à caractère industriel et commercial, qui peuvent édicter des actes réglementaires.

L'administration doit abroger ***un acte non réglementaire, individuel ou non***, qu'il soit illégal dès l'origine, si la demande est présentée dans le délai du retrait, ou qu'il le soit devenu suite à un changement de circonstances, ***s'il n'a pas créé de droits***, sans condition de délai[79]. À défaut, et s'il annule son refus, le juge peut ordonner à l'autorité compétente de procéder à l'abrogation dans un délai qu'il fixe[80].

2. Les actes créateurs de droits

Les actes créateurs de droits réguliers ne peuvent être abrogés, en l'absence de demande en ce sens du titulaire des droits, que dans les cas prévus par les lois et règlements en vigueur, que l'acte soit légal ou illégal, à défaut par la prise d'un acte contraire (autorisation d'ouvrir un établissement et fermeture de celui-ci).

Il appartient à tout intéressé de demander à l'autorité compétente de procéder à l'abrogation d'une décision illégale non réglementaire qui n'a pas créé de droits, si cette décision est devenue illégale à la suite de changements dans les circonstances de droit ou de fait postérieurs à son édiction. Il s'agit d'un principe à portée générale s'imposant à l'administration, dont le principe a été consacré par le législateur[81].

L'obligation concerne aussi ***les règlements dont l'illégalité a été constatée*** et qui ont été abrogés formellement, mais repris à l'identique dans un nouveau règlement[82]. L'acte contraire ne peut en principe intervenir que dans le respect de la règle du parallélisme des compétences et des procédures (édiction par la même autorité et éventuellement après les mêmes consultations que l'acte initial). La loi du 11 juillet 1979 impose la motivation des décisions individuelles abrogeant une décision créatrice de droits. Si l'acte individuel créateur de droits est irrégulier, la jurisprudence ***Ternon*** s'applique.

Lorsqu'un ***acte*** est ***soumis à des conditions***, il peut être abrogé si elles ne sont plus remplies[83] : ainsi, les ***actes pécuniaires***, dont l'octroi est soumis à des conditions liant l'administration, qui sont créateurs de droits. De même, une décision explicite légale

---

76. CE, ass., 10 mai 1968, *Cne Brovès* : *Rec.* 297 ; ass., 22 déc. 1989, *Morin* : *Rec.* 279 ; ass., 4 juill. 1958 ; *Graff* : *Rec.* 414 ; ass., 22 févr. 1974, *Adam* : *Rec.* 145.
77. CE, 25 juin 1954, *Synd. nat. de la meunerie à seigle* : *Rec.* 379 ; sect., 27 janv. 1691, *Vannier* : *Rec.* 60.
78. CE, ass., 3 févr. 1989, ***Cie Alitalia*** : *Rec.* 44.
79. CE, sect., 30 nov. 1990, *Assoc. Les Verts* : *Rec.* 339 ; 30 juin 2006, *Soc Neuf Télécom* : *Rec.* 309.
80. CE, 21 févr. 1997, *Calbo* : *Rec.* 1018.
81. CE, sect., 30 nov. 1990, ***Assoc. Les Verts*** : Rec. 339 ; *Cie Alitalia* : *préc.*
82. CE, sect., 5 oct. 2007, *Ordre des avocats du barreau d'Evreux* : *Rec.* 411.
83. CE, 7 août 2008, *Crédit coopératif* : *AJDA* 2008, 1568.

créatrice de droits peut être abrogée par la prise d'un acte contraire (la révocation d'un fonctionnaire peut légalement intervenir pour faute grave, à la suite d'une procédure disciplinaire régulière).

c) Le retrait

Le retrait fait disparaître l'acte rétroactivement. L'acte prononçant le retrait doit être signé et notifié avant l'expiration du délai de recours contre l'acte retiré.

Lorsqu'un recours contentieux à l'encontre d'une décision administrative est subordonné à l'exercice préalable d'un recours administratif, l'autorité administrative qui a pris la décision initiale peut la retirer d'office si elle est illégale tant que l'autorité chargée de statuer sur le recours administratif préalable obligatoire ne s'est pas prononcée (art. 20-1, L. 12 avr. 2000).

Certains actes non réglementaires favorables ne créent pas de droits (sur cette notion voir *supra*) ; une décision défavorable peut en créer. Cependant, certaines décisions défavorables à leurs destinataires créent des droits au profit de tiers : révocation d'un fonctionnaire, refus de nommer, titulariser, promouvoir, réintégrer un fonctionnaire, refus d'autorisation de licenciement, arrêté de cessibilité.

Les règles du retrait diffèrent selon que l'acte est créateur de droits ou non, légal ou illégal.

1. Le retrait des décisions créatrices de droits

Sous réserve de dispositions législatives ou réglementaires contraires[84], et hors le cas où il est satisfait à une demande du bénéficiaire (pour substituer à la mesure retirée une mesure en principe plus favorable et sous réserve de ne pas porter atteinte aux droits des tiers[85]), l'administration ne peut retirer une ***décision individuelle explicite créatrice de droits***, si elle est ***illégale***[86], que dans le délai de quatre mois suivant la prise de cette décision[87]. Le délai de recours court de la signature de l'acte. La décision de retrait doit être prise dans le délai de quatre mois, mais peut être notifiée après[88].

Des exigences constitutionnelles peuvent exclure l'application de ce régime de droit commun. Ainsi, le principe d'indépendance des magistrats ne permet de revenir sur une mesure de nomination d'un magistrat que dans le respect d'une procédure spécifique[89].

Saisie d'une demande tendant à l'abrogation ou au retrait d'une décision créatrice de droits illégale, l'autorité compétente ne peut y faire droit que si le délai du retrait n'est pas expiré[90]. Délais de retrait et de recours sont dissociés.

Est soumis à ce régime le retrait d'une décision pécuniaire non formalisée, assimilable à une décision explicite. Le point de départ reste la date à laquelle elle a été prise, qui est le jour à compter duquel l'ordonnateur ne pouvait ignorer que les conditions pour

---

84. CE, 28 sept. 2005, *Soc. Soinne et associés* : *Rec.* 397.
85. CE, avis, 6 juill. 2005, *Corcia* : *Rec.* 308 ; 2 févr. 2011, *Soc. TV Numéric* : *Rec.* 30.
86. CE, sect., 6 mars 2009, *Coulibaly* : *Rec.* 79.
87. CE, ass., 26 oct. 2001, ***Ternon*** : *Rec.* 497 ; *Mme Soulier* : *préc.* ; *Coulibaly* : *préc.*
88. CE, sect., 21 déc. 2007, *Soc. Bretim* : *Rec.* 519.
89. Ce, sect., 1er oct. 2010, *Mme Tacite* : *Rec.* 350.
90. CE, 21 janv. 1991, *Pain* : *Rec.* 692.

bénéficier de l'avantage n'étaient plus remplies[91]. Mais le caractère créateur de droits de l'attribution d'un avantage financier, tel qu'une prime, ne fait pas obstacle à ce que cette décision soit abrogée pour l'avenir si l'intéressé ne remplit plus les conditions auxquelles cet avantage est subordonné ou si l'administration modifie l'appréciation qui avait justifié son attribution[92].

Les décisions individuelles implicites créatrices de droits obéissent à un autre régime.

Celles qui valent acceptation (permis ou autorisation tacites) peuvent être retirées, pour illégalité, pendant la durée de l'instance au cas où un recours contentieux a été formé et pendant le délai de recours contentieux, qu'elles aient fait ou non l'objet d'une publicité. Si elles ont fait l'objet d'une publicité mais non d'un recours contentieux, elles peuvent être retirées tant que le délai de recours n'est pas expiré. Lorsqu'aucune mesure d'information des tiers n'a été mise en œuvre et qu'aucun recours contentieux n'a été formé, le retrait peut être prononcé dans les deux mois à compter de la date d'intervention de la décision (L. 12 avr. 2000, art. 23)[93].

Ces règles valent que le retrait soit opéré par l'auteur de l'acte ou par son supérieur hiérarchique[94].

Celles qui valent rejet peuvent être retirées dans les conditions de la jurisprudence ***Dame Cachet***[95], c'est-à-dire dans le délai du recours contentieux et, lorsqu'un recours contentieux a été formé, tant que le juge n'a pas statué, dans les limites des demandes du requérant et sans porter atteinte aux droits définitivement acquis par la partie de la décision qui n'a été ni attaquée ni rapportée dans les délais.

2. Le retrait des décisions non créatrices de droits

Le retrait des ***actes réglementaires***, des ***autorisations administratives***, des ***décisions implicites*** et des ***décisions individuelles non créatrices de droits*** obéit à des règles différentes selon qu'ils sont légaux ou illégaux et le cas échéant à des dispositions spécifiques. Ainsi, la délivrance d'un permis de construire modificatif, requalifié en nouveau permis, n'entre pas dans le champ de la jurisprudence ***Ternon***, dès lors qu'elle intervient sur demande du bénéficiaire qui entend modifier son projet[96]. Les autorisations d'urbanisme doivent être retirées dans les trois mois de leur édiction.

Un acte réglementaire illégal peut être retiré et remplacé rétroactivement si le délai de recours contentieux n'est pas expiré au moment où le retrait est édicté, ou si celui-ci a fait l'objet d'un recours gracieux ou contentieux formé dans ce délai[97].

Le retrait des actes administratifs individuels illégaux non créateurs de droits est possible sans condition de délai. Tel est le cas des décisions obtenues par fraude[98], des

---

91. CE, avis, 3 mai 2004, *Fort* : *Rec.* 194.
92. CE, 27 juill. 2005, *Gilles X.*, n° 270487.
93. CE, avis, 12 oct. 2006, *Mme Cavallo, épse Cronier* : *Rec.* 426 ; 26 janv. 2007, *SAS Kaefer Wanner* : *Rec.* 24.
94. CE, sect., 11 juin 1982, *Berjon* : *Rec.* 221.
95. CE, 3 nov. 1922 : *Rec.* 790.
96. CE, avis, 6 juill. 2005, *Mme Corcia* : *Rec.* 308.
97. CE, 19 mars 2010, *Synd. des compagnies aériennes autonomes* : *Rec.* 626.
98. CE, sect., 29 nov. 2002, *AP-Hôpitaux de Marseille* : *Rec.* 414.

actes résultant d'une pure erreur matérielle[99], des autorisations de police, des nominations à des emplois à la décision du gouvernement, des actes recognitifs ou déclaratifs.

Le retrait des actes administratifs individuels légaux n'est en principe pas possible.

Il n'existe pas de droits acquis au maintien des règlements[100]. On leur applique la jurisprudence ***Dame Cachet***. L'autorité administrative peut légalement rapporter un tel texte si le délai du recours contentieux n'est pas expiré au moment où elle édicte le retrait de l'acte illégal ou si celui-ci a fait l'objet d'un recours gracieux ou contentieux formé dans ce délai[101]. A été admis le retrait, sans conditions de délai, et même pour opportunité, d'un règlement n'ayant donné lieu à aucun commencement d'application[102].

Retrait des actes administratifs

<table>
<tr><th colspan="3">Actes créateurs de droits</th></tr>
<tr><td>Légaux : non (Ternon)</td><td colspan="2">Illégaux : oui</td></tr>
<tr><td>Sauf :
– dispositions législatives ou réglementaires contraires,
– ou à la demande du bénéficiaire, sous réserve de préserver les droits des tiers</td><td>Décisions individuelles explicites : oui
Dans les 4 mois de leur édiction (Ternon)</td><td>Décisions individuelles implicites
(L. 12 avr. 2000, art. 23 ; Mme Cavallo, épse Cronier)
a) valant acceptation : oui
– si recours contentieux : pendant la durée de l'instance,
– si publicité : dans le délai de recours,
– si ni recours, ni publicité : dans les 2 mois de leur édiction
b) valant rejet : oui
– dans le délai du recours contentieux,
– si recours :
• pendant la durée de l'instance,
• dans la limite des conclusions du requérant,
• et dans le respect des droits acquis</td></tr>
<tr><th colspan="3">Actes non créateurs de droits</th></tr>
<tr><td colspan="2">Légaux : non</td><td>Illégaux : oui</td></tr>
<tr><td colspan="2">Sauf : Règlements (Avesques) : dans les conditions de Dame Cachet et même pour opportunité</td><td>À tout moment</td></tr>
</table>

99. CE, 7 janv. 2013, *Dupe* : *Rec.* 390.
100. CE, ass., 1er juill. 1988, *Avesques* : *Rec.* 267 ; 6 oct. 2008, *Cie des architectes en chef des monuments historiques* : *RFDA* 2009, 132.
101. CE, 19 mars 2010, *Synd. des cies aériennes autonome et a.* : *Rec.* 625.
102. CE, ass., 21 oct. 1966, *Soc. Graciet* : *Rec.* 560 ; 4 déc. 2009, *Mme Lavergne* : *Rec.* 489.

CHAPITRE 8

Les contrats administratifs

L'administration utilise le procédé du contrat sous deux formes : des contrats identiques à ceux que passent les particuliers entre eux, définis et réglementés par le droit privé, et des contrats administratifs, soumis à des règles spécifiques. Parmi ceux-ci, les plus anciens et les plus importants sont prévus et réglementés par des textes, au moins pour partie. La jurisprudence a créé un corps de principes communs constituant la théorie des contrats administratifs. Deux grands principes directeurs dominent le droit des contrats : la liberté contractuelle et l'objectif de stabilité des relations contractuelles et l'exigence de loyauté[1].

Le Code des marchés publics (CMP) définit les marchés publics comme les « contrats conclus à titre onéreux, avec des personnes publiques ou privées, par les personnes morales de droit public, autres que les établissements publics industriels et commerciaux, pour répondre à leurs besoins en matière de travaux, fournitures ou services ». Certains marchés publics ne relèvent pas de ce code (achat d'œuvres d'art, contrats conclus avec des organisations internationales, etc.). On distingue marchés publics de travaux (ayant pour but la construction ou l'entretien d'un immeuble ou d'un ouvrage immobilier dans l'intérêt public), marchés de fournitures (acquisition de biens mobiliers), marchés publics de services (réalisation de services), marchés de transport, marchés publics d'assurance, contrats de mobiliers urbains[2].

Par le procédé de la ***délégation de service public***, une personne morale de droit public confie la gestion d'un service public dont elle a la responsabilité à un délégataire public ou privé, dont la rémunération est substantiellement liée aux résultats de l'exploitation du service, c'est-à-dire par les redevances versées par les usagers.

Le contrat de partenariat public-privé est un contrat global de longue durée par lequel la personne publique confie à des opérateurs économiques le financement, la conception, l'entretien et l'exploitation d'ouvrages ou d'équipements en s'abstenant d'en être maître d'ouvrage (prison, réseaux de télécommunication). L'on ne peut recourir à ce contrat que pour trois raisons : la complexité du projet, son urgence, le fait que le contrat présente un bilan entre ses avantages et ses inconvénients plus favorable que ceux d'autres contrats de la commande publique. La constitutionnalité de ces contrats dérogatoires a été admise[3]. La loi LOPSI a été étendue aux établissements hospitaliers et l'ordonnance du 17 juin 2004 relative aux contrats de partenariat institue des contrats

1. CE, ass., 28 déc. 2009, ***Cne Béziers*** : *Rec.* 509.
2. CE, ass., 2 nov. 2005, *Soc. J.-C. Decaux* : *Rec.* 476.
3. Cons. const., 2003-473 DC, 26 juin 2003, *Simplification du droit* : *Rec.* 382.

de longue durée comprenant une prestation globale allant de la conception et de la construction d'un immeuble jusqu'à sa maintenance, englobant le montage juridique et financier des opérations.

1 • LES CRITÈRES DU CONTRAT ADMINISTRATIF

Dépendent de la qualification du contrat son régime, les droits et obligations des parties, et la compétence juridictionnelle pour en connaître. Si une loi ne qualifie pas le contrat, on applique les critères jurisprudentiels[4], qui s'appliquent notamment aux contrats de recrutement d'agents conclus entre des personnes publiques et privées françaises en France[5].

A - La qualification législative

Certains contrats sont administratifs par détermination de la loi : marchés de travaux publics (L. 28 pluviôse an VIII), contrats comportant occupation du domaine public (art. L. 3331-1, CGPPP), même passés entre deux personnes privées[6], ventes d'immeubles de l'État (art. L. 3331-1, CGPPP), conventions entre certains organismes de sécurité sociale et syndicats de médecins (L. 20 juillet 1975) contrats de partenariat (Ord. 17 juin 2004 et art. L. 1414-1, CGCT), contrats soumis au CMP (art. 2 L. 11 déc. 2001 « MURCEF »)[7]. Un contrat qui entre dans le champ d'application des articles 1er et 2 du Code des marchés publics a le caractère d'un contrat administratif, même s'il a été conclu sans qu'aucune des procédures prévues par ce code ne soit mise en œuvre[8]. À l'inverse, certains contrats sont de droit privé par détermination de la loi (contrats *emploi-consolidé* ou *emplois-jeunes*).

B - Les critères jurisprudentiels

La jurisprudence s'attache à trois éléments : les parties, l'objet et les clauses du contrat. Un contrat ne peut être administratif que si l'une des parties au moins est une personne morale de droit public. Il doit de plus répondre à un second critère, alternatif[9] : avoir pour objet l'exécution même du service public ou contenir au moins une clause exorbitante du droit commun.

---

4. Sur la méthode du juge, voir : T. confl., 13 oct. 2014, ***Soc. AXA France IARD*** : Rec. 471.
5. CE, 25 juill. 2008, *Institut européen d'archélogie sous-marine : Rec.* 802 ; 14 avr. 2010, *Vanderhove*, n° 300353.
6. T. confl., 23 févr. 1981, *Soc. Socamex* : *Rec.* 501 ; 15 mars 1999, *Schmitt* : *Rec.* 443.
7. CE, avis, 29 juill. 2002, *Soc. MAJ Blanchisseries de Pantin* : *Rec.* 297.
8. T. confl., 18 févr. 2013, *Soc. Locam c/Agent judiciaire du Trésor* : *Rec.* 810.
9. T. confl., 7 juill. 1980, ***Soc. d'exploitation touristique de la Haute-Maurienne*** : *Rec.* 509 ; 21 mars 1983, ***UAP*** : *Rec.* 537.

1) Les parties au contrat

La nature juridique d'un contrat s'apprécie à la date de sa signature et ne change pas avec le statut des parties[10]. ***Un contrat conclu entre deux personnes publiques revêt en principe un caractère administratif***[11], sauf dans les cas où, eu égard à son objet, il ne fait naître entre les parties que des rapports de droit privé (contrats d'abonnement à l'électricité ou au gaz passés par des collectivités publiques, de droit privé, ces collectivités agissant comme de simples usagers d'un service public industriel et commercial, ou entre l'État et l'UGAP)[12].

À l'opposé, toujours ***en principe, un contrat conclu entre deux personnes privées*** est un contrat de droit privé.

Le principe souffre exception dans deux cas. Sont d'abord administratifs les contrats conclus entre personnes privées qui constituent l'accessoire d'un contrat de droit public[13].

Peuvent ensuite être administratifs les contrats passés entre des personnes privées, lorsque l'une d'elles agit pour le compte d'une personne publique en vertu d'un mandat explicite, ce qui ne constitue pas une véritable exception[14] ou implicite, en vertu de la jurisprudence SERM-Commune d'Agde[15], qui ne s'applique que lorsque les ouvrages réalisés par la société concessionnaire sont immédiatement remis dès leur achèvement à la personne publique concédante[16]. Cette jurisprudence a permis de qualifier également d'administratifs des contrats portant sur la construction et l'exploitation d'une centrale nucléaire, sur l'attribution de prêts à des rapatriés de Tunisie ou sur la mission d'inspection et de filtrage des passagers, des personnels et des bagages dans les aéroports[17].

Le Tribunal des conflits a en effet abandonné le 9 mars 2015 la jurisprudence *Entreprise Peyrot*[18] et décidé qu'une société concessionnaire d'autoroute qui conclut avec une autre personne privée un contrat ayant pour objet la construction, l'exploitation ou l'entretien d'une autoroute ne peut, en l'absence de conditions particulières, être regardée comme ayant agi pour le compte de l'État. Le contrat est donc de droit privé.

Pour être administratifs, ces contrats doivent en outre satisfaire au critère alternatif.

---

10. T. confl., 16 oct. 2006, *Caisse centrale de réassurance c/Mutuelle des architectes frçs* : *Rec.* 640 : établissement public devenu société anonyme, ayant contracté avec une mutuelle.
11. CE, 11 mai 1990, *Bureau d'aide soc. de Blenod les Pont-à-Mousson* : *Rec.* 123.
12. Cass. civ. 1re, 16 mars 1999, *Chbre comm. et ind. de Valence et de la Drôme* : *Dr. adm.* 2000, 6 ; CE, 3 nov. 2003, ***UGAP*** : *Rec.* 430.
13. T. confl., 8 juill. 2013, *Soc. d'exploitation des énergies photovoltaïques c/EDF et ERDF* : Rec. 371.
14. CE, sect., 18 déc. 1936, *Prade : Rec.* 1124.
15. CE, sect., 4 nov. 1996, ***Soc. d'équipement rég. montpelliéraine*** : *Rec.* 326 ; T. confl., 7 juill. 1975, ***Cne Agde*** : *Rec.* 798 ; 21 mars 2007, *Cne Boulogne-Billancourt* : *Rec.* 130.
16. CE, 11 mars 2011, *Cté d'agglo. du Grand Toulouse, SEM de Colomiers* : *Rec.* 843 ; T. confl., 9 juill. 2012, *Cie gén. des eaux c/Min. écologie et dév. durable* : *Rec.* 653.
17. T. confl., 10 mai 1993, *Soc. Wanner Isofi Isolation et Soc. Nersa* : *Rec.* 399 ; CE, 18 juin 1976, *Dme Culard* : *Rec.* 319 ; 3 juin 2009, *Soc. Aéroports de Paris* : *Rec.* 216.
18. T. confl., 8 juill. 1963, *Soc. Entreprise Peyrot* : *Rec.* 787 ; 9 mars 2015, ***Mme Rispal et Soc. des Autoroutes du Sud de la France***, n° 3984 et CE, 17 juin 2015, *Soc. des autoroutes Paris-Rhin-Rhône*, n° 383202.

2) Le critère alternatif

Un contrat conclu entre une personne publique et une personne privée peut être administratif. Encore faut-il qu'il participe de la gestion publique, ce qui résulte soit de ses clauses, soit de son objet, soit encore de son régime juridique[19]. Ainsi, sont des contrats administratifs les conventions par lesquelles une caisse régionale d'assurance-maladie, exerçant pour le compte de la caisse nationale d'assurance vieillesse des travailleurs salariés l'action sanitaire et sociale en faveur des personnes âgées qui entre dans la mission de cet établissement public, consent des aides financières à un centre hospitalier, lui-même établissement public, aux fins de réaliser et d'équiper une structure d'accueil de personnes âgées dépendantes, car elles ont pour objet l'accomplissement du service public d'aide à l'hébergement des personnes âgées[20]. Les contrats relatifs au domaine privé sont administratifs lorsqu'ils comportent des clauses exorbitantes du droit commun[21].

Il faut rappeler que la loi MURCEF confère un caractère administratif aux contrats obligatoirement soumis au Code des marchés publics ou passés en exécution de ce code[22].

a) Les clauses exorbitantes du droit commun

La clause exorbitante est un critère de qualification du contrat administratif depuis l'arrêt ***Société des granits porphyroïdes des Vosges***[23].

Revirant la jurisprudence et retenant une approche finaliste, objective, le Tribunal des conflits a décidé, par l'arrêt ***Société AXA France IARD c/MAIF*** du 13 octobre 2014[24], qu'une clause exorbitante est celle qui, notamment par les prérogatives reconnues à la personne publique contractante dans l'exécution du contrat, implique, dans l'intérêt général, qu'il relève du régime exorbitant des contrats administratifs.

L'arrêt fait référence au régime exorbitant, c'est-à-dire aux règles générales applicables aux contrats administratifs, autrement dit à des prérogatives telles que les pouvoirs de modification ou de résiliation unilatérales ou à des sujétions telles que les théories de l'imprévision ou du fait du prince, qui sont propres aux contrats administratifs.

Le juge doit tirer les conséquences du contenu du contrat tel que les parties l'ont défini et non pas interpréter leur commune intention.

La clause exorbitante est soit celle qui est inenvisageable dans un contrat de droit privé, parce qu'elle manifeste l'exercice de prérogatives de puissance publique (clauses consentant une exonération fiscale ou prévoyant le recouvrement de créances contractuelles uniquement par un état exécutoire), soit celle qui est inusuelle dans les contrats privés (illicites dans un tel contrat car elle confère à l'administration un pouvoir de contrôle poussé dans l'activité du cocontractant, met à sa charge des obligations particulières, détermine de manière permanente son comportement ou permet la

---

19. T. confl., 20 janv. 1986, *Coop. agric. de l'Arne* : *Rec.* 446.
20. T. confl., 20 févr. 2008, *CRAM du Sud-Est c/CH Menton* : *Rec.* 803.
21. T. confl., 17 nov. 1975, *Leclerct* : *Rec.* 800 ; CE, 19 nov. 2010, *ONF c/Girard-Mille* : *Rec.* 448.
22. CE, 3 juin 2009, *OPAC Rhône* : *Rec.* 667.
23. CE, 31 juill. 1912 : *Rec.* 909.
24. *Rec.* 471.

résiliation unilatérale du contrat en dehors de tout manquement aux obligations contractuelles)[25].

Cependant, le contrat entre une personne publique gérant un service public industriel et commercial et l'usager est toujours de droit privé, même s'il contient une clause exorbitante du droit privé.

b) L'objet du contrat : l'exécution même d'un service public

Le rapprochement des arrêts ***Époux Bertin, ministre de l'Agriculture c/consorts Grimouard*** et ***Société des transports Gondrand frères***[26] fait apparaître une distinction entre les contrats relatifs à ***l'exécution même d'un service public***, administratifs par leur objet et ceux conclus ***pour les besoins des services publics***, qui ne le sont que s'ils contiennent des clauses exorbitantes[27].

Sont administratifs les conventions ayant « pour objet l'exécution même du service public de formation continue assurée par l'Université » et celle du « service public du logement des étudiants »[28] et, en raison de leur objet les contrats de délégation de service public, au nombre desquels figurent les concessions de service public, dont l'objet consiste à confier au cocontractant de l'administration la charge d'assurer l'exécution d'un service public, administratif ou industriel et commercial, en tout ou en partie[29].

Certains contrats passés avec les usagers permettent d'assurer les prestations du service public administratif. Ils constituent une modalité d'exécution du service : l'administration contracte avec des particuliers au lieu de prendre par voie unilatérale des décisions s'imposant à eux ; d'autres sont un moyen pour l'administration d'exercer ses missions de service public, notamment dans le domaine de l'interventionnisme économique[30].

Les ***contrats d'engagement de personnels*** par les services publics administratifs sont administratifs parce qu'ils ont pour objet de pourvoir aux besoins en personnels, quel que soit leur emploi, de ces services[31], sauf si une loi attributive de compétence juridictionnelle fait obstacle à la mise en œuvre de ce principe[32].

c) Le régime exorbitant

Il existe des contrats administratifs en raison de leur régime juridique. En règle générale, le régime juridique est la conséquence de la qualification du contrat. Pourtant,

---

25. T. confl., 2 juill. 1962, *Cts Cazautet* : *Rec.* 823 ; 27 juill. 1950, *Peulabœuf* : *Rec.* 668 ; *Soc. d'exploitation de la Haute-Maurienne, préc.* ; 29 juin 2012, *Soc. Pro2C*, n° 357976 ; CE, 19 nov. 2010, *ONF*, n° 331837 ; T. confl., 22 juin 1998, *Agent jud. du Trésor c/Miglierina*, n° 3003 ; 13 juin 1995, *Stanesco* : *Rec.* 620 ; 5 juill. 1999, ***UGAP*** : *Rec.* 465.
26. CE, sect., 20 avr. 1956 : *Rec.* 167 ; id. : *Rec.* 168 ; sect., 11 mai 1956 : *Rec.* 202 ; sect., 26 juin 1974, ***Soc. La Maison des Isolants France*** : *Rec.* 365.
27. CE, 8 juin 1994, *Soc. Codiam* : *Rec.* 294 ; T. confl., 15 nov. 2004, *SA Loxxia bail Slibail c/Lycée rég. Hélène Boucher* : *AJDA* 2004, 285.
28. T. confl., 18 déc. 2000, *Préf. Essonne c/TGI d'Évry* : *Rec.* 779 et CE, 8 oct. 2010, *Soc. d'HLM Un toit pour tous* : *Rec.* 843.
29. *Épx Bertin* : *préc.* ; 4 mars 1910, *Thérond* : *Rec.* 193.
30. *Cts Gimouard* : *préc.* ; T. confl., 22 avr. 1985, *Coujard de Laplanche* : *RDP* 1985, 1697 ; CE, sect., 18 juin 1976, *D[me] Culard* : *Rec.* 319 ; *Soc. La Maison Isolants-France*, préc.
31. T. confl., 25 mars 1996, ***Berkani*** : *Rec.* 535.
32. T. confl., 23 nov. 2009, *Mlle Tourdot c/Université de Valenciennes et du Hainaut-Cambrésis* : *Rec.* 668.

certains contrats sont sans contestation possible administratifs, leur régime juridique est prédéterminé. Tel est le cas des contrats par lesquels EDF achète leur électricité aux producteurs autonomes, la loi du 12 juillet 2010 (art. 88) soumettant à nouveau ces contrats à un ***régime exorbitant du droit commun***[33] et des contrats passés par le Centre national d'études spatiales pour se ravitailler en pain en Guyane[34].

2 • LE RÉGIME JURIDIQUE DU CONTRAT ADMINISTRATIF

Le régime juridique du contrat administratif résulte des textes et de la jurisprudence. Il possède certains traits communs avec le droit privé (ex. conditions de validité du contrat). La jurisprudence constitue la source essentielle des règles relatives à l'exécution des contrats, qui traduisent la position de supériorité de l'administration.

A - Formation du contrat

La liberté contractuelle est un principe général du droit. L'administration ne peut lui porter atteinte que si la loi l'y autorise, au moins pour les contrats de droit privé. S'agissant d'un marché public, les dispositions législatives qui dérogent au principe de liberté contractuelle sont d'interprétation stricte[35]. Pour le Conseil constitutionnel, la liberté contractuelle découle de l'article 4 de la DDHC[36]. Des règles limitent cette liberté, afin d'assurer un égal traitement des contractants de l'administration. Le principe de liberté contractuelle ne saurait être invoqué pour contester des mesures de police[37].

Le juge peut annuler un acte détachable du contrat, notamment un acte pris au cours de la passation du contrat.

1) Compétence et formes

La capacité de contracter est liée à la personnalité morale. Les textes déterminent l'autorité compétente pour engager chaque personne morale (pour l'État, ministre et préfet à l'échelon déconcentré, pour les collectivités territoriales, autorisation de l'assemblée délibérante, signature par l'exécutif, après transmission au préfet)[38]. L'État s'engage pour les services non personnalisés.

---

33. La solution du CE, sect., 19 janv. 1973, *Soc. d'exploitation électrique de la rivière du Sant : Rec.* 48, ayant été abandonnée du fait de la transformation d'EDF en société : *Soc. Bionerg : préc.* et T. confl., 13 déc. 2010, *Soc. Green Yellow et a. c/EDF : Rec.* 592 mais rétablie par le législateur.
34. Respect. : *Soc. d'exploitation électrique de la rivière du Sant* : préc., la transformation d'EDF en SA par la loi du 9 août 2004 avait retiré toute qualification administrative à ces contrats : Cass. 1re civ., 14 nov. 2007, *Soc. hydraulique du Gard c/EDF* : *Contrats, conc. consom.* 2008, 63 et T. confl., 24 avr. 1978, *Soc. boulangerie de Kourou* : *Rec.* 645.
35. CE, sect., 28 janv. 1998, *Soc. Borg Warner* : *Rec.* 20.
36. Cons. const., 2000-437 DC, 19 déc. 2000, *Financement de la sécurité sociale pour 2001* : *Rec.* 190 ; 2006-543 DC, 30 nov. 2006, *Secteur de l'énergie* : *Rec.* 120.
37. CE, 11 févr. 2011, *Assoc. des riverains de France* : *AJDA* 2011, 307.
38. CE, avis, 10 juin 1996, *Préf. Côte-d'Or* : *Rec.* 198.

Un contrat verbal est valable[39], mais le contrat administratif prend en général la forme d'un écrit, qui est parfois obligatoire, ainsi pour les conventions d'occupation du domaine public[40]. Les marchés et accords-cadres excédant un certain montant doivent être écrits, de même que les contrats de louage de service.

2) Choix du cocontractant

Le choix du cocontractant n'est libre que dans les contrats où l'*intuitus personae* joue un rôle essentiel, comme la concession de service public[41]. La théorie civiliste des vices du consentement s'applique aux contrats administratifs[42].

Le droit communautaire tend à assurer le respect des principes de non-discrimination et de libre circulation. La passation des marchés et des délégations de service public obéit à des règles plus strictes que celles des autres contrats. De façon générale, la passation des contrats administratifs est soumise à publicité préalable et à une véritable mise en concurrence, afin de ne pas exclure *a priori* les ressortissants des autres États membres de l'Union européenne. Diverses lois ont transposé les directives communautaires en la matière, mais l'arrêt *Telaustria*[43] précise que, pour respecter l'obligation de transparence, ce sont les exigences communautaires qui doivent être transposées, même en l'absence de directive. Il peut être fait exception à cette règle en cas de prestations intégrées (*in house*). Une réglementation nationale peut permettre à une collectivité publique d'attribuer un service public directement à une société dont elle détient entièrement le capital, à condition que la collectivité publique exerce sur cette société un contrôle analogue à celui qu'elle exerce sur ses propres services et que cette dernière réalise l'essentiel de son activité avec la collectivité qui la détient[44].

3) Modes de passation

a) Marchés publics

Le Code des marchés publics organise les modes de passation des marchés, qui doivent respecter les principes de libre accès à la commande publique, d'égalité de traitement des candidats et de transparence des procédures. Sont soumis à ses dispositions l'État et ses établissements publics autres qu'industriels et commerciaux, les collectivités territoriales et les établissements publics locaux.

Le mode de passation normal des marchés est ***l'appel d'offres***, procédure par laquelle la personne publique choisit l'offre économiquement la plus avantageuse, sans négociations, sur la base de critères objectifs préalablement portés à la connaissance des candidats. Il est dit ***ouvert*** lorsque tout candidat peut remettre une offre, ***restreint*** lorsque ne peuvent remettre une offre que les candidats y ayant été autorisés après sélection. Les critères de choix des offres sont définis dans l'avis d'appel public à la

---

39. *Épx Bertin : préc.*
40. CE, sect., 19 juin 2015, ***SIPB***, n° 369558.
41. CE, ass., 14 févr. 1975, *Épx Merlin* : *Rec.* 110 ; ass., 16 avr. 1986, ***Cie luxembourgeoise de télédiffusion*** : *Rec.* 96.
42. T. confl., 23 mai 2005, *Dpt Savoie, SPTV c/Soc. Apalatys* : *Rec.* 658 ; CE, 19 déc. 2007, *Soc. Campenon-Bernard et a.* : *Rec.* 507.
43. CJCE, 7 déc. 2000 : *AJDA* 2001, 106.
44. CJCE, 6 avr. 2006, *ANAV c/Cne di Bari, aff. C-410/04* : *AJDA* 2006, 790.

concurrence ou dans le règlement de la consultation. Ils sont pondérés ou, à défaut, hiérarchisés[45]. Ce mécanisme est obligatoire pour les marchés excédant certains seuils.

D'autres procédures laissent davantage de liberté à l'administration : ***la procédure négociée***, par laquelle la personne publique choisit le titulaire du marché après consultation des candidats et négociation avec un ou plusieurs d'entre eux, publicité et la mise en concurrence sont facultatives, la ***procédure de dialogue compétitif*** : la personne publique établit un programme fonctionnel, prévoyant les résultats à atteindre ou les besoins à satisfaire, puis dialogue directement, en respectant le principe d'égalité[46], avec les candidats et choisit le titulaire du marché (aucune offre ne peut être écartée sans avoir fait l'objet d'un examen particulier), la ***procédure de concours***, ouverte ou fermée, permet de choisir un plan ou un projet, après avis d'un jury, la ***procédure du système d'acquisition dynamique*** : le pouvoir adjudicateur attribue, après mise en concurrence, un ou plusieurs marchés à un opérateur préalablement sélectionné sur la base d'une offre indicative (le marché, dont le montant estimé est inférieur à certains seuils, est passé après publicité et mise en concurrence, selon des modalités déterminées en fonction de l'objet du marché et de ses caractéristiques. Cette procédure, entièrement électronique, concerne des fournitures courantes), la ***procédure sans formalités préalables*** est réservée aux marchés dont le montant est inférieur à l'un certains seuils. Des dispositions spécifiques s'appliquent à certains marchés (marchés fractionnés, marchés de définition, de maîtrise d'œuvre ou d'opérateurs de réseaux...).

L'administration est libre de contracter avec le candidat de son choix, à condition de traiter également tous les candidats. Sa responsabilité peut être engagée à l'égard des candidats écartés illégalement et qui avaient une chance sérieuse de remporter le marché dans des conditions normales[47].

L'irrespect des procédures est une cause de nullité du contrat. Le moyen tiré de cette inobservation est d'ordre public[48].

Le candidat est lié dès que son offre est retenue et engage sa responsabilité s'il entend se libérer ; en revanche, l'acceptation de l'offre par l'administration ne crée aucun droit à la conclusion du marché. Cependant, elle peut s'exposer à devoir des dommages et intérêts au candidat dont l'offre a été écartée[49].

Le choix effectué, l'acheteur public doit informer les candidats du rejet de leur offre ou de sa décision de renoncer au marché, dix jours devant s'écouler entre cette information et la conclusion du marché. Un avis d'attribution du marché doit être publié.

b) Délégation de service public

La délégation de service public doit en principe être attribuée par voie contractuelle. Il n'est possible d'échapper aux règles relatives à la délégation que lorsque, eu égard à la nature de l'activité en cause et aux conditions particulières dans lesquelles il l'exerce, le tiers auquel elles s'adressent ne saurait être regardé comme un opérateur sur un marché

---

45. CE, 29 juin 2005, *Cne La Seyne-sur-Mer* : *Rec.* 965.
46. CE, 13 mai 1987, ***Soc. Wanner Isofi Isolation*** : *Rec.* 171.
47. *Soc. Wanner Isofi Isolation* : *préc.* ; 23 mars 1994, *Synd. intercnal du golf de Cognac* : *Rec.* 158.
48. CE, 10 oct. 1984, *Cie gén. de construction téléphonique* : *Rec.* 322.
49. CE, 15 janv. 1986, *Soc. l'habitat moderne* : *Dr. adm.* 1986, 97.

concurrentiel[50]. Les délégations de service public doivent faire l'objet d'une mise en concurrence et d'une publicité préalable, le cas échéant au niveau communautaire. La publicité doit être adéquate, c'est-à-dire « insusceptible d'échapper à l'attention des opérateurs raisonnablement vigilants pouvant être intéressés... y compris ceux implantés sur le territoire d'un autre État membre [de l'Union européenne] »[51]. Puis, la personne publique établit la liste des candidats admis à présenter des offres et enfin adresse à chacun d'eux un document précisant le service à assurer. Elle doit apporter aux candidats « avant le dépôt de leurs offres, une information sur les critères de sélection des offres »[52]. La personne publique « n'est pas tenue d'informer les candidats des modalités de mise en œuvre de ces critères »[53]. Dans le cas des collectivités territoriales, l'assemblée délibérante se prononce sur le principe de la délégation, puis une commission de délégation de service public dresse la liste des candidats admis à présenter une offre, en fonction des garanties qu'ils offrent pour assurer le service public. L'autorité responsable négocie librement les offres et choisit le délégataire.

La durée des délégations de service public doit être déterminée par la collectivité en fonction des prestations demandées au délégataire. Cette durée doit figurer dans la convention, à peine de nullité de celle-ci. Dans les secteurs de l'eau, de l'assainissement et des déchets, cette durée ne peut excéder vingt ans. Les possibilités de prolongation des contrats de délégation de service public sont strictement encadrées[54].

Un contrat relatif à une régie intéressée est une délégation de service public, et non un marché, dans la mesure où 30 % des recettes du cocontractant sont liés aux résultats de l'exploitation, l'autre part des recettes consistant en un prix payé par le syndicat mixte contractant[55]. Le critère de la délégation de service public tient en effet au fait que la rémunération du cocontractant doit être substantiellement assurée par les résultats de l'exploitation (***Préfet des Bouches-du-Rhône c/Commune de Lambesc***[56] ; L. 11 déc. 2001). La rémunération d'un cocontractant doit être regardée comme substantiellement liée aux résultats de l'exploitation dès lors qu'une part significative du risque d'exploitation demeure à la charge de ce cocontractant[57].

c) Le respect du droit de la concurrence

Le libre choix du contractant est limité par les exigences du droit de la concurrence. Les clauses du contrat ne peuvent avoir pour effet de placer l'entreprise dans une situation telle qu'elle contreviendrait aux prescriptions de l'article 8 de l'ordonnance du 1er décembre 1986, relatif aux abus de position dominante[58].

Cette ordonnance n'a pas pour effet de soumettre au contrôle du Conseil (devenu l'Autorité) de la concurrence et de la Cour d'appel de Paris les actes de passation des marchés publics, qui sont des actes administratifs et non des activités de production, de

50. CE, 6 avr. 2007, *Cne Aix-en-Provence* : *Rec.* 155.
51. CE, 1er avr. 2009, *Cté urbaine Bordeaux c/Soc. Kéolis* : *Rec.* 109.
52. *Ét. publ. du musée et du domaine nat. Versailles* : *préc.*
53. *Idem.*
54. CE, 29 déc. 2004, *Soccram* : *AJDA* 2004, 607.
55. CE, 30 juin 1999, *Synd. mixte de traitement des ordures ménagères Centre-Ouest seine-et-marnais (SMITOM)* : *AJDA* 1999, 714.
56. CE, 15 avr. 1996 : *RFDA* 1996, 715.
57. CE, 7 nov. 2008, *Dpt Vendée* : *Rec.* 805.
58. CE, sect., 3 nov. 1997, ***Soc. Million et Marais*** : *Rec.* 406.

distribution et de services[59]. Le principe de séparation des autorités administrative et judiciaire s'oppose à ce que la juridiction judiciaire connaisse des litiges que peuvent provoquer ces actes[60].

L'arrêt ***CAMIF***[61] rappelle les exigences de l'égal accès aux marchés publics et le principe de libre concurrence découlant tant de l'ordonnance de 1986 que des stipulations du traité ayant institué la Communauté européenne. Le Conseil d'État a annulé l'arrêté établissant les tarifs de vente des fichiers de l'INSEE, qui mettait celui-ci en situation d'abuser de sa position dominante[62]. Une entreprise illégalement évincée de l'accès à un contrat public peut être indemnisée de la perte de chance de contracter[63].

Les actes de passation des marchés publics sont des actes administratifs et non des activités de production, de distribution et de services au sens de l'ordonnance du 1er décembre 1986[64]. Est illégal un acte administratif constituant par lui-même une entente ou un abus de position dominante[65].

4) Contenu du contrat

L'administration fixe unilatéralement les clauses du contrat. Le particulier ne peut qu'accepter ou refuser les conditions que lui propose l'administration, contenues dans le cahier des charges annexé au contrat ; il ne manifeste son initiative que dans l'élaboration du prix. Des cahiers des charges types établis par l'administration déterminent les conditions d'exécution des marchés.

a) Les clauses du contrat

Certaines clauses sont ***obligatoires***. L'objet et la durée du contrat doivent être précisés. La rémunération doit être fixée avec précision.

Les textes, notamment dans le cas des marchés publics et des délégations de service public, prévoient d'autres clauses obligatoires. Certaines clauses sont à l'inverse interdites[66]. Est nulle une clause par laquelle l'administration renonce à son pouvoir de résiliation unilatérale[67].

Les principes qui régissent l'action des personnes publiques et des personnes chargées d'une mission de service public s'opposent à ce qu'une autorité investie d'un pouvoir réglementaire s'engage par contrat à faire usage dans un sens déterminé du pouvoir réglementaire qui lui a été conféré. Un contrat conclu en méconnaissance de ces principes a un objet illicite[68].

---

59. T. confl., 6 juin 1989, ***V. Pamiers*** : *Rec.* 293.
60. T. confl., 4 nov. 1996, *Soc. Datasport c/Ligue nat. de football* : *Rec.* 552 ; Cass. com., 12 déc. 1995, *Direction de la météorologie nat. c/Soc. du Journal téléphoné* : *Bull. civ.* IV, 301.
61. CE, 27 juill. 2001 : *Rec.* 402.
62. CE, 29 juill. 2002, *Soc. Cegedim* : *Rec.* 280.
63. CE, 27 janv. 2006, *Cne. Amiens* : *Dr. adm.* 2006, 57.
64. T. confl., *V. Pamiers : préc.*
65. CE, sect., 30 avr. 2003, *Synd. prof. des exploitants indépendants des réseaux d'eau et d'assainissement* : *Rec.* 189 ; v. aussi concl. Stahl sur CE, sect., 26 mars 1999, *Soc. Hertz, Soc. EDA* : *Rec.* 96.
66. *V. Pamiers* : *préc.*
67. CE, sect., 6 mai 1985, *Assoc. Eurolat* : *Rec.* 141.
68. CE, 9 juill. 2015, *Football Club des Girondins de Bordeaux*, n° 375542.

Le juge administratif prend de plus en plus en compte les exigences du droit de la concurrence dans le contrôle qu'il exerce sur les décisions des collectivités publiques de choisir leur cocontractant. Un contrat ne peut contenir de clauses abusives au sens du Code de la consommation[69].

b) Les documents contractuels

Le Code des marchés publics définit les pièces constitutives des marchés publics. Les ***cahiers des clauses administratives générales*** fixent les dispositions administratives applicables par catégories de marchés. Les ***cahiers des clauses techniques générales*** fixent les dispositions techniques applicables à toutes les prestations d'une même nature. Les ***cahiers des clauses administratives*** et les ***cahiers des clauses administratives particulières*** sont des documents particuliers qui ne régissent que les marchés s'y référant expressément[70].

Dans le cas des délégations de service public, une convention et un cahier des charges sont élaborés.

Les ***clauses réglementaires***, relatives à l'organisation et au fonctionnement du service public, concernent les parties et les usagers. Elles portent notamment sur les conditions d'accès au service, le statut des usagers, les tarifs, les modalités d'exécution du service, voire les prérogatives de puissance publique conférées au délégataire.

Les autres clauses constituent le noyau dur de la concession, relatives aux rapports financiers entre les parties (durée et avantages pécuniaires).

B - L'exécution des contrats administratifs

Les prérogatives de l'administration vis-à-vis de son cocontractant ne connaissent pas d'équivalent dans les contrats de droit privé. Elles ne se manifestent lors de l'exécution normale du contrat qu'à titre de sanctions de l'inexécution ou de la mauvaise exécution du contrat. Ces prérogatives comportent des limites sur le plan financier, le cocontractant devant, quoi qu'il arrive, être assuré d'une rémunération conforme aux prévisions contractuelles initiales.

Le cocontractant doit exécuter le contrat personnellement. Ce principe s'accommode de la sous-traitance de certaines parties de marchés de travaux et de services.

1) Les prérogatives de l'administration

L'administration les détient en tout état de cause et ne peut y renoncer.

a) En cas d'exécution normale du contrat

L'administration a le droit d'exiger de son cocontractant qu'il remplisse ses obligations telles que prévues au contrat. ***Seule la force majeure permet au cocontractant de se dégager de ses obligations*** : si elle fait disparaître l'objet même du contrat, ce

69. CE, *Soc. Million et Marais* : *préc.* ; sect., 11 juill. 2001, *Soc. des Eaux du Nord* : *Rec.* 348.
70. CE, 14 déc. 1988, *Assistance publ. Marseille* : *Rec.* 900.

dernier est résilié de plein droit ; dans les autres cas, le cocontractant peut s'en prévaloir pour demander au juge la résiliation du contrat.

En règle générale, le contrat réserve à l'administration le pouvoir de diriger et de contrôler les opérations d'exécution, d'exiger tout renseignement nécessaire pour lui permettre des vérifications.

L'administration peut imposer, dans l'intérêt général, des modalités d'exécution non précisées au contrat et modifier unilatéralement les obligations de son cocontractant[71]. C'est le ***principe de mutabilité***. La règle, posée pour les concessions de service public, est de portée générale[72]. Mais, fondée sur la nécessité d'adapter le service à une situation nouvelle, son application ne se justifie que par ce motif et ne peut consister en une réduction des avantages financiers accordés au cocontractant, qui est en droit d'obtenir une contrepartie financière à ses nouvelles obligations[73] et, au-delà d'un certain volume de modification, de demander au juge de prononcer la résiliation du contrat. Les modifications unilatérales ne sauraient excéder certaines limites, ni changer l'objet du contrat, ni en bouleverser l'économie. Le cocontractant a un droit à indemnité[74].

À l'extrême, l'administration peut ***à tout moment résilier le contrat dans l'intérêt du service***. Ce pouvoir peut être exercé par voie réglementaire et couvrir un ensemble de contrats ou à l'égard d'un seul contrat[75]. Le juge ne peut annuler ces mesures, qui n'ouvrent ***droit qu'à des dommages et intérêts*** si elles sont injustifiées[76].

Ces règles connaissent des dérogations pour les contrats dont le titulaire a dû réaliser d'importants investissements, qu'il doit avoir la garantie de pouvoir amortir avant l'arrivée du terme du contrat. Seule est alors possible l'annulation des décisions mettant fin aux relations contractuelles[77].

b) En cas de faute dans l'exécution du contrat

Si l'administration commet une faute, quelle qu'elle soit, le cocontractant reste tenu d'exécuter. Il peut seulement saisir le juge d'une demande à fins d'indemnité, ou de résiliation du contrat en cas de faute très grave. ***Si le particulier est en faute*** (retards, fraudes, négligences, malfaçons), ***l'administration dispose d'une gamme de sanctions*** orientées vers la réparation du dommage et tendant à assurer l'exécution effective du contrat, afin de satisfaire l'intérêt public. ***Ces sanctions existent de plein droit***. Toujours en droit de prononcer les sanctions adaptées au manquement, l'administration les décide unilatéralement, sans que la faute doive être préalablement constatée par le juge, après mise en demeure au contractant de respecter ses obligations.

---

71. CE, ass., 8 avr. 2009, *Cie gén. des eaux et Cne Olivet* : *Rec.* 116.
72. CE, 10 janv. 1902, ***Cie nvelle du gaz de Deville-lès-Rouen*** : *Rec.* 5 ; 2 févr. 1983, ***Union des transports publ. urbains*** : *Rec.* 33.
73. CE, 21 déc. 2007, *Rég. Limousin* : *Rec.* 534.
74. *Idem.*
75. CE, sect., 15 juill. 1959, *Soc. des alcools du Vexin* : *Rec.* 451 ; 3 juill. 1925, *de Mestral* : *Rec.* 639 ; *Rég. Limousin et a.* : *préc.*
76. CE, ass., 2 mai 1958, ***Distillerie de Magnac-Laval*** : *Rec.* 246 ; ass., 2 févr. 1987, ***Soc. TV 6*** : *Rec.* 28 ; sect., 24 nov. 1972, *Soc. des ateliers de nettoyage de Fontainebleau* : *Rec.* 753.
77. CE, 20 janv. 1905, *Cie dptale des eaux* : *Rec.* 57 ; sect., 13 juill. 1968, *Éts Serfati* : *Rec.* 1 ; sect., 26 nov. 1971, *Soc. fertilisants humiques* : *Rec.* 723 ; sect., 9 déc. 1983, *Soc. d'étude, de participation et de développement* : *RFDA* 1984, 39.

Elle ne peut renoncer à l'exercice de cette prérogative, ni saisir le juge afin de faire condamner son cocontractant défaillant. Seule la déchéance du concessionnaire de service public ne peut être prononcée que par le juge, en raison de sa gravité. Le cocontractant peut saisir le juge pour lui demander une indemnité compensatrice, accordée si la sanction est injustifiée. Mais le juge n'a pas le pouvoir d'annuler la sanction[78].

c) Les principales sanctions

Il existe trois sortes de sanctions. Les premières, ***pécuniaires***, stipulées au contrat, jouent dès que se produit le manquement prévu. Elles sont prononcées par jour de retard[79], ou calculées après coup en fonction du dommage subi. Les deuxièmes ***visent à assurer l'exécution du contrat*** en dépit de la défaillance du cocontractant, auquel l'administration se substitue ou substitue un tiers, au moins provisoirement, pour l'exécution aux frais et risques du cocontractant. Les troisièmes ***mettent fin au contrat*** sans indemnisation (résiliation aux torts des marchés et résiliation de la concession)[80].

2) L'association entre l'administration et son cocontractant

Afin de permettre la réalisation de l'objet du contrat, dans l'intérêt général, le cocontractant reçoit de l'administration certaines prérogatives et bénéficie de son aide en cas de faits nouveaux survenant en cours d'exécution du contrat.

a) Les avantages reconnus au cocontractant

Le cocontractant a droit aux avantages que lui confère le contrat.

L'administration met souvent à sa disposition ***certaines prérogatives de puissance publique***, afin de faciliter l'exécution de ses obligations.

Le cocontractant a ***droit au paiement des prix convenus au contrat***, qui constituent la contrepartie de ses obligations. Les stipulations relatives à la rémunération échappent au pouvoir de modification unilatérale, mais peuvent être modifiées en vertu de clauses du contrat ou, pour les conventions d'occupation du domaine public, en vertu du pouvoir de gestion de l'administration[81]. Ces modifications ne peuvent toutefois changer l'objet du contrat, ni bouleverser son économie[82]. La rémunération peut être fixée par le contrat de façon définitive (prix fermes), être modifiable en fonction d'une référence déterminée (prix ajustables) ou affectée de clauses de variation, dans les contrats de longue durée (prix révisables). ***Le prix n'est dû en principe qu'une fois entièrement remplies les obligations du cocontractant*** (paiement après service fait). La règle connaît de nombreux aménagements, car elle oblige le cocontractant à faire toutes les avances de fonds. Le Conseil d'État a dû résoudre le problème de l'application des dispositions nouvelles aux contrats en cours. « Dans le cas où une loi n'a pas

---

78. CE, 31 mai 1907, *Deplanque* : *Rec.* 513 ; 21 juill. 1970, *Min. équip. c/Socotrap* : *Rec.* 1110 ; *Soc. des ateliers de nettoyage de Fontainebleau* : *préc.* ; 19 avr. 1989, *Soc. des transports urbains d'Angers* : *Rec.* 780.
79. CE, 10 déc. 1986, *Office publ. mun. HLM de Drancy*, n° 42957.
80. CE, 21 juin 1980, *Synd. intercnal Peyresourde-Balestas* : *Rec.* 438 ; 25 mars 1991, *Copel* : *Rec.* 104.
81. Respect. : CE, 11 juill. 1941, *Hôpital-hospice de Chauny* : *Rec.* 129 ; 9 avr. 2010, *Soc. Vivendi* : *Rec.* 860 ; 5 mai 2010, *Bernard* : *Rec.* 762.
82. CE, 17 févr. 1978, *Soc. Cie frçse d'entreprise* : *Rec.* 88 ; 27 oct. 2010, *Synd. intercnal des transports publ. de Cannes, Le Cannet, Mandelieu-la-Napoule* : *Rec.* 850.

expressément prévu, sous réserve, le cas échéant, de mesures transitoires, l'application des normes nouvelles qu'elle édicte à une situation contractuelle en cours à la date de son entrée en vigueur, la loi ne peut être interprétée comme autorisant implicitement une telle application de ses dispositions que si un motif d'intérêt général suffisant, lié à un impératif d'ordre public, le justifie et que s'il n'est pas dès lors porté une atteinte excessive à la liberté contractuelle. Pour les contrats administratifs, l'existence d'un tel motif d'intérêt général s'apprécie en tenant compte des règles applicables à ces contrats, notamment du principe de mutabilité [...] »[83].

b) L'équilibre financier du contrat

La rémunération du cocontractant n'est pas fixée *ne varietur*, mais se modèle sur les charges pesant réellement sur lui. L'aléa inhérent à toute entreprise se trouve limité. L'idée est à la base de la ***théorie des sujétions imprévues***. Le cocontractant doit être intégralement indemnisé des conséquences des difficultés matérielles d'exécution, extérieures à la volonté des parties et imprévisibles, qu'il rencontre. Le principe se dégage de deux théories jurisprudentielles :

- ***la théorie du fait du prince*** prend en compte l'aléa résultant de l'exercice par l'autorité publique de ses prérogatives à l'encontre du cocontractant, aléa administratif. La puissance publique, le prince, aggrave par son fait les conditions d'exécution du contrat et peut être tenue de verser à son cocontractant une indemnisation intégrale, égale au préjudice subi. La théorie joue à plein lorsque la personne publique contractante use de son pouvoir de modification unilatérale du contrat. Y est assimilé le cas où cette même personne publique prend à l'égard de son cocontractant une mesure individuelle aggravant ses charges, non sur la base du contrat, mais à un autre titre, par exemple utilise son pouvoir de police[84]. La théorie peut jouer lorsque la personne publique contractante prend une mesure générale aggravant les charges du cocontractant, si elle a une répercussion directe sur l'un des éléments essentiels du contrat (par exemple création d'une taxe sur des matières premières nécessaires à l'exécution). Elle ne joue jamais lorsque la mesure émane d'une personne publique autre que celle qui a contracté (comme un décret aggravant la situation des contractants des collectivités territoriales). L'aléa administratif est dans ce cas assimilé à l'aléa économique, la théorie de l'imprévision s'applique éventuellement ;
- ***la théorie de l'imprévision*** prend en compte l'aléa économique. En cours d'exécution de contrats d'une certaine durée, des bouleversements économiques, étrangers à la volonté des parties, imposent au cocontractant une surcharge ruineuse. Matériellement l'exécution reste possible, sinon il y aurait force majeure et le particulier serait délié de ses obligations, mais elle devient économiquement désastreuse. La théorie[85] vise à assurer la continuité de la satisfaction de l'intérêt général et à partager l'aléa entre les parties. L'administration verse au particulier une indemnité lui permettant de poursuivre l'exécution.

---

83. CE, ass., 8 avr. 2009, ***Cie gén. des eaux et cne Olivet*** : *Rec.* 116.
84. *Union des transports publ. urbains et rég.* : *préc.*
85. CE, 30 mars 1915, *Cie gén. d'éclairage de Bordeaux* : *Rec.* 125.

Plusieurs conditions doivent être réunies pour qu'il y ait imprévision : les contractants n'ont pu raisonnablement prévoir les faits venant bouleverser la situation, étant donné leur caractère exceptionnel (guerre, cataclysme...) ; les faits doivent être indépendants de leur volonté ; ils doivent provoquer un réel bouleversement dans les conditions d'exécution du contrat. Ne suffisent ni la disparition du bénéfice du cocontractant, ni l'existence d'un déficit. La gravité du déficit et sa persistance doivent excéder ce que le cocontractant a pu et même dû prévoir. Le juge fixe les ***prix-limites***, marges de hausse raisonnablement prévisibles, dont le dépassement ouvre la période d'imprévision. Le cocontractant peut se prévaloir de la théorie vis-à-vis de la personne publique contractante, qui ne peut se retourner contre celle dont émane éventuellement la mesure à l'origine de la situation[86]. La résiliation du contrat n'exclut pas l'imprévision[87].

Si les parties ne se mettent pas d'accord, le juge du contrat fixe les règles applicables durant cette ***période extracontractuelle***. Le lien entre les parties (l'essentiel du contrat) subsiste. Le cocontractant reste tenu d'exécuter, sauf à perdre, en principe, tout droit à indemnité[88]. L'administration doit assurer l'équilibre financier du contrat, rechercher si et de quelle manière adapter le contrat et verser à son cocontractant l'indemnité d'imprévision, qui représente la part de la charge extracontractuelle supportée par la personne publique (de 90 à 95 %).

La situation d'imprévision est conçue comme essentiellement temporaire. Si le déficit se révèle définitif, les parties ont la faculté de conclure un nouveau contrat sur ces nouvelles bases ou, s'il n'est pas possible de redresser la situation, de demander au juge de prononcer la résiliation du contrat[89]. Le Conseil d'État a renouvelé la théorie en acceptant d'attribuer une indemnité d'imprévision après que le contrat ait pris fin ou ait été résilié, alors qu'en principe la théorie n'a pas vocation à jouer en ce cas[90].

C - La fin du contrat

1) La fin normale

La fin du contrat se réalise normalement par ***l'exécution des obligations*** des parties ou ***l'expiration de la période pour laquelle le contrat a été conclu***. Elle peut aussi se produire du fait de la volonté des parties ou par l'effet de la force majeure.

2) La résiliation

Un contrat administratif peut être conclu à durée indéterminée dès lors qu'il peut faire l'objet d'une résiliation par le juge administratif pour un motif d'intérêt général. Le bouleversement de l'économie du contrat peut affecter la convention et en justifier la résiliation[91]. Les résiliations constituent des procédés propres aux contrats administratifs.

86. CE, 15 juill. 1949, *V. Elbeuf* : *Rec.* 358.
87. CE, 10 févr. 2010, *Soc. Prest'Action* : *Rec.* 445.
88. CE, sect., 5 nov. 1982, *Soc. Propétrol* : *Rec.* 380.
89. CE, 9 déc. 1932, *Cie des tramways de Cherbourg* : *Rec.* 1050 ; 14 juin 2000, *Cne Staffelfelden* : *Rec.* 227.
90. CE, sect., 12 mars 1976, *Dpt Hautes-Pyrénées* : *Rec.* 155 ; *Soc. Prest'Action : préc.*
91. CE, 24 nov. 2008, *Synd. mixte des eaux et de l'assainissement de la région du Pic-Saint-Loup* : *Rec.* 809.

a) La résiliation unilatérale par l'administration

L'administration peut résilier unilatéralement le contrat, même en dehors des cas où le contrat lui reconnaît ce pouvoir, soit à titre de ***sanction***, soit si ***l'intérêt général l'exige***[92]. La règle vaut pour les marchés publics.

La résiliation-sanction intervient en cas de faute grave du cocontractant. Elle est impossible en matière de concession ; si le contrat ne la prévoit pas, seul le juge du contrat peut la prononcer[93]. On parle de déchéance, résiliation sans indemnité, pour les concessions. Les stipulations contractuelles définissant les conditions de fond au prononcé de la déchéance sont légales[94].

L'administration peut aussi mettre fin aux contrats auxquels elle est partie, par décision particulière ou par acte réglementaire, sans que le cocontractant ait commis une faute, si l'intérêt général l'exige : modifications dans les besoins et le fonctionnement du service public, réorganisation ou suppression du service, mésentente entre deux cocontractants de l'administration ou entre les concessionnaires et les usagers, modification du capital social de la société contractante, coût élevé et faible rentabilité socio-économique du projet convenu entre les contractants[95], volonté d'assurer une meilleure exploitation du domaine public ou durée du contrat excédant celle prévue par la loi[96]. Cette prérogative est le prolongement du pouvoir de modification unilatérale et a pour contrepartie l'obligation d'indemniser intégralement le cocontractant, par application de la théorie du fait du prince.

Dans le cas de la concession, la résiliation prend la forme du rachat. Toute clause de nature à faire obstacle à l'exercice de ce pouvoir de l'administration est nulle, car incompatible avec les nécessités du fonctionnement des services publics[97].

La résiliation est illégale si des considérations autres que l'intérêt général la motivent[98].

Une convention conclue entre deux personnes publiques relative à l'organisation du service public ou aux modalités de réalisation en commun d'un projet d'intérêt général ne peut faire l'objet d'une résiliation unilatérale que si un motif d'intérêt général le justifie, notamment en cas de bouleversement de l'équilibre de la convention ou de disparition de sa cause. En revanche, la seule apparition, au cours de l'exécution de la convention, d'un déséquilibre dans les relations entre les parties n'est pas de nature à justifier une telle résiliation[99].

---

92. CE, ass., 2 févr. 1987, *Soc. TV6 : Rec.* 29 ; T. confl., 2 mars 1987, *Soc. d'aménagement et de développement de Briançon-Montgenèvre c/Cne Montgenèvre : RFDA* 1987, 191 ; Cons. const. n° 84-185 DC, 18 janv. 1985, *Loi modifiant et complétant la loi n° 83-663 du 22 juillet 1983* : *Rec.* 36.
93. *Copel* : *préc.*
94. CE, 19 oct. 2001, *Synd. intercnal Guzet-Neige* : *Rec.* 476.
95. CE, 23 mai 1962, *Min. fin. c/soc. financière d'exploitations industrielles* : *Rec.* 342 ; 26 févr. 1975, *Soc. du port de pêche de Lorient* : *Rec.* 155 ; 31 janv. 1968, *OPHLM de la ville Alès c/Brasseau* : *Rec.* 79 ; 31 juill. 1996, *Soc. des téléphériques du massif du Mont-Blanc* : *Rec.* 334 ; *Rég. Limousin* : *préc.*
96. CE, 7 mai 2013, *SAPP* : *Rec.* 137.
97. *Distillerie de Magnac-Laval* : *préc.* ; *Soc. TV 6* : *préc.* ; CE, 6 mai 1985, *Assoc. Eurolat* : *Rec.* 141.
98. Ex. : *Soc. TV6* : *préc.*
99. CE, 27 févr. 2015, *Cne Béziers*, n° 357028.

b) La résiliation par le cocontractant personne privée

Le cocontractant est tenu d'assurer l'exécution du contrat qui le lie à l'administration, sauf en cas de force majeure, et ne peut se prévaloir des manquements ou des défaillances de l'administration pour se soustraire à ses propres obligations contractuelles ou prendre l'initiative de résilier unilatéralement le contrat. Il est toutefois loisible aux parties de prévoir dans un contrat qui n'a pas pour objet l'exécution même du service public les conditions auxquelles le cocontractant de la personne publique peut résilier le contrat en cas de méconnaissance par cette dernière de ses obligations contractuelles. Avant de résilier le contrat, le cocontractant doit mettre la personne publique à même de s'opposer à la rupture des relations contractuelles pour un motif d'intérêt général, tiré notamment des exigences du service public. Lorsqu'un motif d'intérêt général lui est opposé, le cocontractant doit poursuivre l'exécution du contrat, faute de quoi il commet une faute de nature à entraîner la résiliation du contrat à ses torts exclusifs. Le cocontractant peut contester devant le juge le motif d'intérêt général qui lui est opposé afin d'obtenir la résiliation du contrat[100].

En cas de résiliation d'un contrat portant exécution d'un service public, quel qu'en soit le motif, la personne publique, à laquelle il appartient de garantir la continuité du service public et son bon fonctionnement, se substitue de plein droit à son ancien cocontractant pour l'exécution des contrats conclus avec les usagers ou avec d'autres tiers pour l'exécution même du service. Il n'en va cependant ainsi que si les contrats en cause ne comportent pas d'engagements anormalement pris, c'est-à-dire des engagements qu'une interprétation raisonnable du contrat relatif à l'exécution d'un service public ne permettrait pas de prendre au regard notamment de leur objet, de leurs conditions d'exécution ou de leur durée, à moins que, dans ce cas, la personne publique n'ait donné, dans le respect de la réglementation applicable, son accord à leur conclusion.

La substitution de la personne publique n'emporte jamais le transfert des dettes et des créances nées de l'exécution antérieure des contrats conclus par l'ancien cocontractant de la personne publique[101].

c) La résiliation par le juge

La résiliation peut être prononcée ***à la demande du cocontractant*** (résiliation pure et simple). Elle est exclusive de toute indemnité en l'absence de faute de l'administration[102]. Le juge peut résilier le contrat à la demande du particulier en cas de faute grave de l'administration, qui doit indemniser le cocontractant lorsque les modifications qu'elle entend lui imposer unilatéralement excèdent certaines limites, ou dans certaines hypothèses de force majeure. Il peut résilier ***à la demande de l'administration*** si celle-ci renonce volontairement à user de son pouvoir de résiliation et préfère le saisir, ou s'il s'agit d'une concession de service public. Enfin, il peut résilier ***à la demande de l'une ou l'autre partie*** indifféremment, lorsque l'équilibre économique apparaît définitivement bouleversé du fait des circonstances.

La décision de résiliation d'un contrat est en principe insusceptible de recours en annulation. Le juge du contrat, saisi par une partie d'un litige relatif à une mesure d'exécution

---

100. CE, 8 oct. 2014, ***Soc. Grenke location*** : *Rec.* 302.
101. CE, sect., 19 déc. 2014, *Cne Propriano* : *Rec.* 393.
102. CE, 5 déc. 1986, *Synd. intercnal de distribution d'eau de la Corniche des Maures* : *Rec.* 1.

d'un contrat peut seulement, en principe, rechercher si cette mesure est intervenue dans des conditions à ouvrir droit à indemnité.

Le juge ne peut pas annuler les mesures unilatérales prises par l'administration (modification, sanction, résiliation) sauf dans le cas des contrats passés entre personnes publiques et relatifs à l'organisation d'un service public[103].

3 • LE CONTENTIEUX DU CONTRAT

Outre le contentieux de l'exécution du contrat, des recours sont ouverts aux concurrents évincés de la conclusion d'un contrat.

A - Le recours des concurrents évincés

Les référés contractuel et précontractuel sont applicables à tous les contrats relevant du droit de la commande publique.

1) Référé précontractuel

Une procédure spécifique de référé a été instituée en matière de passation de contrats et de marchés soumis à publicité et à concurrence (art. L. 551-1 et s., C. just. adm.). Peuvent saisir le juge les personnes qui ont un intérêt à conclure le contrat et sont susceptibles d'être lésées par le manquement invoqué[104], ainsi que le représentant de l'État dans certaines hypothèses. Le Conseil d'État reconnaît la qualité de « candidat évincé » à « tout requérant qui aurait eu intérêt à conclure le contrat, alors même qu'il n'aurait pas présenté sa candidature, qu'il n'aurait pas été admis à présenter une offre ou qu'il aurait présenté une offre inappropriée, irrégulière ou inacceptable. Le choix de l'offre d'un candidat irrégulièrement retenu est susceptible d'avoir lésé le candidat qui invoque ce manquement, à moins qu'il ne résulte de l'instruction que sa candidature devait elle-même être écartée ou que l'offre qu'il présentait ne pouvait qu'être éliminée comme inappropriée, irrégulière ou inacceptable »[105]. Le juge doit être saisi avant la conclusion du contrat.

Contrats passés par les pouvoirs adjudicateurs. Le juge peut ordonner au pouvoir adjudicateur ou à l'entité adjudicatrice de se conformer à ses obligations et suspendre l'exécution de toute décision qui se rapporte à la passation du contrat, sauf s'il estime, en considération de l'ensemble des intérêts susceptibles d'être lésés et notamment de l'intérêt public, que les conséquences négatives de ces mesures pourraient l'emporter sur leurs avantages. Il peut annuler les décisions qui se rapportent à la passation du contrat et supprimer les clauses ou prescriptions destinées à figurer dans le contrat et méconnaissant lesdites obligations. Le contrat ne peut être signé à compter de la

103. CE, 31 mars 1989, *Dpt Moselle* : *Rec.* 106.
104. CE, sect., 3 oct. 2008, *Smirgeomes* : *Rec.* 324.
105. CE, 11 avr. 2012, *Synd. ODY1218 Newline du Lloyd's de Londres* : *Rec.* 858.

saisine du tribunal administratif et jusqu'à la notification au pouvoir adjudicateur de la décision juridictionnelle.

Contrats passés par les entités adjudicatrices. Le président du tribunal administratif peut être saisi en cas de manquement aux obligations de publicité et de mise en concurrence auxquelles est soumise la passation par ces entités de contrats administratifs ayant pour objet l'exécution de travaux, la livraison de fournitures ou la prestation de services, avec une contrepartie économique constituée par un prix ou un droit d'exploitation ou la délégation d'un service public. Le juge peut ordonner à l'auteur du manquement de se conformer à ses obligations en lui fixant un délai à cette fin, lui enjoindre de suspendre l'exécution de toute décision se rapportant à la passation du contrat et prononcer une astreinte provisoire courant à l'expiration des délais impartis.

2) Référé contractuel

Les personnes qui ont un intérêt à conclure le contrat et qui sont susceptibles d'être lésées par des manquements aux obligations de publicité et de mise en concurrence, ainsi que le représentant de l'État dans le cas des contrats passés par une collectivité territoriale ou un établissement public local, peuvent saisir le président du tribunal administratif une fois le contrat conclu, sauf si elles ont formé un référé précontractuel dès lors que le pouvoir adjudicateur ou l'entité adjudicatrice a respecté la suspension ordonnée par le juge et s'est conformé à la décision juridictionnelle rendue sur ce recours (art. L. 551-13 et s., C. just. adm.). Le concurrent est celui ayant intérêt à conclure le contrat, indépendamment du fait qu'il a effectivement présenté une candidature ou une offre. Il peut invoquer tout moyen, sans qu'il ait à apporter la preuve que les vices auxquels ces moyens se rapportent ont été susceptibles de le léser[106].

Le juge peut suspendre l'exécution du contrat, pour la durée de l'instance. Il peut annuler le contrat et sanctionner le manquement de plusieurs façons : résiliation du contrat, réduction de sa durée, ou pénalité financière imposée au pouvoir adjudicateur ou à l'entité adjudicatrice.

Dès avant la transposition de la directive du 11 décembre 2007, en 2009, le Conseil d'État a créé une nouvelle voie de recours réservée aux tiers évincés de la conclusion d'un contrat : « [...] indépendamment des actions dont les parties au contrat disposent devant le juge du contrat, tout concurrent évincé de la conclusion d'un contrat administratif, quel qu'il soit, peut former un recours de pleine juridiction contestant la validité de ce contrat ou celle de certaines de ses clauses, qui en sont divisibles, assorti, le cas échéant, de demandes indemnitaires ; ce recours doit être exercé, y compris si le contrat contesté est relatif à des travaux publics, dans un délai de deux mois à compter de l'accomplissement des mesures de publicité appropriées, notamment au moyen d'un avis mentionnant à la fois la conclusion du contrat et les modalités de sa consultation dans le respect des secrets protégés par la loi ; à partir de la conclusion du contrat, et dès lors qu'il dispose du recours ci-dessus défini, le concurrent évincé n'est, en revanche, plus recevable à demander l'annulation pour excès de pouvoir des actes préalables qui en sont détachables. Ainsi saisi de telles conclusions par un concurrent évincé, il appartient au juge, lorsqu'il constate l'existence de vices entachant la validité du contrat, d'en apprécier les conséquences ; il lui revient, après avoir pris en considération la nature de

106. CE, avis, 11 avr. 2012, *Soc. Gouelle*, n° 355446.

l'illégalité éventuellement commise, soit de prononcer la résiliation du contrat ou de modifier certaines de ses clauses, soit de décider de la poursuite de son exécution, éventuellement sous réserve de mesures de régularisation par la collectivité contractante, soit d'accorder des indemnisations en réparation des droits lésés, soit enfin, après avoir vérifié si l'annulation du contrat ne porterait pas une atteinte excessive à l'intérêt général ou aux droits des cocontractants, d'annuler, totalement ou partiellement, le cas échéant avec un effet différé, le contrat [...] »[107].

Le juge peut aussi, eu égard à une illégalité d'une particulière gravité, inviter les parties à résoudre leurs relations contractuelles ou, à défaut d'entente sur cette résolution, à saisir le juge du contrat afin qu'il en règle les modalités s'il estime que la résolution peut être une solution appropriée[108].

Les champs d'application de ces deux procédures ne sont pas strictement identiques.

B - La responsabilité contractuelle

La responsabilité contractuelle ne peut être qu'une responsabilité pour faute, en d'autres termes pour manquement à une obligation résultant du contrat ou un usage abusif par l'administration de ses prérogatives dans l'exécution du contrat. La preuve de la force majeure ou de la faute du cocontractant peut exonérer l'administration de tout ou partie de sa responsabilité contractuelle, mais pas le fait du tiers.

La responsabilité contractuelle absorbe la responsabilité quasi délictuelle. Une partie au contrat ne peut donc exercer d'autres actions que celles procédant du contrat[109].

La responsabilité contractuelle ne saurait être engagée lorsque le juge a constaté la nullité du contrat. Le cocontractant peut dans ce cas engager la responsabilité quasi-délictuelle, sur le fondement de l'enrichissement sans cause, afin d'obtenir l'indemnisation des dépenses qu'il a réalisées et qui ont été utiles à l'administration[110], et le cas échéant celle du manque à gagner, s'agissant des dépenses de fonctionnement, si la nullité n'a trouvé sa cause que dans une faute commise par l'administration.

Précisant la jurisprudence *Citécable Est,* le Conseil d'État considère que : « [...] si les parties à un contrat dont le juge, saisi d'un litige engagé sur le terrain de la responsabilité contractuelle, est conduit à constater, le cas échéant d'office, la nullité, peuvent poursuivre le litige qui les oppose en invoquant, y compris pour la première fois en appel, des moyens tirés de leur responsabilité quasi contractuelle ou quasi délictuelle, bien que ces moyens, qui ne sont pas d'ordre public, reposent sur des causes juridiques nouvelles, de tels moyens ne peuvent être soulevés au-delà du délai d'appel, lorsque la nullité du contrat a été constatée par le juge de première instance [...] »[111].

Dans le cas où la nullité du contrat résulte d'une faute de l'administration, la faute commise par le cocontractant n'empêche pas l'indemnisation sur le fondement de l'enrichissement sans cause mais fait obstacle à la mise en œuvre de la responsabilité quasi-

107. CE, ass., 16 juill. 2007, ***Soc. Tropic Travaux Signalisation*** : *Rec. 360.*
108. CE, 21 févr. 2011, *Soc. Ophrys, Cté d'agglomération Clermont communauté* : *Rec.* 54.
109. CE, 1er déc. 1976, *Berezowski* : *D.* 1978, 45 ; 9 avr. 2010, *Cne Levallois-Perret* : *Rec.* 104.
110. CE, sect., 20 oct. 2000, *Soc. Citécâble Est* : *Rec.* 457.
111. CE, 9 déc. 2011, *Cne Alès*, n° 342283.

délictuelle. Mais si le cocontractant a lui-même commis une faute grave en se prêtant à la conclusion d'un marché dont, compte tenu de son expérience, il ne pouvait ignorer l'illégalité, et que cette faute constitue la cause directe de la perte du bénéfice attendu du contrat, il n'est pas fondé à demander l'indemnisation de ce préjudice[112].

C - L'annulation du contrat par le juge

Par deux arrêts *Commune de Béziers*, dits « Béziers 1 » et « Béziers 2 », le Conseil d'État a ouvert aux parties à un contrat administratif un recours de plein contentieux contestant la validité du contrat qui les lie. Lorsque le juge constate l'existence d'irrégularités, il en apprécie l'importance et les conséquences. Il lui revient, soit de décider que la poursuite de l'exécution du contrat est possible, éventuellement sous réserve de mesures de régularisation, soit de prononcer, le cas échéant avec un effet différé, après avoir vérifié que sa décision ne portera pas une atteinte excessive à l'intérêt général, la résiliation du contrat ou, en raison seulement d'une irrégularité invoquée par une partie ou relevée d'office par lui son annulation.

Lorsque les parties soumettent au juge un litige relatif à l'exécution du contrat qui les lie, il lui incombe en principe de faire application du contrat. Toutefois, dans le cas où il constate une irrégularité invoquée par une partie ou relevée d'office par lui, tenant au caractère illicite du contenu du contrat ou à un vice d'une particulière gravité relatif notamment aux conditions dans lesquelles les parties ont donné leur consentement, il doit écarter le contrat et ne peut régler le litige sur le terrain contractuel (Béziers 1)[113].

Une partie à un contrat administratif peut former devant le juge du contrat un recours de plein contentieux contestant la validité de la résiliation de ce contrat et tendant à la reprise des relations contractuelles. Elle doit exercer ce recours, y compris si le contrat en cause est relatif à des travaux publics, dans un délai de deux mois à compter de la date à laquelle elle a été informée de la mesure de résiliation.

Le juge du contrat, saisi par une partie d'un recours de plein contentieux contestant la validité d'une mesure de résiliation et tendant à la reprise des relations contractuelles, lorsqu'il constate que cette mesure est entachée de vices relatifs à sa régularité ou à son bien-fondé, détermine s'il y a lieu de faire droit à la demande de reprise des relations contractuelles, à compter d'une date qu'il fixe, ou de rejeter le recours, en jugeant que les vices constatés sont seulement susceptibles d'ouvrir, au profit du requérant, un droit à indemnité. Ce recours doit être exercé dans un délai de deux mois à compter de la date à laquelle la partie a été informée de la mesure (Béziers 2)[114].

Saisi d'une action en nullité, le juge de plein contentieux vérifie que les parties soulèvent avec loyauté les vices entachant un contrat administratif de nullité. Deux cas de nullité sont relevés d'office par le juge : le caractère illicite du contenu du contrat et un vice d'une particulière gravité, relatif notamment aux conditions dans lesquelles les parties ont donné leur consentement. Dans les autres hypothèses, le juge, à qui il revient de prendre en compte la nature de l'illégalité commise et les conséquences de la sanction

112. CE, sect., 10 avr. 2008, *Soc. Jean-Claude Decaux et dpt Alpes-Maritimes* : *Rec.* 151 ; 18 nov. 2011, *C^té de communes Verdun* : *Rec.* 1040.
113. CE, ass., 28 déc. 2009, ***Cne Béziers*** : *Rec.* 509.
114. *Cne Béziers* (2011) : *préc.*

envisagée sur l'intérêt général, peut décider soit la poursuite de l'exécution du contrat, sous réserve de régularisation, soit la résiliation pour l'avenir, au besoin avec effet différé.

Saisi d'une exception de nullité à l'occasion d'un litige contractuel, le juge du contrat doit être un véritable juge de l'exécution du contrat. L'exception de nullité ne peut jouer que si le contenu du contrat est illicite ou si le contrat est entaché d'un vice d'une particulière gravité[115]. Le juge doit apprécier les conséquences de l'annulation sur la continuité ou la validité du contrat, après avoir examiné la nature du vice qui affecte l'acte détachable et son éventuelle régularisation[116].

Prolongeant la jurisprudence *Tropic*, le Conseil d'État a ouvert le recours direct contre le contrat administratif ou certaines de ses clauses à tous les tiers susceptibles d'être lésés dans leurs intérêts par sa passation ou ses clauses. Ces tiers peuvent contester la validité du contrat ou de certaines de ses clauses, y compris en faisant valoir, devant le juge du contrat, l'illégalité des actes « détachables » du contrat. La voie du recours contre les actes détachables antérieurs au contrat, devenue inutile, leur est désormais fermée.

Le tiers doit justifier que ses intérêts sont susceptibles d'être lésés de manière suffisamment directe et certaine. Il ne peut se plaindre que des vices du contrat en rapport direct avec l'intérêt lésé dont il se prévaut ou de ceux d'une gravité telle que le juge devrait les relever d'office.

Ce recours est ouvert également aux élus des collectivités territoriales et de leurs établissements publics concernés par le contrat et au préfet de département. Ces requérants peuvent invoquer tout vice entachant le contrat[117].

Les membres de l'organe délibérant d'une collectivité territoriale ou d'un groupement de collectivités territoriales justifient d'un intérêt leur donnant qualité pour contester, devant le juge de l'excès de pouvoir, les contrats de recrutement d'agents non titulaires par la collectivité ou le groupement de collectivités concerné. Eu égard aux intérêts dont ils ont la charge, les membres de l'organe délibérant peuvent invoquer tout moyen à l'appui de leur recours contre de tels contrats[118].

L'annulation d'un acte détachable d'un contrat de droit privé n'impose pas nécessairement à la personne publique partie au contrat de saisir le juge du contrat afin qu'il tire les conséquences de cette annulation. Il appartient au juge de l'exécution de rechercher si l'illégalité commise peut être régularisée et, dans l'affirmative, d'enjoindre à la personne publique de procéder à cette régularisation. Lorsque l'illégalité commise ne peut être régularisée, il lui appartient d'apprécier si, eu égard à la nature de cette illégalité et à l'atteinte que l'annulation ou la résolution du contrat est susceptible de porter à l'intérêt général, il y a lieu d'enjoindre à la personne publique de saisir le juge du contrat afin qu'il tire les conséquences de l'annulation de l'acte détachable[119].

115. *Cne Béziers* (2009) : *préc.*
116. *Cne Levallois-Perret* : *préc.*
117. CE, ass., 4 avr. 2014, *Dpt Tarn-et-Garonne* : *Rec.* 70.
118. CE, 2 févr. 2015, *Cne Aix-en-Provence*, n° 373520.
119. CE, 29 déc. 2014, *Cne Uchaux* : *Rec.* 416 ; v. sect., 7 oct. 1994, *Épx Lopez* : *Rec.* 430.

TITRE 2

Les fonctions sociales de l'administration

***L'action administrative a pour but de satisfaire aux nécessités de l'intérêt général**, qui exige que les libres initiatives des particuliers ne compromettent pas l'ordre, condition de toute vie sociale. L'État doit en conséquence imposer aux individus une indispensable discipline. L'exercice de la police administrative correspond à ce but. Par le service public, l'autorité publique prend directement en charge la satisfaction d'un besoin d'intérêt général. Elle assure à la collectivité ou à des particuliers, pris individuellement, les prestations ou avantages correspondants, leur procurant ce que l'activité privée est hors d'état de leur fournir.*

Ces deux modalités essentielles de l'action administrative s'exercent, dans le premier cas, principalement par voie de prescriptions générales ou individuelles et prennent, dans le second cas, la forme d'une gestion. Cette distinction traditionnelle doit être complétée et nuancée, car elle ne tient pas compte de l'existence d'un secteur de plus en plus vaste dans lequel l'intérêt général est engagé sans que le procédé du service public y apparaisse nécessairement.

Au XIXe siècle, l'État libéral se bornait à réglementer les activités privées au nom des préoccupations de l'ordre public et posait quelques limites à la liberté des individus. Les collectivités publiques ne géraient elles-mêmes que des activités de justice, police, les relations extérieures, guerre, diplomatie, et les ressources financières permettant de les assurer, les impôts. Peu à peu l'administration a pris en charge elle-même certaines activités d'intérêt général. La première guerre mondiale marque le point de non-retour de cette évolution. Parallèlement, dès le XIXe siècle, l'État a confié à des personnes privées le soin de mener des opérations d'intérêt général, sous la surveillance et avec l'aide de collectivités publiques. Ces diverses formes correspondent, du point de vue des techniques juridiques utilisées, à la police administrative et à la gestion des services publics.

CHAPITRE 9

La police administrative

Dans le langage courant, ***la police*** désigne, d'un point de vue organique, ***l'ensemble des personnels chargés du service public de la police***. Dans son acception matérielle, retenue ici, ***la police administrative*** désigne ***l'activité consistant à prévenir les troubles à l'ordre public et à maintenir celui-ci***.

La loi définit les garanties fondamentales accordées aux citoyens pour l'exercice des libertés et le pouvoir exécutif précise et complète ces prescriptions, en assure l'application concrète et prévient les désordres de toute nature. La police administrative consiste dans l'ensemble des interventions de l'administration qui tendent à imposer à la libre action des particuliers la discipline exigée par la vie en société, dans le cadre fixé par le législateur.

Bien qu'il existe un service public de police, une organisation chargée de cette activité, la police se distingue nettement du service public. La police peut être amenée à rendre des services aux particuliers (secours en cas de sinistre). Le maintien de l'ordre entre dans la mission de service public entendue au sens large. Mais ces deux modes d'action demeurent distincts. La ***police*** constitue un ***service public*** d'une nature particulière, ***qui ne saurait être délégué***[1]. L'État peut passer avec des communes des contrats locaux de sécurité, destinés à développer la police de proximité dans les quartiers sensibles. Mais les missions de police administrative ne peuvent être financées par des tiers[2].

La police vise normalement les comportements de particuliers.

Le maintien de l'ordre revêt des formes diverses : réglementations, décisions particulières et coercition. Usant de son pouvoir réglementaire, l'autorité de police peut imposer à tous des dispositions générales restrictives de libertés et pénalement sanctionnées. L'existence de la sanction pénale donne au règlement de police son caractère propre. Les décisions particulières sont normalement fondées sur une règle générale. L'autorité de police peut mettre en œuvre la force matérielle afin de prévenir ou faire cesser un désordre. Relèvent également de la police administrative les opérations matérielles de maintien de l'ordre, lorsqu'elles n'ont pas directement pour objet de rechercher l'auteur d'une infraction en vue de sa répression.

---

1. CE, ass., 17 juin 1932, ***V. Castelnaudary*** : *Rec.* 595 ; sect., 23 mai 1958, *Cts Amoudruz* : *Rec.* 301 ; 21 juin 2000, *SARL Plage Chez Joseph* : *Rec.* 282 ; 19 déc. 2007, *Soc. Sogeparc-CGST-Cie gén. de stationnement* : *Rec.* 945 ; v. cependant, pour la la police sur les terrains de football : *Soc. sportive prof. Losc Métropole* : *préc.*
2. CE, 11 mai 2009, *V. Toulouse* : *Rec.* 190.

La police administrative se définit par les fins en vue desquelles elle est exercée. Elle se caractérise en général par sa nature préventive, qui la distingue de la police judiciaire.

1 • LES BUTS DE LA POLICE ADMINISTRATIVE

La police administrative est essentiellement préventive. Elle tend à éviter qu'un trouble se produise ou s'aggrave[3]. L'ordre public comprend plusieurs composantes : ***la sécurité, la tranquillité et la salubrité publiques***. L'objet des mesures de police est d'éviter des risques d'accidents, d'assurer la tranquillité, de maintenir l'hygiène.

La ***police judiciaire*** est chargée de constater les infractions à la loi pénale, d'en rassembler les preuves et d'en rechercher les auteurs tant qu'une information n'est pas ouverte. Lorsqu'une information est ouverte, elle exécute les délégations des juridictions d'instruction et défère à leurs réquisitions.

A - Le caractère préventif de la police administrative

Le caractère préventif de la police administrative la distingue de la police judiciaire. La première incombe au pouvoir exécutif, la seconde dépend de l'autorité judiciaire. Ces polices se différencient par leur but.

La police judiciaire, orientée essentiellement vers la répression pénale, intervient en principe après la commission d'une infraction. Elle constate celle-ci, en identifie les auteurs et en réunit les preuves afin de permettre l'action de la juridiction pénale[4]. ***La police administrative, préventive, tend à éviter qu'un trouble se produise ou s'aggrave***. Elle a pour mission de préserver la sécurité. Son action se poursuit après que les désordres qu'elle entend prévenir se sont manifestés, pour rétablir l'ordre[5].

En pratique la distinction entre les deux polices est souvent délicate, d'abord en raison d'une certaine identité de personnels et d'autorités compétents. Les deux polices sont parfois étroitement imbriquées. L'agent de police qui aide un automobiliste en difficulté fait œuvre de police administrative ; s'il procède à des constatations après un accident, il fait un acte de police judiciaire.

Pour opérer la distinction, peu importe que l'infraction soit réelle ou supposée, commise ou non, que les faits soient ou non délictueux, que l'activité se fasse sur instruction du parquet ou en dehors de toute information judiciaire. Le critère se trouve dans la ***finalité*** de l'opération, de l'acte, l'intention de leur auteur, leur relation avec une infraction pénale déterminée. ***Une opération peut changer de nature,*** une opération de police

3. CE, 22 oct. 2003, *Soc. des Sablières de la Perche*, *Rec.* 887, 951.
4. T. confl., 7 juin 1951, ***Cts Noualek*** : *Rec.* 636 ; CE, 24 juin 1960, ***Soc. Le Monde et Soc. Frampar*** : *Rec.* 412.
5. T. confl., 24 févr. 2003, *Leprovost, Verry c/Cne Chalifert* : *AJDA* 2003, 1181.

administrative se transformer en opération de police judiciaire et réciproquement. En cas de doute, le juge se fonde sur l'origine ***essentielle*** du préjudice[6].

Certaines opérations de police administrative peuvent être soumises à un régime judiciaire, à condition que la garantie des droits en soit renforcée[7].

B - La notion d'ordre public

La notion d'ordre public ne se confond pas ici avec celle de l'article 6 du Code civil. ***L'ordre public*** que la police administrative tend à assurer se définit par son caractère matériel, public et limité. L'exercice d'une liberté ne saurait menacer l'ordre public[8].

Objectif de valeur constitutionnelle[9], l'ordre public se caractérise par son caractère principalement matériel. La police vise à éviter les désordres visibles, elle respecte le for interne, le domicile privé, n'intervient pas pour réglementer les activités qui s'y déroulent, sauf si elles débordent sur l'extérieur (bruit, manque d'hygiène...). Tant qu'elle n'est pas en relation avec des désordres extérieurs, l'immoralité n'est pas en elle-même un objet de police, mais l'autorité de police peut agir pour empêcher une activité scandaleuse, amorale, risquant de provoquer des réactions.

L'ordre public se définit enfin par son caractère limité. La police administrative se définit par la trilogie traditionnelle : tranquillité, sécurité et salubrité publique. Elle vise le maintien de l'ordre dans la rue, les lieux publics, la lutte contre le bruit, la prévention des accidents et fléaux, humains et naturels, les incendies, inondations, complots armés et la sauvegarde de l'hygiène publique par le contrôle de la salubrité des eaux, des denrées, la prévention des épidémies et épizooties, la lutte contre les pollutions... La police peut aussi protéger les individus contre eux-mêmes, ce qui justifie les arrêtés *couvre-feu*. L'immoralité du divertissement dit *lancer de nains* justifie son interdiction par le maire. Le respect de la dignité humaine étant une des composantes de l'ordre public, par son objet même, cette attraction porte atteinte à cette dignité. Même en l'absence de circonstances locales particulières et alors même que des mesures de protection avaient été prises pour assurer la sécurité du nain qui se prêtait librement à cette exhibition contre rémunération, l'autorité de police municipale peut l'interdire[10].

Une certaine forme de moralité publique constitue un but de police. Les pouvoirs de police administrative peuvent être utilisés pour mettre fin à des troubles qui surviennent dans les consciences en raison d'activités contraires aux bonnes mœurs ou à la morale[11]. Le maire peut interdire la projection d'un film, soit parce que celle-ci est susceptible d'entraîner des troubles matériels (violences, saccages), ce qui constitue un but classique de tranquillité ou de sécurité, soit parce que la projection est de nature à préjudicier à

6. CE, sect., 11 mai 1951, ***Cts Baud*** : *Rec.* 265 ; *Cts Noualek* : *préc.* ; 7 juin 1999, *Tardiff* : *Rec.* 454 ; T. confl., 5 déc. 1977, *D^lle Motsch* : *Rec.* 671 ; CE, 18 mai 1981, *Cts Ferran* : *Rec.* 148 ; T. confl., 12 juin 1978, ***Soc. Le Profil*** : *Rec.* 649.
7. Cons. const., 81-127 DC, 19-20 janv. 1981, *Sécurité et liberté* : *Rec.* 15 ; 2003-467 DC, 13 mars 2003, *Sécurité intérieure* : *Rec.* 211.
8. CE, 30 juill. 2003, *Assoc. Gurekin* : *Rec.* 614.
9. Cons. const., 1982-141 DC, 27 juill. 1982, *Communication audiovisuelle* : *Rec.* 48.
10. CE, ass., 27 oct. 1995, ***Cne Morsang-sur-Orge*** et ***V. Aix-en-Provence*** : *Rec.* 372 ; ord., 5 janv. 2007, *Min. int. c/Assoc. « Solidarité des Français »* : *AJDA* 2007, 601.
11. CE, 30 sept. 1960, *Jauffret* : *Rec.* 504 ; 19 juin 1974, *Broutin* : *Rec.* 346.

l'ordre public ***à raison du caractère immoral du film et de circonstances locales***. Il peut de même interdire le dépôt au pied du monument aux morts de la commune d'une gerbe en souvenir des enfants tués par avortement, en raison de circonstances particulières à la commune[12].

2 • AUTORITÉS ET PROCÉDÉS DE POLICE

La distinction entre police administrative générale et polices spéciales conduit à distinguer les différentes autorités de police. Plusieurs autorités pouvant intervenir sur le même territoire, il faut résoudre la question du concours des compétences de police.

A - Les diverses autorités de police

Les autorités de police, seules compétentes pour prendre les règlements de police et les principales mesures particulières, sont responsables du maintien de l'ordre. Elles cumulent parfois les compétences de réglementation et la direction des personnels de police. Mais certains maires n'ont pas autorité sur le personnel de police, bien qu'ils prennent des règlements et des décisions individuelles de police dans leur commune.

Les personnels de police comprennent des personnels permanents, civils (agents, inspecteurs, commissaires de police, gardiens des CRS) ou militaires. Les personnels les plus nombreux sont des personnels d'État. Ils relèvent du ministère de l'Intérieur. Exceptionnellement, l'armée peut être appelée à coopérer au maintien de l'ordre. D'autres personnels relèvent des maires (gardes champêtres et agents de police municipale). Des ***polices municipales*** existent dans environ 3 000 communes. Ce sont des organes d'exécution.

1) Le Premier ministre

En tant que chef de l'exécutif[13], il est compétent pour prendre les règlements de police applicables à l'ensemble du territoire national.

Cons. const., 2000-434DC, 20 juill. 2000 : Rec. 107

« [...] l'article 34 de la Constitution ne prive pas le chef du gouvernement des attributions de police générale qu'il exerce en vertu de ses pouvoirs propres et en dehors de toute habilitation législative [...] »

Il peut renvoyer les modalités d'application de ses décrets à des arrêtés ministériels, à condition de déterminer avec suffisamment de précisions les mesures à édicter[14].

---

12. *CE, 18 déc 1959,* ***Soc. Les Films Lutetia*** *: Rec. 693 ; 26 juill. 1985, V. Aix-en-Provence : Rec. 236* ; sect., 14 oct. 1960, *Soc. Les films Marceau* : *Rec.* 533 ; 28 juill. 1993, *Assoc. Laissez-les vivre* : *Rec.* 235.
13. CE, 8 août 1919, ***Labonne*** : *Rec.* 737.
14. *Bouvet de la Maisonneuve* : *préc.* ; 23 nov. 2011, *Assoc. France nature environnement* : *Rec.* 1052.

2) *Le cas particulier du ministre*

De nombreux textes reconnaissent des pouvoirs de police spéciale à certains ministres. Ainsi, les ministres de l'intérieur et des transports tiennent de l'article R. 411-18 du Code de la route le pouvoir d'édicter les restrictions de circulation nécessaires à une bonne circulation sur les voies routières et à la sécurité des transports terrestres[15].

Le ministre de l'Intérieur n'est pas autorité de police générale, mais les personnels de la police d'État et ceux de la gendarmerie sont placés sous son autorité. Par ailleurs, en tant que supérieur hiérarchique des préfets, il peut leur donner des instructions pour l'exercice de leurs compétences de police.

3) *Les préfets et sous-préfets*

Le préfet de département a la charge de l'ordre public, de la sécurité et de la protection des populations. Autorité de police générale dans le département, il agit au nom de l'État. Il est responsable de la préparation et de l'exécution des mesures de défense qui n'ont pas un caractère militaire. Il est chargé de la police de la circulation sur les routes nationales en dehors des agglomérations. Le pouvoir de police sur la totalité de l'emprise des routes à grande circulation peut lui être transféré par décret.

Le préfet est substitué aux maires pour assurer le ***maintien de l'ordre***, *stricto sensu*, dans les communes à police d'État. Les pouvoirs du maire sont alors transférés au préfet, agissant au nom de l'État, en ce qui concerne les mesures de maintien de la tranquillité publique.

Le préfet a compétence pour prendre, au nom de l'État, toutes les ***mesures de police*** dont le champ d'application excède le territoire d'une seule commune, à condition que les mesures qu'il édicte soient liées à des circonstances particulières à toutes les communes en cause[16]. Lorsque l'ordre est menacé dans deux ou plusieurs communes limitrophes, il peut prendre les mesures nécessaires à la place des maires. Lorsque dans une commune, le maire a négligé ou refusé de prendre, après mise en demeure restée infructueuse, les mesures nécessaires au maintien de l'ordre, le préfet peut édicter lui-même ces mesures en se substituant au maire. Il peut de même se substituer au président du conseil départemental.

Le préfet est responsable de la mise en œuvre des opérations de secours prévues en cas de catastrophe par les plans Orsec et par les plans d'urgence.

Le sous-préfet d'arrondissement concourt au maintien de l'ordre public et de la sécurité et à la protection des populations.

Dans le département de Paris, le préfet de police a la charge de l'ordre public et la responsabilité de la préparation et de l'exécution des mesures de défense qui n'ont pas un caractère militaire. À Paris et Marseille, le pouvoir de police est partagé entre le maire et le préfet de police. Le maire reste compétent pour gérer le domaine public[17].

---

15. CE, 16 mai 2007, *Synd. des transporteurs de marchandises de la Région Nord (STRMN), Féd. nat. des transporteurs routiers* : *Rec.* 980.
16. CE, 23 sept. 1991, *Cne Narbonne* : *Rec.* 313.
17. CE, 11 févr. 1998, *V. Paris c/assoc. pour la défense des droits des artistes peintres sur la Place du Tertre* : *Rec.* 46.

Il existe dans certains départements un préfet délégué pour la sécurité et la défense, qui assiste le préfet en matière de direction, de contrôle des services de police et de coordination opérationnelle des forces intervenant dans ce domaine. Des préfets délégués pour l'égalité des chances peuvent être nommés dans les départements les plus touchés par les « violences urbaines ».

Le président du conseil départemental prend au nom du département les mesures de police applicables à la circulation sur les routes départementales, hors agglomération. Il détient les pouvoirs de police afférents à la gestion du domaine départemental.

4) Le maire

Le maire collabore à l'exercice de la police d'État en assurant l'exécution des mesures de sûreté générale. ***Il est surtout chargé de la police municipale.***

Dans les communes où la police d'État n'est pas instituée, sa compétence s'étend à tous les éléments de cette police. Le personnel de la police est un personnel communal, placé sous son autorité. Le maire reste soumis au contrôle du préfet et à son pouvoir de substitution.

Dans les communes où la police d'État a été instituée (communes de plus de 20 000 habitants et autres communes sur décision spéciale), le maintien de l'ordre au sens strict relève du préfet. Le maire n'est plus compétent que pour réglementer les rassemblements habituels (marchés, foires, défilés traditionnels) et les bruits de voisinage. Le soin de réprimer les autres atteintes à la tranquillité publique appartient au préfet[18]. Le personnel de police est un personnel d'État.

Le maire est chargé de la police rurale, sur la partie non urbaine de la commune.

Dans les ***communes littorales***, dont le territoire s'étend jusqu'à la limite des eaux territoriales, le pouvoir de police s'exerce jusqu'au rivage et jusqu'à 300 mètres de celui-ci pour la réglementation des baignades et des activités nautiques pratiquées avec des engins de plage depuis le bord de mer.

5) Les présidents d'établissement public de coopération intercommunale

Les maires des communes membres peuvent transférer au président d'un EPCI à fiscalité propre certaines attributions et prérogatives dans des domaines où l'EPCI est compétent. Lui sont transférés de plein droit, sauf si le maire ou lui-même s'y oppose : l'élimination des déchets, l'assainissement, la réalisation d'aires d'accueil ou de terrains de passage des gens du voyage, la police de la circulation et du stationnement, la délivrance des autorisations de stationnement sur la voie publique aux exploitants de taxi et la protection contre les risques d'incendie et de panique dans les immeubles recevant du public. Peuvent lui être déléguées l'activité de défense extérieure contre l'incendie et la sécurité des manifestations culturelles et sportives.

18. CE, 27 juill. 2005, V. *Noisy-le-Grand* : *Rec.* 758.

B - La concurrence entre autorités de police

Du point de vue territorial, les compétences de police sont principalement réparties entre l'État et la commune. L'État assure le maintien de l'ordre sur l'ensemble du territoire (police d'État) et laisse aux autorités décentralisées le soin de prendre les mesures particulières correspondant aux circonstances locales (police municipale). Cette répartition n'est pas rigoureuse. Le maire peut être appelé à participer, sous l'autorité du préfet, à l'exercice de la police d'État et le préfet est souvent substitué, pour l'exercice de certaines branches de la police municipale, au maire. Plusieurs autorités de police peuvent être appelées à exercer leur compétence concurremment sur un même territoire. La police générale et des polices spéciales se superposent.

1) Police générale et polices spéciales

Une autorité responsable du maintien de l'ordre public sur un territoire donné dispose *ipso facto* d'un ensemble de compétences et de moyens d'action : c'est la ***police générale***. Certains textes prévoient des moyens plus précis, techniquement adaptés à un domaine défini, souvent plus rigoureux : les ***polices spéciales***. En principe, l'intervention de l'autorité supérieure sur un certain objet ne prive pas l'autorité inférieure du droit de statuer sur ce même objet, mais cette dernière ne peut prendre de dispositions contraires à la réglementation générale, ni dispenser localement de son application. Elle peut seulement superposer aux mesures générales les mesures complémentaires adaptées aux circonstances locales, ce qui peut aller jusqu'à interdire localement ce qui est autorisé sur l'ensemble du territoire[19]. En présence d'une situation d'urgence, créant un péril particulièrement grave et imminent, le maire peut, quelle que soit la cause du danger, faire légalement usage de ses pouvoirs de police générale, notamment prescrire l'exécution de mesures de sécurité nécessaires et appropriées[20].

Les polices spéciales s'appliquent à une catégorie particulière d'individus (nomades, étrangers...) ***ou à une activité*** (chasse, pêche côtière, taxis, édifices menaçant ruine, utilisation des fréquences radioélectriques et implantation des stations radioélectriques[21] etc.). ***Certaines se distinguent par leur but***, qui excède la définition traditionnelle de l'ordre public, et poursuivent d'autres fins, interdites aux autorités de police générale[22] (police des sites, des monuments historiques, du cinéma, de l'affichage, de la publicité et des enseignes, des publications étrangères, police de l'environnement)[23].

D'autres se caractérisent par la détermination de l'autorité compétente, différente de l'autorité de police générale normalement compétente (la police des gares et aérodromes appartient au préfet et non au maire de la commune, siège de l'installation, les polices de la chasse ou des manifestations au préfet). Ce particularisme est plus marqué lorsque la police spéciale est confiée à une autorité qui n'est pas autorité de police générale (polices des étrangers ou des publications étrangères : ministre de

---

19. ***Maire Néris-les-Bains*** : *préc.* ; CE, réf., 8 juin 2005, *Cne Houilles* : *Rec.* 1036.
20. CE, 10 oct. 2005, *Cne Badinières* : *Rec.* 425.
21. T. confl., 14 mai 2012, *Brillaxis et a. c/Soc. Orange France et a.*, n° 3844.
22. CE, 18 févr. 1972, *Chbre synd. du bâtiment de la Haute-Garonne* : *Rec.* 153.
23. CE, ass., 8 juin 1979, ***Chabrol*** : *Rec.* 271 ; 17 avr. 1985, *Soc. les éditions des Archers* : *Rec.* 100 ; sect., 27 mai 1983, *Fédé. fr. d'études et de sports sous-marins* : *Rec.* 216.

l'Intérieur, police du cinéma : ministre du Cinéma, président de l'université pour le maintien de l'ordre dans les locaux universitaires[24]).

D'autres enfin se distinguent par les procédures auxquelles leur exercice est assujetti (polices des édifices menaçant ruine ou des installations classées).

2) Les concours des polices

L'existence de ces polices est susceptible de créer des conflits de compétences, résolus par les règles de concours des pouvoirs de police.

a) Concours des pouvoirs de police générale

L'intervention de l'autorité supérieure n'exclut pas la possibilité pour les autorités inférieures de prendre des mesures plus restrictives des libertés des administrés, dans la limite territoriale de leur compétence et si les circonstances locales le justifient. Même en présence d'une réglementation nationale ou préfectorale, aucune disposition n'interdit au maire d'une commune de prendre sur le même objet et pour sa commune, par des motifs propres à cette localité, des mesures plus rigoureuses[25].

b) Concours d'une police générale et d'une police spéciale

En principe, l'existence d'une police spéciale ne fait pas obstacle à l'exercice de la police générale[26]. Une difficulté peut survenir si les deux ont la même finalité ou si l'une englobe l'autre.

Une même autorité peut être autorité de police générale et de police spéciale. Lorsqu'est en cause la police spéciale concernée, elle doit utiliser ses pouvoirs de police spéciale, les lois spéciales dérogeant aux lois générales. La solution ne va pas toujours de soi. En signant un décret interdisant de fumer dans les lieux publics, le Premier ministre agit comme autorité de police générale et non comme autorité de police spéciale de la santé[27]. Un maire peut user de son pouvoir de police générale alors qu'il aurait dû normalement user d'une police spéciale, sauf si cet usage, hors des cas d'urgence, a pour objet ou pour effet de ne pas respecter la procédure prévue pour la police spéciale[28]. Lorsque des autorités différentes exercent la police générale et la police spéciale, si la police spéciale a été exercée, l'autorité de police générale peut exercer ses pouvoirs, à condition que les circonstances particulières le justifient[29].

Parfois, la loi instituant une police spéciale donne à celle-ci un caractère exclusif et interdit à la police générale de s'exercer concurremment sur le même objet. Pourtant, en cas de péril imminent, le maire peut édicter des mesures de police générale envers des établissements classés pour la protection de l'environnement, alors que la police spéciale de ces établissements appartient au préfet et bien que le Code de l'environnement interdise en principe au maire ces prescriptions[30]. Si la police spéciale a été

---

24. CE, 26 oct. 2005, *Gollnisch* : *AJDA* 2006, 505.
25. CE, 23 oct. 1959, *Doublet* : *Rec.* 540 ; *Maire Néris-les-Bains* : *préc.* ; sect., 9 nov. 1990, *V. Angers* : *Rec.* 320.
26. CE, 20 juill. 1935, *Éts SATAN* : *Rec.* 847 ; 10 avr. 2002, *Min. équip., transp. et log.* : *RFDA* 2002, 676.
27. CE, 19 mars 2007, *Mme Le Gac et a.* : *Rec.* 124 ; *OABA*, *préc.*
28. CE, 22 déc. 1993, *Cne Carnoux-en-Provence* : *RDP* 1994, 588.
29. *Soc. Les Films Lutetia* : *préc.*
30. CE, 29 sept. 2003, *Houillères du bassin de Lorraine* : *Rec.* 887.

exercée, l'autorité de police générale peut aggraver les mesures prises, si des circonstances locales le justifient. Si la police spéciale n'a pas été exercée, l'autorité de police générale peut intervenir afin de maintenir l'ordre public[31]. Le maire peut réglementer la diffusion de publications dangereuses pour la jeunesse, dès lors que les circonstances locales le justifient, malgré l'existence de la police spéciale du ministre de l'Intérieur[32].

Le maire ne peut pas, sur le fondement de son pouvoir de police générale, réglementer l'implantation d'antennes relais sur le territoire de la commune, seules les autorités étatiques désignées par la loi comme titulaires des pouvoirs de police spéciale étant compétentes en la matière[33].

c) Concours des polices spéciales

Ce concours n'est en principe pas possible. Chaque police spéciale doit être exercée en vue de l'objet qui est le sien. Il ne doit y avoir ni empiétement de l'une sur l'autre ni substitution de l'une à l'autre. Au sein d'une même police spéciale, les textes déterminent les compétences des différentes autorités.

C - Les procédés de police

Les mesures de police prennent toujours la forme d'actes unilatéraux. Le recours au procédé contractuel est en principe prohibé. Le pouvoir de police ne saurait être délégué à une personne privée. L'autorité de police ne saurait réclamer de l'usager le paiement d'un prix ou d'une redevance pour ses prestations[34].

La jurisprudence oppose mesures de police et sanctions administratives, procédés de répression non pénale, parfois difficiles à distinguer des premières[35], dont les régimes juridiques diffèrent. Les premières sont soumises aux exigences de la contradiction et ne relèvent pas de l'article 6-1 de la Conv. EDH, à l'inverse de la plupart des secondes.

Ces deux types de mesures se distinguent essentiellement par leur finalité, préventive ou répressive. Ainsi, la suspension du permis de conduire est une mesure de police car son but principal est d'éviter que le conducteur ne commette d'autres infractions, mais le retrait de points du permis est une sanction faisant suite à une infraction avérée[36]. La même mesure peut s'analyser tantôt comme une mesure de police, tantôt comme une sanction administrative, selon le but qu'elle vise[37].

---

31. CE, sect., 22 déc. 1978, *Union des chbres synd. d'affichage* : *Rec.* 530 ; 15 janv. 1986, *Soc. PecEngineering* : *Rec.* 635.
32. CE, 9 oct. 1996, *Cne Taverny* : *Rec.* 1057 ; 2 déc. 2009, *Cne Rachecourt-sur-Marne* : *Rec.* 481.
33. CE, ass., 26 oct. 2011, *Cne Pennes-Mirabeau*, n° 329904, *Cne Saint-Denis* : *Rec.* 529.
34. *V. Castelnaudary* : *préc.* ; *SARL Plage Chez Joseph* : *préc.* ; CE, 5 déc. 1984, *V. Versailles* : *Rec.* 399 : frais de secours aux blessés ; ass., 30 oct. 1996, *Mme Wajs et Monnier* : *Rec.* 387 : frais de surveillance des autoroutes par la gendarmerie.
35. CE, 3 nov. 1989, *Blanquié* : *Rec.* 817 ; avis, 27 sept. 1999, *Rouxel* : *Rec.* 280.
36. *Idem.*
37. CE, 22 juin 2001, *Soc. Athis* : *RFDA* 2002, 509 : retrait d'agrément prononcé par la COB.

3 • LES LIMITES DU POUVOIR DE POLICE

On met traditionnellement l'accent sur les limites de la police administrative, dans la mesure où la nécessité de ces mesures conditionne leur légalité. Les autorités de police ont l'obligation, et non la faculté, d'agir lorsque certaines conditions sont réunies.

A - Le respect du principe de légalité

L'exercice du pouvoir de police est soumis, comme toute l'action administrative, au principe de légalité et au contrôle du juge. Les mesures de police doivent être prises par l'autorité compétente, sur le fondement des textes en vigueur à la date de leur édiction et non à celle de ceux applicables au moment des faits considérés[38], respecter les procédures et formes prescrites. L'interdiction aux seuls mineurs de 16 ans du film « Antéchrist » a été annulée pour insuffisance de motivation en la forme[39]. Surtout, elles doivent avoir pour but le maintien de l'ordre public. Elles ne sont pas soumises au respect des dispositions de la Conv. EDH. Elles doivent aussi respecter les sujétions imposées par la défense nationale[40].

L'étendue des pouvoirs de police diffère selon qu'ils s'appliquent à une liberté garantie par la loi, qui en définit les conditions d'exercice (association, presse...) ***ou à une activité quelconque des administrés***. Ils sont plus restreints à l'égard des libertés définies. Les manifestations sur la voie publique, dont les processions religieuses, revêtant un caractère traditionnel et se rattachant à l'exercice du culte, garanti par la loi, ne peuvent être interdites qu'en cas de menace grave pour l'ordre public[41]. Celles qui ne sont pas inhérentes à une liberté définie peuvent être plus strictement réglementées.

CE, 19 févr. 1909, Abbé Olivier : Rec. 181

« [...] si le maire est chargé par l'article 97 de la loi du 5 avr. 1884 du maintien de l'ordre dans la commune, il doit concilier l'accomplissement de sa mission avec le respect des libertés garanties par les lois ; qu'il appartient au Conseil d'État, saisi d'un recours pour excès de pouvoir contre un arrêté rendu par application de l'art. 97 précité, non seulement de rechercher si cet arrêté porte sur un objet compris dans les attributions de l'autorité municipale, mais encore d'apprécier, suivant les circonstances de la cause, si le maire n'a pas, dans l'espèce, fait de ses pouvoirs un usage non autorisé par la loi [...] »

Les exigences de la légalité varient selon les mesures considérées. Le contrôle du but par le détournement de pouvoir joue un rôle important, de même que le principe d'égalité, qui interdit toute discrimination injustifiée. Le juge contrôle la qualification juridique des faits et porte ce contrôle à son maximum s'agissant de l'exercice de la police municipale, ce qui l'amène à prendre en considération les circonstances, le lieu,

38. CE, 31 juill. 1996, *Sasorith*, n° 169703.
39. CE, 25 nov. 2009, *Assoc. Promouvoir* : *Rec.* 964.
40. *Blanquié* : *préc.* ; CE, sect., 25 févr. 1994, *Min. santé* : *Rec.* 98 ; 15 mars 1996, *Cne Busy* : *Rec.* 81.
41. CE, 22 juin 1951, ***Daudignac*** : *Rec.* 362 ; 22 janv. 1982, *Assoc. Foyer de ski de fond de Crévoux* : *Rec.* 30 ; 19 févr. 1909, ***Abbé Olivier*** : *Rec.* 181.

le moment et les moyens dont dispose l'autorité compétente pour assurer l'ordre, qui ont une influence directe sur leur légalité[42].

CE, 19 mai 1933, Benjamin : Rec. 541

« Consid. que s'il incombe au maire, en vertu de l'art. 97 de la loi du 5 avril 1884, de prendre les mesures qu'exige le maintien de l'ordre, il doit concilier l'exercice de ses pouvoirs avec le respect de la liberté de réunion garantie par les lois du 30 juin 1881 et du 20 mars 1907 [...] »

L'exercice de la liberté d'expression est une condition de la démocratie et l'une des garanties du respect des autres droits et libertés. Il appartient aux autorités chargées de la police administrative de prendre les mesures nécessaires à l'exercice de la liberté de réunion. Les atteintes portées, pour des exigences d'ordre public, à l'exercice de ces libertés fondamentales doivent être nécessaires, adaptées et proportionnées[43].
La légalité des mesures de police est subordonnée à leur nécessité. La liberté est la règle, la mesure de police l'exception, selon le mot du commissaire du gouvernement Corneille dans ses conclusions sur l'arrêt *Baldy*[44]. Le juge vérifie que la mesure a bien été prise en vue du maintien de l'ordre public et recherche si son édiction était nécessaire pour assurer l'ordre, en examinant concrètement toutes les circonstances de l'espèce. La mesure est légale si l'ordre public ne pouvait être maintenu par une mesure moins rigoureuse ou moins contraignante[45]. De même, l'autorité de police doit toujours respecter les principes d'absolue nécessité et de proportionnalité dans la mise en œuvre de la force publique[46].

Le caractère général et absolu d'une interdiction est fréquemment relevé à l'appui de l'affirmation de son illégalité. Le juge présume que le but recherché aurait pu être atteint en restreignant moins fortement les libertés[47]. ***Les interdictions générales et absolues sont suspectes d'illégalité, mais ne sont pas illégales du seul fait qu'elles sont générales et absolues***[48].

Une mesure de police peut devenir illégale du fait d'un changement de circonstances[49].

Sont illégales les mesures par lesquelles l'autorité de police prescrit par quels moyens atteindre les réglementations ou mesures individuelles qu'elle prend[50].

B - Police et liberté du commerce et de l'industrie

La liberté du commerce et de l'industrie figure parmi les libertés publiques placées sous la sauvegarde du législateur par l'article 34 de la Constitution[51]. Les mesures de police

42. CE, 9 juill. 2003, *Lecomte* : *AJDA* 2003, 2110 ; 30 déc. 2003, *L.* : *AJDA* 2004, 888.
43. CE, réf., 6 févr. 2015, *Cne Cournon d'Auvergne*, n° 387726.
44. CE, 17 août 1917 : *Rec.* 638.
45. *Préf. Loiret* : *préc.* ; CE, 30 juill. 2003, *Assoc. Gurekin* : *Rec.* 614 ; *M. L.* : *préc.*.
46. CE, 2 sept. 2009, *Assoc. réseau d'alerte et d'intervention pour les droits de l'homme* : *Rec.* 346.
47. *Daudignac* : *préc.* ; T. confl., 8 avr. 1935, ***Action fr.*** : *Rec.* 1226.
48. CE, 13 mars 1968, *Épx Leroy* : *Rec.* 178 ; 21 janv. 1966, *Legastellois* : *Rec.* 45 ; sect., 25 janv. 1980, *Gadiaga* : *Rec.* 44 ; 22 oct. 2003, *Soc. les Sablières de la Perche* : *préc.*
49. CE, 30 juin 2004, *Cne Bertrange* : *AJDA* 2004, 1839.
50. CE, ass., 4 janv. 1935, *D*[me] *Baron* : *Rec.* 16.
51. CE, sect., 28 oct. 1960, *de Laboulaye* : *Rec.* 570.

doivent se combiner avec ce principe[52]. Le gouvernement ne saurait porter atteinte au « libre accès par les citoyens de toute activité professionnelle n'ayant fait l'objet d'aucune limitation légale »[53].

> ***CE, ass., 22 juin 1951, Daudignac : Rec. 362***
> « [...] le maire [...] ne saurait, sans [...] porter atteinte à la liberté de l'industrie et du commerce garantie par la loi, subordonner l'exercice de ladite profession [photographe-filmeur] à la délivrance d'une autorisation [...] »

Le Conseil d'État parle du « principe constitutionnel de la liberté d'entreprendre » et a qualifié la liberté du commerce et de l'industrie de « composante de la liberté fondamentale d'entreprendre »[54]. Mais « il est loisible au législateur d'apporter à la liberté d'entreprendre [...] des limitations liées à des exigences constitutionnelles » – telle celle de la sauvegarde de l'ordre public – « ou justifiées par l'intérêt général, à la condition qu'il n'en résulte pas d'atteintes disproportionnées au regard de l'objectif poursuivi »[55]. Les nécessités de l'ordre public permettent aux autorités de police de réglementer l'exercice des professions dans la mesure où elles risquent d'y porter atteinte[56]. Le Conseil constitutionnel a reconnu « le libre exercice de l'activité professionnelle »[57] et « la liberté d'entreprendre » en se fondant sur la Déclaration des droits de 1789[58].

Les mesures de police doivent respecter le principe d'égalité et les règles de concurrence lorsqu'elles sont susceptibles d'affecter des activités de production, de distribution ou de services[59], mais ne sont pas soumises au respect des stipulations de la Conv. EDH[60]. Les règles du droit de la concurrence ne s'appliquent aux mesures de police que combinées avec les objectifs particuliers de la police administrative considérée. Le ministre de l'Intérieur, dans l'exercice de ses pouvoirs de la police des jeux, doit veiller à ne pas empêcher, restreindre ou fausser le jeu de la concurrence sur un marché[61].

Le principe de liberté contractuelle ne peut être invoqué pour contester des mesures de police visant à assurer la sécurité des administrés[62].

---

52. *Daudignac* : *préc.*
53. CE, ass., 22 juin 1963, *Synd. du personnel soignant de la Guadeloupe* : *Rec.* 386.
54. CE, 10 juin 2009, *Soc. L'oasis du désert et a.* : *Rec.* 610.
55. Cons. const., 2010-55 QPC, 18 oct. 2010, *Rachid et a.* : *Rec.* 291 ; 2010-73 QPC, 3 déc. 2010, *Soc. Zeturf limited* : *AJDA* 2011, 652.
56. CE, 13 mars 1968, ***Min. int. clépx Leroy*** : *Rec.* 179 ; sect., 2 nov. 1956, ***Biberon*** : *Rec.* 403 ; 15 mai 2009, *Soc. Cie des Bateaux Mouches* : *Rec.* 201 : sont nécessaires et proportionnées les mesures de sécurité imposées sur les bateaux à passagers non soumis à la réglementation maritime.
57. Cons. const., 76-88 L, 3 mars 1979, *Réforme hospitalière* : *Rec.* 49.
58. Cons. const., 81-132 DC, 16 janv. 1982, *Loi de nationalisation* : *Rec.* 18.
59. CE, 28 juin 1996, *Groupement fr. de l'hélicoptère* : *Rec.* 695 ; sect., 26 mars 1999, *Soc. Eda et Soc. Hertz France* : *Rec.* 96 ; avis, 22 nov. 2000, *Soc. L&P Publicité* : *Rec.* 525 ; 10 avr. 2002, *SARL Somatour* : *JCP* G, 69, n° 18 ; sect., 10 mars 2006, *Cne Houlgate* : *Rec.* 138.
60. CE, 2 déc. 1992, *Mme Parouty*, n° 115806.
61. *Cne Houlgate* : *préc.*
62. CE, 11 févr. 2011, *Assoc. des riverains de France* : *Rec.* 726.

C - L'obligation d'exercer le pouvoir de police

L'autorité de police doit prendre les mesures nécessaires à l'application des réglementations préexistantes, que cette réglementation émane d'elle ou d'une autorité supérieure[63]. Elle doit prendre les mesures de police initiales en cas de situation susceptible de troubler l'ordre public. Le maire engage la responsabilité de la commune lorsqu'il ne prend pas les mesures nécessaires[64]. Cependant, l'inertie de l'administration ne sera sanctionnée que si la réalité et la gravité des menaces pour l'ordre public sont démontrées.

63. CE, sect., 14 déc. 1962, ***Doublet*** : *Rec.* 680 ; ass., 20 oct. 1972, *Marabout* : *Rec.* 664 ; 23 juin 1976, *Latty* : *Rec.* 329.
64. CE, 5 mars 1971, *Le Fichant* : *Rec.* 185 ; 22 déc. 1971, *Cne Mont-de-Lans* : *Rec.* 789 ; 8 juill. 1992, *V. Chevreuse* : *Rec.* 281 ; 28 nov. 2003, *Cne Moissy-Cramayel* : *Rec.* 464.

CHAPITRE 10

Le service public

L'essentiel de l'action administrative consiste à assurer le fonctionnement des services publics, raison d'être de l'administration. La notion de service public, seule expression connue traditionnellement par le droit français, a longtemps été considérée comme le fondement de toutes les particularités du droit administratif et le critère de la compétence de la juridiction administrative. Depuis le Traité de Lisbonne, le service d'intérêt général recouvre trois réalités : le service d'intérêt économique général, qui correspond à la notion communautaire d'entreprise (souvent désignés comme les services publics économiques en droit français) ; le service non économique d'intérêt général (services publics régaliens et certains services publics sociaux) ; le service universel (prestations essentielles que l'opérateur décidant de l'assurer doit fournir à tous à un prix raisonnable), qui déroge au droit de la concurrence. L'article 16 du Traité relève la place qu'occupent les services d'intérêt économique général parmi les valeurs communes de l'Union et le rôle qu'ils jouent dans la promotion de la cohésion sociale et territoriale. La CJUE admet des restrictions à la concurrence nécessaires pour permettre à une entreprise chargée d'un service d'intérêt économique général de remplir sa mission[1], ainsi que le versement de subventions publiques, compensation représentant la contrepartie des prestations effectuées par les entreprises bénéficiaires pour exécuter des obligations de service public[2].

1 • LA NOTION DE SERVICE PUBLIC

Le service public est à la fois une activité et une structure. Classiquement, il se définit par la réunion d'éléments organiques et d'éléments matériels. On distingue les services publics administratifs des services publics industriels et commerciaux.

A - Les diverses acceptions de la notion de service public

Classiquement, le service public se reconnaissait à la réunion de trois éléments : un élément ***organique*** (un ensemble d'agents et de moyens affectés à une même tâche par une personne publique), un élément ***matériel*** (une activité d'intérêt général que l'administration entend assumer) et un élément ***juridique*** (un ensemble de procédés

1. CJCE, 19 mai 1993, *Corbeau* : *AJDA* 1993, 865.
2. CJCE, 24 juill. 2003, *Altmark Trans.*, aff. C-280/00.

dérogatoires au droit commun). Dans le cadre de l'État libéral, ces éléments coïncidaient largement. Le service public était une activité d'intérêt général, assurée par une personne publique au moyen de procédés exorbitants du droit commun.

Certains besoins d'intérêt général sont satisfaits sur décision de l'autorité publique, mais par des organismes privés, des organismes publics gèrent des activités industrielles et commerciales identiques à celles d'entreprises privées. Il y a dissociation entre l'élément organique et l'élément matériel, mais aussi entre ces deux éléments et l'élément juridique, ce qui a provoqué la crise du service public, faisant perdre à la notion son intérêt fondamental : permettre de définir tout à la fois le champ d'application du droit administratif et le critère de compétence de la juridiction administrative.

Le service public correspond à la satisfaction d'un besoin d'intérêt général et relève, directement ou indirectement, d'une autorité publique en dernier ressort. Il a toujours été admis que l'État pouvait déléguer certaines missions de service public à des personnes privées, à condition que ces services ne relèvent pas de fonctions de souveraineté. Certaines activités se reconnaissent aisément comme des services publics, en ce qu'elles visent à satisfaire le mieux possible les besoins de tout ou partie des administrés : santé, défense nationale, enseignement. D'autres ont pour but de financer ces services publics : perception des impôts, exploitation d'un casino municipal[3].

1) Les éléments organiques : le rattachement à une personne publique

Le rattachement à une personne publique est indispensable. Lorsque ***la personne publique assure elle-même l'activité, il suffit de déterminer que l'activité correspond à un but d'intérêt général***. Si l'activité est assumée par un organisme privé, il faut rechercher s'il l'exerce au lieu et place d'une personne publique. La grande diversité de formes d'association des personnes privées au service public empêche de se référer à un critère unique[4]. Une personne privée peut assurer une mission de service public parce que le législateur a entendu reconnaître l'existence de ce service public.

Elle est ensuite chargée de l'exécution d'un service public lorsqu'elle assure une mission d'intérêt général sous le contrôle de l'administration et est dotée à cette fin de prérogatives de puissance publique. En l'absence de ces dernières, une personne privée doit également être regardée, dans le silence de la loi, comme assurant une mission de service public lorsque, eu égard à l'intérêt général de son activité, aux conditions de sa création, de son organisation ou de son fonctionnement, aux obligations qui lui sont imposées ainsi qu'aux mesures prises pour vérifier que les objectifs qui lui sont assignés sont atteints, il apparaît que l'administration a entendu lui confier une telle mission.

Dans cette dernière hypothèse, un faisceau d'indices permet de déterminer que l'administration a entendu confier à une personne privée une mission de service public : l'intérêt général de l'activité ; les conditions de création, d'organisation et de fonctionnement de la personne ; les obligations qui lui sont imposées et les mesures prises pour vérifier que les objectifs qui lui sont assignés sont atteints[5].

---

3. ***Synd. des exploitants de cinématographes de l'Oranie*** : *préc.* ; CE, 22 nov. 1946, *Cne Saint-Priest-la-Plaine* : *Rec.* 279 ; 25 mars 1966, *V. Royan* : *Rec.* 237.
4. CE, ass., 17 févr. 1992, *Soc. Textron* : *Rec.* 66 ; 20 juill. 1990, *V. Melun et assoc. Melun-Culture-Loisirs* : *Rec.* 220.
5. ***APREI*** : *préc.* ; 5 déc. 2007, *Soc. UGC-Ciné-Cité* : *Rec.* 418 ; 25 juill. 2008, *CEA* : *Rec.* 751.

2) *Les éléments matériels du service public*

Les éléments matériels concernent le contenu même et le but de l'activité, son caractère d'intérêt public. Les personnes publiques n'exercent pas nécessairement à tout moment des missions d'intérêt général. À l'inverse, des personnes privées peuvent exercer des missions d'intérêt général : animation culturelle, aide à l'insertion sociale, activités de formation, gestion de centres de loisirs etc.[6]. La légitimité de la gestion par des collectivités publiques de services commerciaux et industriels, susceptibles de concurrencer des activités privées, et heurtant les principes de liberté du commerce et de l'industrie et de libre concurrence, se pose.

Le législateur est quant à lui libre d'apprécier quelles activités doivent être érigées en services publics. Pourtant, le fait qu'une activité ait été érigée en service public par le législateur sans que la Constitution l'ait exigé ne fait pas obstacle à ce que cette activité fasse, comme l'entreprise qui en est chargée, l'objet d'un transfert au secteur privé[7].

B - La distinction services publics administratifs et services publics industriels et commerciaux

Aux premiers s'applique une gestion publique, aux seconds une gestion privée. Les relations entre les premiers et leurs usagers, leur personnel et les tiers relèvent du droit public ; celles qui se nouent entre les seconds et ces mêmes personnes, du droit privé[8].

Tous les services publics sont soit administratifs soit industriels et commerciaux. La catégorie des services publics sociaux (colonies de vacances, centres aérés et patronages créés par des personnes publiques), dégagée par l'arrêt *Naliato* a disparu.

La qualification donnée par une loi s'impose. Tel est le cas des services publics d'eau et d'assainissement et des services de remontées mécaniques et de pistes de ski, qui sont des services publics industriels et commerciaux par détermination de la loi[9]. Lorsqu'un texte qualifie l'établissement chargé d'assurer le service, la qualification rejaillit sur le service. Seule une qualification législative s'impose, le juge se reconnaît le pouvoir de modifier les qualifications réglementaires[10]. Pour s'imposer, la qualification législative doit en outre être claire, le juge pouvant toutefois se fonder sur les travaux préparatoires. Hors ce cas, la jurisprudence a dû dégager les éléments de distinction.

Le caractère administratif d'un service public assuré par des personnes publiques est presque présumé, leurs activités étant normalement administratives[11].

Le caractère d'un service public se détermine par la prise en considération de trois éléments : l'objet du service, l'origine de ses ressources et ses modalités de

6. T. confl., 24 nov. 1984, *Loiseleur* : *Rec.* 631 ; CE, 26 sept. 1986, *Épx Herbelin* : *Rec.* 221 ; *V. Melun* : *préc.* ; 22 juill. 1994, *Office mun. d'aménagement et de gestion d'Allauch* : *Rec.* 951.
7. Cons. const., 86-207 DC, 26 juin 1986, *Mesures d'ordre économique et social* : *Rec.* 61.
8. T. confl., 22 janv. 1921, ***Soc. comm. de l'Ouest africain*** : *Rec.* 91.
9. T. confl., 6 avr. 2009, *Mme Ferry c/Synd. mixte des stations de l'Audibergue et de Gréolières* : *Rec.* 670.
10. T. confl., 24 avr. 1978, *Soc. Boulangerie de Kourou* : *Rec.* 645 ; 24 juill. 1968, *Soc. Distilleries bretonnes, Soc. d'approvisionnement alimentaire* : *Rec.* 801.
11. CE, avis, 20 oct. 2000, *Mme Torrent* : *Rec.* 469 (service public transfusionnel).

fonctionnement et d'organisation. Le service n'est industriel et commercial que si, à ces trois points de vue, il ressemble à une entreprise privée[12].

Rechercher ***l'objet du service*** consiste à déterminer les ***opérations par lesquelles se manifeste l'exécution du service***. La réponse est aisée s'agissant d'activités que des entreprises privées prennent en charge ou à l'inverse ne sauraient gérer. Dans de nombreux cas, la question reste ouverte[13]. Le juge se détermine grâce au contexte. Si l'objet du service se déroule dans un contexte de police administrative ou de travaux publics, il conclut à son caractère administratif[14].

Si ***les ressources*** proviennent majoritairement des ***redevances perçues sur les usagers en contrepartie des prestations fournies***, le service est ***industriel et commercial***. À l'inverse, un service ***financé par des subventions ou des recettes fiscales est administratif***[15]. Le juge judiciaire du fond doit s'assurer, pour déterminer le caractère industriel et commercial d'un service public, que la plus grande partie de ses ressources ne provient pas de concours publics[16].

Les modalités de fonctionnement sont en contradiction avec le caractère industriel et commercial si le service est gratuit ou si le tarif des prestations exclut volontairement toute possibilité de bénéfice[17]. De façon générale, ***si la personne publique assure le service directement, ce dernier est administratif, mais le fait qu'un service public soit assuré en régie directe n'exclut pas son caractère industriel et commercial, bien qu'il y ait là présomption du caractère administratif***[18].

2 • LES MODES DE GESTION DES SERVICES PUBLICS

En l'absence de disposition législative, l'autorité administrative apprécie, en opportunité, comment assurer la gestion du service public. Le juge ne contrôle pas ce point[19]. L'administration choisit librement la personne privée à qui confier la gestion du service par contrat. Elle doit cependant assurer la publicité de son projet, afin de provoquer sa mise en concurrence, établir la liste des candidats admis à présenter des offres et adresser à chacun d'eux un dossier complet sur le service à assurer (loi Sapin). La durée des conventions de délégation doit être proportionnée aux prestations demandées au délégataire et à la durée des investissements mis à sa charge.

---

12. CE, ass., 16 nov. 1956, ***Union synd. industries aéronautiques***: *Rec.* 434 ; sect., 17 oct. 2003, *Épx Bompard*: *Rec.* 403 ; T. confl., 17 déc. 1962, *D^me^ Bertrand*: *Rec.* 831 ; 20 janv. 1986, *SA Roblot*: *Rec.* 298.
13. *D^me^ Bertrand*: *préc.*, entrepôt frigorifique ; T. confl., 15 janv. 1959, *Caisse de crédit mun. de Toulon*: *Rec.* 658, mise en œuvre de la politique du gouvernement et versement d'aides et d'indemnités ; *Union ind. aéronautiques*: *préc.*, distribution de subventions non remboursables ; 19 févr. 1990, *Centre national pour l'aménagement des structures des exploitations agric.* : *Rec.* 387 : ou de prêts de façon désintéressée.
14. T. confl., 13 déc. 1976, *Épx Zaoui*: *Rec.* 706 ; 23 févr. 1981, *Crouzel*: *Rec.* 631.
15. CE, 20 janv. 1988, *SCI La Colline*: *Rec.* 21 ; T. confl., 25 avr. 1994, *Synd. mixte d'équipement de Marseille*: *Rec.* 856.
16. Cass. soc., 24 juin 2014, *CCI du Var*, n° 13-11.142.
17. CE, sect., 30 juin 1950, *Soc. Merrienne*: *Rec.* 408 ; T. confl., 24 oct. 1994, *Préf. Mayotte*: *Rec.* 807.
18. CE, sect., 14 juin, *Épx Hébert*: *Rec.* 364 ; T. confl., 19 déc. 1988, *Ponce*: *Rec.* 497 ; 14 mai 1990, *Épx Laperrouze*: *Rec.* 618.
19. CE, 4 mai 1906, *Babin*: *Rec.* 362 ; 7 juin 1995, *C^té^ mixte de la SEM locale du Gaz de Bordeaux*: *Rec.* 226.

Indépendamment des cas dans lesquels le législateur a lui-même entendu reconnaître ou, à l'inverse, exclure l'existence d'un service public, une personne privée qui assure une mission d'intérêt général sous le contrôle de l'administration peut être chargée de l'exécution d'un service public.

On rencontre deux grands modes de gestion des services publics : la gestion directe et la gestion déléguée, dans laquelle la rémunération est assurée, au moins en majeure partie, par les résultats de l'exploitation prise en charge[20].

A - Gestion déléguée

Dès lors que la nature du service public n'y fait pas par elle-même obstacle[21], la collectivité publique responsable de ce service peut décider de confier sa gestion à un tiers. À cette fin, elle doit, sauf si un texte en dispose autrement, conclure en principe avec un opérateur, quel que soit son statut juridique et alors même qu'elle l'aurait créé ou aurait contribué à sa création ou qu'elle en serait membre, associé ou actionnaire, un contrat de délégation de service public ou, si la rémunération de son cocontractant n'est pas substantiellement liée aux résultats de l'exploitation du service, un marché de service.

Elle peut toutefois ne pas passer un tel contrat lorsque, eu égard à la nature de l'activité en cause et aux conditions particulières dans lesquelles il l'exerce, le tiers auquel elle s'adresse ne peut être regardé comme un opérateur sur un marché concurrentiel.

La délégation de service public est un contrat par lequel une personne morale de droit public confie la gestion d'un service public dont elle a la responsabilité à un délégataire public ou privé, dont la rémunération est substantiellement liée aux résultats de l'exploitation du service[22]. Le délégataire peut être chargé de construire des ouvrages ou d'acquérir des biens nécessaires au service. La loi du 29 janvier 1993 impose, pour la passation des délégations de service public, le recours à une publicité permettant la présentation d'offres concurrentes[23]. L'autorité délégante choisit librement les candidats admis à présenter une offre et avec lesquels elle entend mener les négociations[24].

La concession est la forme classique de la gestion déléguée. Une personne publique, l'autorité concédante, confie par contrat la charge d'assurer l'exécution du service pendant une période déterminée à une personne privée ou publique qu'elle choisit librement, le concessionnaire. Dans la conception classique, le concessionnaire doit assurer le service à ses frais et risques et sa rémunération résulte du produit des redevances qu'il perçoit sur les usagers du service, conformément à un tarif. Il ne saurait y avoir concession au sens classique que si la rémunération est assurée par les usagers[25]. Souvent, le concessionnaire a d'abord la charge de construire les ouvrages nécessaires à l'exécution du service. Il y a alors tout à la fois concession de travaux publics et de service public.

20. CE, 15 avr. 1996, *Préf. Bouches-du-Rhône* : *Rec.* 137.
21. CE, ass. gén., 13 févr. 2007, avis : *AJDA* 2007, 787 : le recouvrement des recettes et le paiement des dépenses publiques ne peuvent être opérés que par un comptable public.
22. *Préf. Bouches-du-Rhône* : *préc.*
23. CE, 1er avr. 2009, *Cté urb. Bordeaux* : *préc.*
24. CE, 23 mai 2008, *Musée Rodin* : *Rec.* 805.
25. CE, sect., 26 nov. 1971, ***Soc. industrielle de fertilisants humiques et récupération*** : *Rec.* 723.

L'administration choisit librement son concessionnaire[26]. La concession peut porter sur l'exécution de services publics administratifs aussi bien qu'industriels et commerciaux, être consentie à des établissements publics ou à des sociétés d'économie mixte comme à des sociétés privées. La collectivité concédante peut s'associer financièrement avec le concessionnaire. La jurisprudence communautaire a de plus en plus tendance à aligner le régime des concessions sur celui des marchés publics.

L'affermage consiste à confier au délégataire la seule exploitation des ouvrages publics construits par la collectivité publique, pour laquelle il paie une redevance. Le délégataire se rémunère sur les usagers.

Dans ***la régie intéressée***, le régisseur exploite le service, mais ses recettes proviennent pour l'essentiel de l'administration contractante et varient en fonction de critères liés à la qualité de sa gestion et aux résultats de l'activité.

Le principe de la liberté du commerce et de l'industrie ne fait pas obstacle à ce qu'un établissement public, ou une autre personne publique, se porte candidat à l'obtention d'une délégation de service public proposée par une collectivité territoriale[27].

Les collectivités publiques peuvent aussi passer un marché public de services ou investir unilatéralement une personne privée, qu'elles désignent, du service, lorsque eu égard à la nature de l'activité en cause et aux conditions particulières dans lesquelles il l'exerce, le tiers auquel les collectivités publiques s'adressent ne saurait être regardé comme un opérateur sur un marché concurrentiel[28].

B - Gestion directe

La collectivité publique responsable d'un service public peut décider d'en assurer la gestion directement, en simple régie ou, mais seulement s'il s'agit d'une collectivité territoriale, dans le cadre d'une régie dotée de l'autonomie financière et, le cas échéant, de la personnalité juridique.

Il y a aussi gestion directe si la collectivité publique crée à cette fin un organisme, par exemple un établissement public, dont l'objet statutaire exclusif est, sous réserve d'une diversification purement accessoire, de gérer ce service et si elle exerce sur cet organisme un contrôle comparable à celui qu'elle exerce sur ses propres services, lui donnant notamment les moyens de s'assurer du strict respect de son objet statutaire. Cet organisme doit, dès lors, être regardé comme n'étant pas un opérateur et il n'y a pas lieu à la conclusion d'un contrat de délégation de service public ou d'un marché public de service. Un tel organisme peut notamment être mis en place lorsque plusieurs collectivités publiques décident de créer et de gérer ensemble un service public[29].

---

26. CE, ass., 16 avr. 1986, *Cie luxembourgeoise de télévision* : *Rec.* 97.
27. CE, 16 oct. 2000, *Cie méditerranéenne d'exploitation des services d'eau* : *Rec.* 422 ; avis, 8 nov. 2000, *Soc. Jean-Louis Bernard Consultants* : *Rec.* 492.
28. CE, sect., 6 avr. 2007, ***Cne Aix-en-Provence*** : *Rec.* 155.
29. CE, 29 avr. 1970, *Soc. Unipain* : *Rec.* 180 ; *Cne Aix-en-Provence* : *préc.*

3 • LE RÉGIME JURIDIQUE DES SERVICES PUBLICS

La création du service public ou la transformation en service public d'une activité privée suppose une décision de l'autorité publique. La compétence est réglementaire pour les services nationaux, sauf lorsque la création du service correspond à celle d'une nouvelle catégorie d'établissement public ou à la nationalisation d'une entreprise privée, qui relèvent de la compétence du législateur. Les mêmes autorités ont compétence pour déterminer les modes de gestion des services publics, extrêmement divers.

A - Création des services publics

L'autorité compétente décide, dans le respect des limites légales, la création de services publics aptes à satisfaire les besoins de la population et la façon dont ces services seront gérés. Il n'existe pas de droit au service public. Certains services sont imposés par la Constitution : défense, justice, police, perception des impôts, éducation... Ainsi, il revient à l'État de prendre les mesures et de mettre en œuvre les moyens nécessaires pour que le droit à l'éducation et l'obligation scolaire aient un caractère effectif pour les enfants handicapés[30]. D'autres par la loi : service extérieur des pompes funèbres, archives communales, entretien des voies publiques, lutte contre l'incendie... Certains sont réservés à l'État ou à une collectivité donnée. Certains sont interdits aux collectivités territoriales (communication électronique, par exemple). Pour les autres, facultatifs, l'autorité compétente apprécie les besoins collectifs et l'opportunité de les prendre en charge. Certains intérêts publics justifient, par eux-mêmes, la création de services publics : services liés à l'exploitation d'une dépendance du domaine public (transports en commun utilisant la voie publique), satisfaction par une personne publique des besoins de ses services ou service visant la satisfaction de besoins que la personne publique a naturellement vocation à assurer, telle que la salubrité publique[31].

En règle générale, les personnes publiques ne peuvent concurrencer l'initiative privée. Elles doivent respecter le principe de la liberté du commerce et de l'industrie, posé par l'article 7 de la loi d'Allarde des 2-17 mars 1791, figurant au nombre des libertés publiques et rappelé par la loi du 2 mars 1982, le qualifiant de liberté d'entreprendre. La jurisprudence dite du ***socialisme municipal*** régit leurs interventions dans le domaine industriel et commercial ou des professions libérales. Le Conseil d'État a admis leur légalité dans l'hypothèse de ***circonstances exceptionnelles***, ou de ***circonstances particulières de temps et de lieu***, faisant apparaître une carence de l'initiative privée, exigence ensuite assouplie. Une personne publique peut aussi assurer elle-même une activité commerciale pour répondre à ses propres besoins, telle une boulangerie approvisionnant un établissement pénitentiaire[32].

---

30. CE, 8 avr. 2009, *M. et Mme Laruelle* : *Rec.* 136.
31. CE, 12 juill. 1939, ***Chbre synd. des maîtres-buandiers de Saint-Etienne*** : *Rec.* 478 ; sect., 23 juin 1972, *Soc. La Plage de la Forêt* : *Rec.* 477.
32. CE, 29 mars 1901, ***Casanova*** : *Rec.* 333 ; ***Chbre synd. du commerce en détail de Nevers*** : *préc.* ; *Soc. Unipain* : *préc.* ; ass., 26 oct. 2011, *Assoc. pour la promotion de l'image* : *Rec.* 505.

Un service public distinct d'un autre, légalement créé, peut être adjoint à celui-ci, à condition d'en constituer le complément nécessaire[33]. L'exploitation du service public doit cesser lorsque l'initiative privée devient suffisante pour satisfaire le besoin correspondant, mais peut se poursuivre le temps d'amortir les investissements réalisés. En outre, ni la liberté du commerce et de l'industrie, ni le droit de la concurrence ne font obstacle à ce que les personnes publiques décident d'exercer elles-mêmes, dès lors qu'elles le font exclusivement à cette fin, les activités qui découlent de la satisfaction de ces besoins, alors même que leur décision est susceptible d'affecter les activités privées de même nature[34]. Aujourd'hui, si les personnes publiques entendent, indépendamment des missions de service public dont elles sont investies, prendre en charge une activité économique, elles ne peuvent légalement le faire que dans le respect tant de la liberté du commerce et de l'industrie que du droit de la concurrence. À cet égard, pour intervenir sur un marché, elles doivent non seulement agir dans la limite de leurs compétences, mais également justifier d'un intérêt public, lequel peut résulter notamment de la carence de l'initiative privée. Une fois admise dans son principe, une telle intervention ne doit pas se réaliser suivant des modalités telles qu'en raison de la situation particulière dans laquelle se trouverait cette personne publique par rapport aux autres opérateurs agissant sur le même marché, elle fausserait le libre jeu de la concurrence sur celui-ci[35].

B - Le droit applicable aux services publics

Dans la conception classique, le régime juridique du service public se définit par l'application intégrale et exclusive du droit administratif. Ses règles sont présentées comme spécialement conçues en fonction des nécessités propres des services publics. L'adéquation entre droit administratif et régime juridique du service public, inexacte dès l'origine, est aujourd'hui totalement erronée. Le service public échappe partiellement au régime dérogatoire du droit commun (concession, gestion privée du service), régime qui s'applique toujours aux services publics administratifs traditionnels, sous réserve du recours occasionnel à des procédés de gestion privée.

Le principe inverse vaut pour les services industriels et commerciaux, normalement soumis au droit commun, mais auxquels s'appliquent certaines règles du droit public. Leur personnel a le statut de salariés privés, hormis l'agent placé à la tête du service et le comptable, s'il a la qualité de comptable public[36].

---

33. CE, sect., 18 déc. 1959, *Delansorme* : *Rec.* 692.
34. CE, 23 juin 1933, *Lavabre* : *Rec.* 677 ; *Assoc. pour la promotion de l'image, préc.*
35. CE, ass., 31 mai 2006, ***Ordre des avocats au barreau de Paris*** : *Rec.* 272.
36. CE, 26 janv. 1923, ***de Robert Lafreygère*** : *Rec.* 67 ; 8 mars 1957, ***Jalenques de Labeau*** : *Rec.* 158.

Régime juridique du SPA

	SPA géré par une personne publique	SPA géré par une personne privée
Actes administratifs	Oui	non, sauf délégation de prérogatives de puissance publique
Contrats	administratifs si clause exorbitante ou exécution du service public	de droit privé, sauf si mandat de la personne publique et clause exorbitante ou exécution du service public
Biens	domaine public	privés, sauf mise à disposition de biens du domaine public
Personnel	agents de droit public	agents de droit privé sauf mise à disposition d'agents publics
Usagers	situation réglementaire de droit public, sauf exception	situation réglementaire de droit public, sauf exception
Responsabilité extracontractuelle	droit administratif	droit privé, sauf litige lié à l'utilisation de prérogatives de puissance publique ou dommage de travaux publics

Régime juridique du SPIC

	SPIC géré par une personne publique	SPIC géré par une personne privée
Actes	– organisation du service : administratifs – gestion du service : de droit privé	– organisation du service si délégation de prérogatives de puissance publique : administratifs, sinon de droit privé – gestion du service : de droit privé
Contrats	– avec les usagers : de droit privé – autres : administratifs si clause exorbitante ou exécution du service public	– avec les usagers : de droit privé – autres : de droit privé sauf si mandat de la personne publique et clause exorbitante ou exécution du service public
Biens	domaine public	biens privés, sauf mise à disposition de biens du domaine public
Personnel	agents de droit privé, sauf directeur et agent comptable	agents de droit privé
Usagers	liens de droit privé	liens de droit privé
Responsabilité extracontractuelle	– usagers : droit privé – tiers : droit privé sauf exception	– usagers : droit privé – tiers : droit privé, sauf exception

C - Les principes fondamentaux du service public

L'application de ces principes, connus sous le nom de *lois de Rolland*, est rigoureuse dans les services publics administratifs, plus lâche dans les services publics industriels et commerciaux. Ils se rattachent aux idées de continuité, d'adaptation aux circonstances nouvelles et d'égalité.

La gratuité n'est pas une loi fondamentale du service public. Par principe exclue dans les services publics industriels et commerciaux, elle n'existe pas non plus pour les services publics administratifs. Toutefois, les usagers doivent pouvoir bénéficier gratuitement des prestations d'un service public obligatoire : secours, lutte contre l'incendie, contrôle dans l'intérêt de la santé publique. En revanche, la gratuité est exclue pour les frais exposés pour des prestations particulières ne relevant pas de la nécessité publique[37].

1) La continuité

Le service public répond à un besoin d'intérêt général, dont la satisfaction ne saurait être interrompue, raison pour laquelle la jurisprudence a posé le principe de continuité du service public. Principe fondamental pour le Conseil d'État[38], il a valeur constitutionnelle pour le Conseil constitutionnel. Diverses règles s'y rattachent : caractère strict des délais imposés au concessionnaire, interdiction d'interrompre le service sauf cas de force majeure ou fait de l'administration le mettant dans l'impossibilité de continuer l'exécution, ou à un agent démissionnaire de quitter le service avant l'acceptation de sa démission, limitation du droit de grève de certains fonctionnaires et agents. Le préambule de la Constitution du 27 octobre 1946 dispose que le droit de grève s'exerce dans le cadre des lois qui le réglementent. Faute d'adoption d'une loi générale, le Conseil d'État a considéré[39] que l'absence de réglementation ne saurait avoir pour conséquence d'exclure les limitations qui doivent être apportées à ce droit comme à tout autre en vue d'en éviter un usage abusif ou contraire aux nécessités de l'ordre public. En l'état actuel de la législation, il appartient au gouvernement, responsable du bon fonctionnement des services publics, de fixer lui-même, sous le contrôle du juge, en ce qui concerne ses services, la nature et l'étendue desdites limitations. Si, en principe, le législateur a compétence pour réglementer le droit de grève, à défaut, le chef de service peut intervenir, dans le cadre de son pouvoir réglementaire, sans toutefois y être obligé[40], de même que les dirigeants d'établissements publics ou d'organes de droit privé gérant un service public (v. supra). La loi du 21 août 2007 a fixé les modalités de la grève dans les transports terrestres de voyageurs[41] et celle du 19 mars 2012 dans les entreprises de transport aérien de passagers[42].

2) La mutabilité

Le service public doit pouvoir évoluer selon les exigences de l'intérêt général. Tel est l'objet du principe de mutabilité, ou d'adaptabilité. Ni les agents, ni les usagers ne peuvent se prévaloir d'un droit acquis au maintien du statut en vigueur lorsqu'ils sont entrés en relation avec le service. Les usagers et les agents des services publics administratifs se trouvent dans une situation légale et réglementaire, déterminée

---

37. CE, ass., 10 juill. 1996, *Soc. Direct Mail Promotion* : *Rec.* 277 ; ass., 30 oct. 1996, *Mme Wajs et Monnier* : *Rec.* 387 ; *V. Versailles* : *préc.*
38. CE, 13 juin 1980, *D^{me} Bonjean* : *Rec.* 274.
39. CE, ass., 7 juill. 1950, ***Dehaene*** : *Rec.* 426.
40. Cons. const., 79-105 DC, 25 juill. 1979, *Droit de grève à la radio et à la télévison* : *Rec.* 33 ; 22 juill. 1980 : *Rec.* 42 ; CE, 8 mars 2006, *Onesto et a.* : *Rec.* 113.
41. *JO*, 22 août 2007, 13 956 ; Cons. const., 2007-556 DC, 16 août 2007, *Transports terrestres réguliers de voyageurs* : *Rec.* 319.
42. Cons. const., 15 mars 2012, n° 2012-650 DC, *Service et information des passagers dans les entreprises de transport aérien* : *JO*, 20 mars 2012, 5028.

unilatéralement par des lois et des décrets et ne possèdent aucun droit qu'ils pourraient opposer aux modifications du régime du service. Seuls les agents contractuels peuvent prétendre à une indemnité compensatrice dans une telle hypothèse[43]. Les usagers subissent de plein droit les relèvements de tarifs, sous réserve du principe de non-rétroactivité[44]. ***Il n'existe pas de droit au maintien du service***, l'administration peut supprimer les services publics, sauf ceux légalement obligatoires[45]. Cependant les usagers ont droit au fonctionnement normal du service tant que ses règles ne sont pas modifiées[46] et les modifications se font sous le contrôle du juge.

Sur la conciliation des principes de mutabilité du service public, de liberté contractuelle, de sécurité juridique, de libre administration des collectivités territoriales et les principes de la commande publique et le problème de l'application aux contrats en cours des dispositions nouvelles, voir *Compagnie générale des eaux c/ cne d'Olivet*[47].

3) L'égalité

Ce principe apparaît comme le corollaire du principe d'égalité devant la loi. Il a valeur constitutionnelle et constitue un principe général du droit pour le juge administratif. Il implique l'***égalité d'accès aux emplois publics***, sans discrimination notamment à raison des opinions politiques ou religieuses des candidats[48], l'***égalité de traitement des fonctionnaires d'un même corps*** et l'***égalité des candidats usagers et usagers du service***[49].

Le service public doit être assuré de façon indifférenciée, quelles que soient les opinions politiques ou religieuses du personnel du service ou des usagers. La neutralité s'impose au service. Un usager peut se prévaloir, pour faire annuler une discrimination à son encontre, de la manière dont d'autres usagers se trouvant dans la même situation ont été traités[50].

Si les discriminations tarifaires sont injustifiées en principe[51], il peut être tenu compte de différences de situation appréciables pour traiter différemment les usagers. Doivent être traitées de la même façon les personnes se trouvant dans des situations identiques[52]. L'exploitant du service public peut traiter de la même manière des usagers placés dans des conditions différentes[53]. La différence de traitement trouvant sa source dans la différence de situation des usagers ou des agents doit être en rapport avec l'objet de la

---

43. CE, 11 oct. 1995, *Institut géographique nat.* : *Rec.* 620.
44. ***Soc. du Journal L'Aurore*** : *préc.*
45. CE, sect., 27 janv. 1961, ***Vannier*** : *Rec.* 60.
46. CE, 25 juin 1969, *Vincent* : *Rec.* 334.
47. CE, 8 avr. 2009, *Cie générale des eaux c/cne Olivet* : *préc.*
48. CE, ass., 28 mai 1954, ***Barel*** : *Rec.* 308 ; sect., 10 avr. 2009, *El Haddioui* : *Rec.* 158.
49. CE, sect., 26 oct. 1979, *Millan* : *Rec.* 396 ; sect., 26 févr. 2005, *Synd. nat. unitaire indép. officiers de police* : *JCP A* 2005, 1165 ; ass., 1er avr. 1938, *Soc. l'alcool dénaturé de Coubert* : *Rec.* 337 ; sect., 9 mars 1951, ***Soc. des Concerts du Conservatoire*** : *Rec.* 151.
50. CE, 8 nov. 1985, *Rudent* : *Rec.* 316 ; ass., 14 avr. 1995, *Koen et Consistoire central des israélites de France* : *Rec.* 171 ; avis, 3 mai 2000, *Mlle Marteaux* : *Rec.* 169.
51. CE, sect., 26 avr. 1985, *V. Tarbes* : *Rec.* 119.
52. *V. de Tarbes* : *préc.* ; 28 févr. 1995, *Ét publ. du musée du Louvre* : *Rec.* 695 ; sect., 29 déc. 1997, *Cne Genevilliers* : *Rec.* 499 ; sect., 10 mai 1974, ***Denoyez et Chorques*** : *Rec.* 274 ; sect., 5 oct. 1984, *Co. Rép. Ariège* : *Rec.* 315.
53. CE, ass., 28 mars 1997, *Soc. Baxter* : *Rec.* 114 ; 10 janv. 2013, *Assoc. SOS Racisme* : Rec 1 ; 14 oct. 2009, *Cne Saint-Jean-d'Aulps* : *Rec.* 642.

norme qui l'établit[54]. La mise en place d'une nouvelle tarification, qui a pour objet de mettre un terme à des disparités tarifaires, relève des nécessités d'intérêt général en rapport avec les conditions d'exploitation du service public[55].

Une différence de traitement entre agents d'un même corps de la fonction publique est légale lorsqu'elle est justifiée par les conditions d'exercice des fonctions, par les nécessités ou l'intérêt général du service et n'est pas manifestement disproportionnée au regard des objectifs susceptibles de la justifier[56].

D - Services publics et concurrence

Le juge administratif applique depuis longtemps des règles destinées à garantir le bon fonctionnement du marché dans une économie libérale, en conciliant les nécessités du service public et la liberté d'entreprendre. La distinction entre activités publiques non marchandes et services marchands s'impose[57]. La question s'est présentée sous un jour nouveau sous l'influence du droit de la concurrence auquel l'ensemble des acteurs économiques, dont les personnes publiques dans leurs activités de production, distribution et services, y compris dans le cadre des délégations de service public, sont soumis (C. com., art. L. 410-1 et s.).

1) Les services soumis au droit de la concurrence

Ne relèvent du Traité UE que les organisations, privées ou publiques, qui exercent une activité économique à titre onéreux, participent à la production ou à l'échange non gratuit de biens et de services. Ce sont des sociétés privées ou des services d'intérêt économique général, des activités de service marchand remplissant des missions d'intérêt général et soumises de ce fait par les États membres à des obligations spécifiques de service public (*Communication Comm., 20 sept. 2000*).

Les actions de l'administration menées au titre de l'autorité publique ne constituent en revanche pas des entreprises, n'intervenant pas dans le secteur économique[58] : l'assurance-maladie française, l'activité des agences financières de bassin ou le contrôle aérien[59]. C'est le juge administratif qui contrôle que l'autorité publique agit dans le cadre d'un service non marchand[60]. En revanche, le droit de la concurrence s'applique aux services publics qui constituent des entreprises.

2) Les règles applicables

Les pratiques anticoncurrentielles sont sanctionnées par le Conseil de la concurrence, sous le contrôle de la Cour d'appel de Paris (C. com., art. L. 464-7). Mais le juge administratif a seul compétence, dans les contentieux de la légalité et de la responsabilité, pour

---

54. CE, 23 oct. 2009, *Féd. des conseils de parents d'élèves de l'enseignement publ. du Rhône* : *AJDA* 2010, 265.
55. CE, 13 mars 2002, *UFC* : *Rec.* 94.
56. CE, 10 janv. 2005, *Hardy et Le Cornec* : *Rec.* 9 ; 26 juin 2009, *Raffi et Quarello* : *Rec.* 237 ; 8 mars 2013, *Synd. cadres fonction publ.* : *Rec.* 25 : accès au service.
57. CJCE, 24 oct. 2002, *Aéroports de Paris* : *RI* 9297.
58. CJCE, 19 janv. 1994, *Sat Eurocontrol* : *Rec.* 43 ; 17 févr. 1993, *Poucet et Pistre* : *Rec.* 637.
59. *Poucet et Pistre* : *préc.* ; CE, 1er juin 1994, *Letierce* : *Rec.* 278 ; *Sat Eurocontrol* : *préc.* ; 16 mai 2007, *Cté de communes du pays Landernau-Daoulas* : *Rec.* 798.
60. CE, 3 nov. 1997, ***Soc. Million et Marais*** : *Rec.* 406.

connaître des actes d'organisation et de dévolution du service public[61] ou des décisions par lesquelles les personnes publiques assurent le service public qui leur incombe au moyen de prérogatives de puissance publique[62] dans le cadre de la gestion courante du service. La compétence judiciaire porte sur les pratiques anticoncurrentielles des personnes publiques, jamais sur leurs actes administratifs.

En revanche, lorsque l'action des autorités publiques peut affecter celles de personnes agissant sur le marché, elles ne peuvent favoriser telle ou telle entreprise, en accordant des aides publiques, en concluant des contrats ou en délivrant des autorisations, qui auraient pour objet ou pour effet de rompre l'égalité entre les opérateurs. Elles ne sauraient pas davantage édicter des actes susceptibles de permettre à leurs destinataires de violer les règles de la concurrence et abuser d'une position dominante[63].

L'administration qui gère un service marchand doit respecter le droit de la concurrence dans sa pratique[64], comme dans son activité normative. Cependant, le droit de la concurrence doit se concilier avec les exigences du service public. Les dérogations à ses règles sont légitimes si elles se justifient par de véritables impératifs d'intérêt général.

La CJUE admet que des droits exclusifs peuvent être conférés, en fonction de considérations d'intérêt public de nature non économique, lorsqu'ils sont une contrepartie nécessaire pour que le service soit en mesure de remplir ses missions dans des conditions acceptables[65]. Le service d'intérêt économique général doit en outre pouvoir remplir effectivement sa mission, donc fonctionner dans des conditions satisfaisantes et les activités, dissociables du service public, qui ne concourent pas à l'équilibre économique sont intégralement soumises aux mêmes règles que celles d'un opérateur ordinaire[66].

Une personne publique peut verser des subventions à une entreprise, dans le seul but de compenser le coût des obligations de service public qui pèsent sur elle[67].

Le Conseil d'État concilie le respect des obligations de service public et l'atteinte au libre jeu de la concurrence. Les activités qui n'échappent pas à la confrontation aux règles de la concurrence ne sont pas pour autant exclues du champ du service public : un département peut prendre en charge un service public de téléassistance à des personnes âgées et handicapées sur un secteur concurrentiel[68]. Les avantages accordés aux organismes chargés d'une mission de service public ou les contraintes qui pèsent sur eux doivent être compensés par les nécessités de l'accomplissement de leur mission[69].

Dès lors qu'elle ne prend pas en charge une activité économique, la simple candidature d'une personne publique, dans le respect des règles de la concurrence, à l'attribution d'un marché public n'est pas subordonnée à la carence de l'initiative privée ni à l'existence d'un intérêt public[70].

---

61. *V. Pamiers* : *préc.*
62. T. confl., 18 oct. 1999, *Préf. rég. Île-de-France c/Aéroports de Paris, et Air France* : *Rec.* 469.
63. CJCE, 21 sept. 1988, *Van Eycke* : *Rec.* 4769.
64. T. confl., 19 janv. 1998, *Préf. rég. Île-de-France* : *Rec.* 534 ; *Soc. Million et Marais* : *préc.* ; *Soc. L&P Publicité* : *préc.* ; CE, sect., 10 mars 2006, *Cne Houlgate* : *Rec.* 138.
65. CJCE, *Corbeau* : *préc.* ; CE, 27 avr. 1994, *Cne Almelo* : *Rec.* 1477.
66. CJCE, 23 avr. 1991, *Höfner, aff. C-41/90* : *Rec.* 1979 ; *Corbeau* : *préc.*
67. CJCE, 24 juill. 2003, *Altmark* : *AJDA* 2003, 1739 ; Comm. UE, 15 juill. 2005, n° IP/05/937 : *JCP* A 2005, act. 456.
68. V. concl. Boulouis sur CE, 3 mars 2010, *Dpt Corrèze* : *AJDA* 2010, 957.
69. CE, 17 déc. 1997, *Ordre des avocats à la Cour de Paris* : *Rec.* 491.
70. CE, 10 juill. 2009, *Dpt Aisne, Min. santé et sports* : *Rec.* 841.

PARTIE 4

Le contrôle de l'administration

Outre les contrôles internes à l'administration, opérés par des corps de contrôle et d'inspection, certains organes indépendants, bien qu'appartenant à l'administration entendue au sens large, exercent des vérifications sur l'activité administrative.

Le rôle de la Cour des comptes et des chambres régionales des comptes, qui vérifient l'utilisation des fonds publics, est à cet égard considérable. La fonction de diverses autorités administratives indépendantes est tout aussi essentielle.

L'action administrative est encore soumise au contrôle du Parlement, bien que celui-ci ne joue en ce domaine qu'un rôle mineur et, de plus en plus, au contrôle des citoyens regroupés en associations.

Enfin, les actes et les actions de l'administration sont contrôlés par différentes juridictions, normalement les juridictions administratives, parfois les juridictions judiciaires. L'existence en France de deux ordres de juridiction a contraint à définir des règles commandant la répartition des compétences entre eux et à créer une juridiction spéciale, chargée de régler les difficultés qui peuvent survenir à ce propos.

La procédure suivie devant les juridictions administratives obéit à des règles spécifiques. Les règles qui commandent la responsabilité de l'administration sont elles aussi particulières.

CHAPITRE 11

Les principes du contrôle juridictionnel de l'administration

En principe, un administré doit s'adresser à la juridiction administrative afin de faire respecter ses droits à l'encontre de l'administration. Il revient dans certaines hypothèses à l'autorité judiciaire de connaître les litiges auxquels l'administration est partie. Pourtant, ces juridictions ne possèdent pas le monopole de la protection des droits des administrés. La Cour européenne des droits de l'homme et la Cour de justice de l'Union européenne peuvent statuer sur des litiges opposant l'administration à des administrés.

Dans l'ordre interne, l'existence de deux ordres de juridiction occasionne des difficultés de répartition des compétences. Il peut cependant arriver qu'un requérant dispose d'une double possibilité d'action devant le juge administratif et le juge judiciaire. Ainsi, un agent communal victime d'agissements d'un maire ayant donné lieu à une condamnation pénale pour harcèlement peut, dans certaines hypothèses, engager à la fois la responsabilité du maire devant le juge judiciaire et celle de la commune devant le juge administratif. La juridiction judiciaire peut relever d'office à tout moment son incompétence[1]. Une juridiction spéciale, le Tribunal des conflits, est chargée de régler les conflits de compétence.

La procédure administrative contentieuse obéit à des règles spécifiques.

1 • LA RÉPARTITION DES COMPÉTENCES ENTRE LES DEUX ORDRES DE JURIDICTION

Le juge judiciaire ne saurait s'immiscer dans l'activité du pouvoir exécutif. Des mécanismes permettent de résoudre les conflits de compétence entre les deux ordres de juridiction et de protéger l'administration contre les empiétements du juge judiciaire.

1. T. confl., 19 mai 2014, *Mme B.* : *Rec.* 461.

A - La compétence du juge administratif

La compétence du juge administratif, constitutionnalisée, fait l'objet de textes législatifs. La mise en œuvre de ces règles donne lieu à de nombreuses solutions jurisprudentielles.

1) La constitutionnalisation d'une compétence minimale du juge administratif

En vertu d'un principe fondamental reconnu par les lois de la République[2], l'annulation ou la réformation des décisions prises, dans l'exercice des prérogatives de puissance publique, par les autorités exerçant le pouvoir exécutif relève en dernier ressort de la compétence de la juridiction administrative. Le domaine de compétence de la juridiction administrative est ainsi consacré. Ne relèvent de la compétence de la juridiction administrative que les actes pris dans l'exercice des prérogatives de puissance publique et les recours objectifs, exercés contre les actes des autorités administratives. Certaines matières, réservées par nature à l'autorité judiciaire, échappent à la compétence de la juridiction administrative.

Les limites du domaine de compétence de la juridiction administrative ne sont cependant pas intangibles. Dans la mise en œuvre de ce principe, lorsque l'application d'une législation ou d'une réglementation spécifique pourrait engendrer des contestations contentieuses diverses qui se répartiraient, selon les règles habituelles de compétence, entre la juridiction administrative et la juridiction judiciaire, il est loisible au législateur, dans l'intérêt d'une bonne administration de la justice, d'unifier les règles de compétence juridictionnelle au sein de l'ordre juridictionnel principalement intéressé.

2) Le caractère législatif de la compétence de la juridiction administrative

Les fonctions judiciaires sont distinctes et demeureront toujours séparées des fonctions administratives. Les juges ne pourront, à peine de forfaiture, troubler de quelque manière que ce soit, les opérations des corps administratifs, ni citer devant eux les administrateurs à raison de leurs fonctions (L. 16-24 août 1790). Défenses itératives sont faites aux tribunaux de connaître des actes d'administration de quelque espèce qu'ils soient, aux peines de droit (D. 16 fructidor an III). Ces textes, qui ont valeur de droit positif mais non constitutionnelle, énoncent les domaines dans lesquels les tribunaux judiciaires ne peuvent pas intervenir. Il n'est pas possible, sur leur seul fondement, de définir précisément le domaine de compétence de la juridiction administrative.

B - Le règlement des conflits de compétence

Les conflits de compétence sont réglés par le Tribunal des conflits, créé par la loi du 24 mai 1872 en même temps qu'était instaurée la justice déléguée pour le Conseil d'État. Ces mécanismes ont avant tout été conçus pour protéger l'administration.

---

2. Cons. const., 86-224 DC : *préc.* ; v. aussi : 2001-451 DC, 27 nov. 2001, *Couverture des non salariés agricoles contre les accidents du travail* : *Rec.* 145.

1) *Présentation du Tribunal des conflits*

Le Tribunal des conflits est composé de façon paritaire. Quatre conseillers d'État et quatre conseillers à la Cour de cassation, élus par leurs pairs, composent la formation ordinaire. Ils élisent un président, issu alternativement du Conseil d'État et de la Cour de cassation. Deux suppléants, issus l'un du Conseil d'État et l'autre de la Cour de cassation, sont élus en même temps. Le mandat est de trois ans, renouvelable deux fois.

Les fonctions de rapporteur public sont exercées par des rapporteurs publics au Conseil d'État et des membres du parquet général de la Cour de cassation.

Si les membres de la formation ordinaire ne peuvent se départager après une seconde délibération, l'affaire est examinée par la formation élargie qui comprend, outre les membres titulaires de la formation ordinaire, deux conseillers d'État et deux magistrats du siège de la Cour de cassation élus de la même manière que les précédents.

Lorsque la solution est évidente, l'affaire est réglée par le président du Tribunal des conflits conjointement avec le membre le plus ancien appartenant à l'autre ordre de juridiction.

Le Tribunal statue après avoir entendu en séance publique les observations des avocats des parties et les conclusions du rapporteur public.

2) *Les compétences du Tribunal des conflits*

a) Le conflit positif

Lorsque le représentant de l'État dans le département ou la collectivité estime que la connaissance d'un litige ou d'une question préjudicielle portée devant une juridiction de l'ordre judiciaire relève de la compétence de la juridiction administrative, il peut, alors même que l'administration ne serait pas en cause, demander à la juridiction saisie de décliner sa compétence.

Le conflit ne peut être élevé en matière pénale. Il peut l'être en toute autre matière, sauf sur l'action civile dans les cas mentionnés à l'article 136 du Code de procédure pénale.

Le représentant de l'État adresse au greffe de la juridiction saisie un déclinatoire de compétence motivé. Si la juridiction judiciaire rejette ce déclinatoire, le représentant de l'État peut élever le conflit par arrêté dans les quinze jours suivant la réception du jugement. Le greffe transmet le dossier au Tribunal des conflits, qui statue dans le délai de trois mois, délai non assorti de sanction.

Le Tribunal des conflits peut confirmer l'arrêté de conflit (le tribunal judiciaire est dessaisi, le procès peut éventuellement reprendre devant la juridiction administrative), ou l'annuler au fond (le procès reprend devant le tribunal judiciaire) ou pour irrégularité.

b) Le conflit négatif et sa prévention

Il y a ***conflit négatif*** lorsque les juridictions de chacun des deux ordres se sont irrévocablement déclarées incompétentes sur la même question, sans que la dernière qui a statué n'ait renvoyé le litige au Tribunal des conflits. Les intéressés peuvent saisir le Tribunal des conflits afin qu'il désigne la juridiction compétente.

Deux procédures permettent d'éviter le conflit négatif : le ***renvoi obligatoire*** et le ***renvoi facultatif***.

Lorsqu'une juridiction de l'ordre judiciaire ou de l'ordre administratif ***a, par une décision qui n'est plus susceptible de recours, décliné la compétence de l'ordre de juridiction auquel elle appartient au motif que le litige ne ressortit pas à cet ordre, toute juridiction de l'autre ordre, saisie du même litige, si elle estime que le litige ressortit à l'ordre de juridiction primitivement saisi, doit***, par une décision motivée qui n'est susceptible d'aucun recours même en cassation, ***renvoyer au Tribunal des conflits le soin de décider sur la question de compétence*** ainsi soulevée et surseoir à toute procédure jusqu'à la décision du Tribunal des conflits.

Lorsqu'une juridiction est saisie d'un litige qui présente à juger, soit sur l'action introduite, soit sur une exception, une question de compétence soulevant une difficulté sérieuse et mettant en jeu la séparation des ordres de juridiction, elle peut, par une décision motivée qui n'est susceptible d'aucun recours, ***renvoyer au Tribunal des conflits le soin de décider sur cette question de compétence***.

c) Le Tribunal des conflits juge du fond

Le Tribunal des conflits peut juger au fond les affaires qui ont donné lieu à des décisions définitives rendues sur un litige portant sur le même objet et présentant une contrariété conduisant à un ***déni de justice***. Des jugements de rejet au fond doivent avoir été rendus par une juridiction judiciaire et une juridiction administrative, être inconciliables et priver le demandeur d'une satisfaction à laquelle il a droit[3]. La partie qui y a intérêt saisit le Tribunal des conflits.

Le Tribunal des conflits connaît des ***actions en indemnisation du préjudice découlant d'une durée totale excessive des procédures afférentes*** à un même litige et conduites entre les mêmes parties devant les juridictions des deux ordres en raison des règles de compétence applicables et, le cas échéant, devant lui. La partie intéressée doit saisir le garde des Sceaux d'un recours administratif préalable afin d'obtenir une indemnité. En cas de refus explicite ou de silence gardé pendant deux mois par celui-ci sur la réclamation, elle peut saisir le Tribunal des conflits.

2 • LE CONTRÔLE DE L'ADMINISTRATION PAR LE JUGE JUDICIAIRE

Le principe de séparation des autorités administrative et judiciaire comporte des exceptions et des aménagements.

La compétence du juge judiciaire est naturelle lorsque l'administration agit dans les conditions du droit commun. Même lorsque sont en cause des décisions prises par les autorités exerçant le pouvoir exécutif dans l'exercice des prérogatives de puissance publique, il peut être compétent, qu'il s'agisse de matières réservées par nature à l'autorité judiciaire, ou qu'une loi lui ait attribué compétence dans l'intérêt d'une bonne administration de la justice.

3. T. confl., 8 mai 1933, ***Rosay***: *Rec.* 1236 ; 14 févr. 2000, *Ratinet*: *Rec.* 749 ; 6 juill. 2009, *Bonato c/APEILOR : Rec.* 589.

A - Cas de compétence du juge judiciaire en vertu de textes

Gardienne de la liberté individuelle (art. 66, Const.), ***l'autorité judiciaire dispose d'une compétence de principe pour protéger cette liberté***. Des textes lui attribuent compétence dans certaines hypothèses de responsabilité de l'État et pour connaître des recours exercés contre les décisions de certaines autorités administratives dans diverses matières.

1) L'autorité judiciaire gardienne de la liberté individuelle

La notion de liberté individuelle est interprétée par la jurisprudence de façon relativement restrictive. Si la liberté individuelle inclut la sûreté au sens de la garantie contre les arrestations et les détentions arbitraires, ainsi que l'inviolabilité du domicile, le Conseil d'État et le Tribunal des conflits ont réduit la portée du principe (ainsi de l'interprétation de l'article 136 du Code de procédure pénale)[4]. La compétence du juge judiciaire étant limitée aux actions en réparation résultant des atteintes illégales à la liberté individuelle, la jurisprudence en a déduit qu'il convenait préalablement que le juge administratif vérifie le caractère légal ou illégal de l'atteinte portée à la liberté individuelle. Avant de statuer sur l'action en réparation, le juge judiciaire doit donc renvoyer au juge administratif le soin de se prononcer, à titre de question préjudicielle, sur la légalité de l'acte à l'origine de l'atteinte à la liberté. La Cour de cassation ne partage pas cette interprétation[5], mais en élevant le conflit, l'administration oblige le juge judiciaire à surseoir à statuer dans l'attente de la décision du juge administratif. Une action visant à paralyser les effets d'un acte administratif contre lequel elle est dirigée n'entre pas dans le champ d'application de l'article 136 du Code de procédure pénale[6].

Un principe constitutionnel interdit au juge judiciaire d'annuler, de réformer ou de priver de leur caractère exécutoire les actes de la puissance publique, sauf en cas de voie de fait.

Le juge administratif conserve compétence pour connaître des actes administratifs qui touchent à la liberté individuelle sans constituer ni une voie de fait, ni une infraction sanctionnée par le Code pénal.

Une personne internée d'office, par arrêté préfectoral ou municipal, de même que tout parent, allié ou ami, peut saisir en référé le président du tribunal de grande instance pour qu'il ordonne, s'il y a lieu, la sortie immédiate. Le Tribunal des conflits a opéré une distinction ente la nécessité et la régularité de la mesure, la première relevant du contrôle du juge judiciaire, la seconde de celui du juge administratif[7].

Les vérifications d'identité effectuées par les services de police en application des articles 78-2 et suivants du Code de procédure pénale relèvent de la police judiciaire et de la compétence du juge judiciaire[8].

---

4. Cons. const., 83-164 DC, 29 déc. 1983, *Loi de finances pour 1984* : *Rec.* 67 ; T. confl., 16 nov. 1964, *Clément* : *Rec.* 426 ; CE, 9 juill. 1965, *Voskresensky* : *Rec.* 796.
5. Cass. crim., 25 avr. 1985, *Bogdan* : *D.* 1985, 329.
6. T. confl., 12 mai 1997, ***Préfet de police*** : *Rec.* 528 : rétention à bord d'un navire empêchant l'accès d'individus au territoire français, non constitutive de voie de fait.
7. T. confl., 6 avr. 1946, *Maschinot* : *Rec.* 326 ; 17 févr. 1997, *Préf. Paris c/Menvielle* : *Rec.* 524.
8. Cons. const., 92-323 DC, 5 août 1993, *Contrôles d'identité* : *Rec.* 213 ; Cass. civ. 2e, 26 avr. 2001 : *Bull. civ.* II, n° 79.

2) La protection de la propriété privée

Divers textes ont attribué, depuis la loi du 8 mars 1810, compétence au juge judiciaire en matière de ***protection de la propriété privée immobilière puis mobilière***. Il fixe l'indemnité due aux personnes expropriées et transfère la propriété des immeubles, indemnise les propriétaires dont les immeubles sont frappés par certaines servitudes, fixe la valeur des immeubles préemptés par l'administration, indemnise les dommages dus aux réquisitions d'immeubles.

Il connaît des contestations contre des décisions relatives à la propriété privée mobilière et en matière de propriété littéraire et artistique[9]. Il connaît des actions civiles relatives aux marques de fabrique, de commerce ou de service ainsi que des litiges portant sur la propriété, la portée ou la validité des brevets d'invention, à l'exception des recours contre les décrets, arrêtés et décisions du ministre de la propriété industrielle.

3) L'état des personnes

La compétence du juge judiciaire est très large en matière d'état des personnes : décisions relatives aux actes de l'état civil, de mariage, de filiation, de capacité, de nom, de nationalité[10], de titres de noblesse et d'armoiries. Le juge judiciaire connaît des décisions prises dans l'exercice de la tutelle légale, de l'interprétation d'un testament, du recours des parents et alliés d'un enfant contre la décision prononçant son admission en qualité de pupille de l'État[11] et du contentieux du service de l'assistance éducative.

Les actions provoquées par les réclamations en paiement de frais d'hospitalisation exercées par les hôpitaux publics contre les débiteurs d'aliments d'une personne hospitalisée relèvent de la compétence du juge des affaires familiales.

La compétence administrative resurgit s'agissant du contentieux d'actes administratifs comme les décrets de changements de noms ou de naturalisation[12].

Relève du tribunal d'instance le contentieux des commissions administratives chargées de réviser annuellement les listes électorales.

4) Divers cas de responsabilité de la puissance publique

On se bornera à citer quelques exemples de compétence des juridictions judiciaires.

- Les dommages causés ou subis par un élève de l'enseignement public par suite d'un défaut de surveillance d'un maître de l'enseignement public sont réparés par l'État, substitué au maître. L'État peut exercer une action récursoire contre le maître, s'il a commis une faute personnelle. Cette action obéit aux conditions du droit commun. Ce régime s'applique dans le cas des établissements d'enseignement privé associés à l'enseignement public.
- Les exploitants publics d'installations et de navires nucléaires doivent réparer les dommages causés du fait de la production, du stockage, du transport et de l'exploitation de l'énergie nucléaire (L. 12 nov. 1965 et 30 oct. 1968). La responsabilité de

---

9. T. confl., 7 juill. 2014, *Minisini*, 2 esp. : *Rec.* 466 et 468.
10. T. confl., 17 juin 1991, *Mme Maadjel* : *Rec.* 465 ; CE, 22 mars 1974, *Lo Monaco* : *Rec.* 206 ; sect., 17 mars 1995, *Soilihi* : *Rec.* 135.
11. T. confl., 7 oct. 1991, *Mlle Remadnia* : *Rec.* 471 ; CE, ass., 23 févr. 2001, *de Polignac* : *Rec.* 79.
12. CE, 29 avr. 1910, *de Martimprey* : *Rec.* 356 ; 17 juin 1966, *Fari* : *Rec.* 403.

l'État est recherchée soit en tant qu'exploitant, soit, en toute hypothèse, en tant que garant, dès lors que l'indemnisation excède 700 millions d'euros. La réparation est limitée à un plafond forfaitaire. Les victimes des essais nucléaires français peuvent être indemnisées sur le fondement de la loi du 5 janvier 2010.

- Les tribunaux judiciaires connaissent des demandes en réparation formées par les victimes de certaines infractions pénales, d'actes de terrorisme, les personnes atteintes de SIDA post-transfusionnel et les victimes de recherches biomédicales effectuées dans les institutions publiques.
- L'État indemnise le préjudice subi par une personne dont la condamnation a donné lieu à révision et le préjudice manifestement anormal et d'une particulière gravité subi par une personne par suite d'une détention provisoire terminée par une décision de non-lieu, de relaxe ou d'acquittement. L'État est tenu de réparer le dommage causé par le fonctionnement défectueux du service de la justice, en cas de faute lourde ou de déni de justice. En cas de faute personnelle des magistrats, seule la responsabilité de l'État peut être recherchée, celui-ci pouvant exercer une action récursoire contre le magistrat fautif.
- Les tribunaux judiciaires sont compétents pour statuer sur toute action en responsabilité tendant à la réparation des dommages causés par un véhicule quelconque. Cette action est jugée conformément aux règles du droit civil, la responsabilité de la personne morale de droit public étant, à l'égard des tiers, substituée à celle de son agent, auteur des dommages causés dans l'exercice de ses fonctions (L. 31 déc. 1957). La notion de véhicule englobe tout engin se déplaçant de manière autonome ou au moyen d'un attelage.

B - La compétence judiciaire en matière administrative en dehors des textes

La jurisprudence reconnaît compétence au juge judiciaire essentiellement en matière de protection de la propriété privée et d'appréciation de la légalité et d'interprétation des actes administratifs. En outre, l'action en responsabilité engagée par la victime d'un dommage contre un agent public en raison de fautes personnelles que ce dernier aurait commises relève, quel qu'en soit le bien-fondé, de la compétence de la juridiction judiciaire[13].

1) Le juge judiciaire, gardien de la propriété privée

Deux théories jurisprudentielles permettent au juge judiciaire d'exercer sa mission naturelle de gardien de la propriété privée : l'emprise et la voie de fait.

a) L'emprise

L'emprise consiste en la prise de possession par l'administration d'une propriété privée immobilière ou en l'atteinte irrégulière portée à un droit réel immobilier[14]. Il doit y avoir véritable mainmise sur la propriété, privant le propriétaire de

13. T. confl., 15 juin 2015, *C.*, n° 4007.
14. T. confl., 23 avr. 2007, *Mme Desdions c/Cté d'agglo. Bourges : Rec.* 764.

l'utilisation de son immeuble. Dans le cas où une décision administrative porte atteinte à la propriété privée, le juge administratif, compétent pour statuer sur le recours en annulation d'une telle décision et, le cas échéant, pour adresser des injonctions à l'administration, l'est également pour connaître de conclusions tendant à la réparation des conséquences dommageables de cette décision. Mais seul le juge judiciaire est compétent dans le cas où une telle décision aurait pour effet l'extinction d'un droit de propriété[15]. *La gravité de l'**emprise irrégulière, réalisée en violation des textes,*** la transforme parfois en voie de fait[16].

b) La voie de fait

Il n'y a voie de fait que dans la mesure où l'administration soit a procédé à l'exécution forcée, dans des conditions irrégulières d'une décision, même régulière, portant atteinte à la liberté individuelle ou aboutissant à l'extinction d'un droit de propriété, soit a pris une décision qui a les mêmes effets d'atteinte à la liberté individuelle ou d'extinction d'un droit de propriété et qui est manifestement insusceptible d'être rattachée à un pouvoir appartenant à l'autorité administrative[17].

Le juge judiciaire a compétence pour réparer les conséquences dommageables de la voie de fait. Cependant, le juge administratif comme le juge judiciaire peut constater l'existence de la voie de fait. Le juge administratif du référé-liberté est compétent pour faire cesser une atteinte grave et manifestement illégale au droit de propriété, quand bien même elle aurait le caractère d'une voie de fait[18]. S'agissant d'atteintes à d'autres libertés et d'atteintes au droit de propriété n'entraînant pas son extinction, le juge administratif est seul compétent. Les circonstances exceptionnelles transforment la voie de fait en simple illégalité, ce qui rend compétence au juge administratif[19].

2) L'appréciation de la légalité et l'interprétation des actes administratifs par le juge judiciaire

Le principe de séparation interdit normalement au juge judiciaire de connaître des actes administratifs. Absolue en ce qui concerne l'annulation ou la réformation de tels actes, l'interdiction connaît des exceptions pour l'interprétation et l'appréciation de légalité. Lorsqu'un tribunal judiciaire est saisi d'une affaire relevant de sa compétence, mais qu'il ne peut régler sans interpréter ou apprécier la légalité d'un acte administratif, cette question présentant une difficulté sérieuse constitue soit une question préalable, que le juge judiciaire peut régler lui-même, soit une question préjudicielle sur laquelle il doit surseoir à statuer jusqu'à ce que le juge administratif l'ait résolue.

Si, en application de l'article 111-5 du Code pénal, les ***juridictions pénales*** ont compétence pour interpréter les actes administratifs, réglementaires ou non, et pour en apprécier la légalité, lorsque, de cet examen, dépend la solution du procès pénal qui leur est soumis, les pouvoirs du juge civil sont moindres.

---

15. T. confl., 9 déc. 2013, *M. et Mme Panizzon c/Cne Saint-Palais-sur-Mer* : *Rec.* 376.
16. T. confl., 21 juin 2010, *Arriat c/Cne Nevers, Rec.* 584 : travaux réalisés sans droit ni titre sur une propriété privée.
17. T. confl., 17 juin 2013, ***Bergoend c/Soc. ERDF Annecy Léman*** : *Rec.* 370.
18. CE, réf., 23 janv. 2013, *Cne Chirongui* : *Rec.* 6.
19. CE, 13 juill. 1966, *Guiguon* : *Rec.* 830 ; T. confl., 30 oct. 1947, *Barinstein* : *Rec.* 511 ; 27 mars 1952, *D^me de La Murette* : *Rec.* 626.

Le juge civil peut interpréter les règlements, mais ne peut interpréter les actes administratifs individuels, sauf voie de fait : « [...] en cas de contestation sérieuse portant sur la légalité d'un acte administratif, les tribunaux de l'ordre judiciaire statuant en matière civile doivent surseoir à statuer jusqu'à ce que la question préjudicielle de la légalité de cet acte soit tranchée par la juridiction administrative ; il en va autrement lorsqu'il apparaît manifestement, au vu d'une jurisprudence établie, que la contestation peut être accueillie par le juge saisi au principal... il résulte du principe d'effectivité issu des dispositions [des traités UE et FUE], telles qu'elles ont été interprétées par la CJUE, que le juge national chargé d'appliquer les dispositions du droit de l'Union a l'obligation d'en assurer le plein effet en laissant au besoin inappliquée, de sa propre autorité, toute disposition contraire ; qu'à cet effet, il doit pouvoir, en cas de difficulté d'interprétation de ces normes, en saisir lui-même la Cour de justice à titre préjudiciel ou, lorsqu'il s'estime en état de le faire, appliquer le droit de l'Union, sans être tenu de saisir au préalable la juridiction administrative d'une question préjudicielle, dans le cas où serait en cause devant lui, à titre incident, la conformité d'un acte administratif au droit de l'Union européenne [...] »[20]. Le Tribunal des conflits applique cette jurisprudence[21].

Constitue une « ***jurisprudence établie*** » le principe de la non-rétroactivité des actes administratifs selon lequel ils ne disposent que pour l'avenir et ne peuvent contenir des dispositions applicables à des situations juridiquement constituées à une date antérieure à celle de leur publication[22].

Toute déclaration d'illégalité d'un texte réglementaire par le juge administratif, fût-elle décidée à l'occasion d'une autre instance, s'impose au juge civil, qui ne peut plus faire application du texte illégal[23]. ***La difficulté constitue toujours pour le juge civil une question préjudicielle***.

3) Domaine public routier

L'expulsion des occupants sans titre de dépendance du domaine public routier ressort à la compétence des juridictions judiciaires[24].

---

20. T. confl., ***SCEA du Chéneau*** : *préc.*
21. T. confl., 16 juin 2014, *Préf. Charente-Maritime*, n° 3953.
22. T. confl., 12 déc. 2012, ***Soc. Green Yellow c/EDF*** : *AJDA* 2012, 34.
23. Cass. civ. 1re, 19 juin 1985, *ONC* : *Bull. civ.* 1985, I, 427.
24. T. confl., 8 déc. 2014, *Cne de Falicon c/MM. Canestrier*, n° 3971.

CHAPITRE 12

La juridiction administrative

La juridiction administrative a reçu un statut constitutionnel, grâce au recours aux principes fondamentaux reconnus par les lois de la République[1]. Le législateur ne saurait supprimer la juridiction administrative ni porter atteinte à son indépendance.

Les compétences de la juridiction administrative résultent du principe de valeur constitutionnelle qui lui réserve le contentieux de l'annulation et de la réformation des actes administratifs. Mais le législateur peut attribuer toute une matière à l'un ou l'autre ordre de juridiction, dans l'intérêt d'une bonne administration de la Justice, à condition de ne pas vider le principe de toute sa portée.

L'existence de différentes juridictions administratives conduit à préciser les règles de compétence à l'intérieur même de l'ordre administratif.

1 • L'ORGANISATION DES JURIDICTIONS ADMINISTRATIVES

Les règles relatives à la compétence de la juridiction administrative, pour l'essentiel regroupées dans le Code de justice administrative, relèvent du domaine législatif. Certaines règles du contentieux administratif sont du domaine législatif, voire constitutionnel, beaucoup relèvent du domaine réglementaire. Les juridictions administratives de droit commun (tribunaux administratifs, cours administratives d'appel, Conseil d'État) côtoient des juridictions spécialisées.

A - Le Conseil d'État

Le Conseil d'État est chargé par la Constitution de l'exercice de fonctions administratives et placé au sommet de l'un des deux ordres de juridiction[2]. Il comprend environ 300 membres, dont les deux tiers en activité au Conseil. Majoritairement recrutés par la voie de l'École Nationale d'Administration, ils se répartissent en trois grades : auditeurs, maîtres des requêtes et conseillers d'État. S'y ajoutent les conseillers d'État en service extraordinaire, personnalités choisies librement pour quatre ans par le gouvernement et ne participant qu'à l'activité consultative du Conseil. Les membres du Conseil d'État

1. Cons. const., 80-119 DC : *préc.* ; 86-224 DC : *préc.* ; 89-261 DC : *préc.*
2. Const., art. 61-1 ; L. const. 23 juill. 2008 ; CE, 16 avr. 2010, *Assoc. Alcaly* : *Rec.* 831.

appartiennent à la fois aux formations administratives et contentieuses, ce qui peut créer une difficulté au regard de la jurisprudence de la CEDH, qui y voit un risque de manque d'indépendance et d'impartialité[3].

Le Conseil d'État est divisé en ***sept sections***, six administratives et une contentieuse, chacune ayant son président. Les fonctions contentieuses, exercées au sein de la ***section du contentieux***, dotée de trois présidents adjoints et d'un président par sous-section, au nombre de dix, peuvent être remplies par plusieurs formations. La formation de base est la ***sous-section***, formation d'instruction qui prépare le jugement et se transforme, pour les affaires les plus simples, en formation de jugement, composée de 3 membres au moins ayant voix délibérative. Le plus souvent, la sous-section d'instruction se joint à une, ou plusieurs, autres sous-sections en formation de jugement : les ***sous-sections réunies***, qui comprennent 5 membres au moins.

La ***section du contentieux*** statue sur les affaires importantes ou présentant des difficultés. Elle comprend 15 membres : le président de la section, ses trois présidents adjoints, les présidents de sous-section et le rapporteur de l'affaire. Elle ne peut statuer que si neuf au moins de ses membres ayant voix délibérative sont présents.

L'***assemblée du contentieux*** comprend 16 membres : le vice-président du Conseil d'État, les présidents de section, les trois présidents adjoints de la section du contentieux, le président de la sous-section d'instruction, les quatre présidents de sous-section les plus anciens dans leurs fonctions en dehors du précédent et le rapporteur. Elle juge les affaires délicates ou qui présentent une grande difficulté. Le quorum est de neuf membres.

Le rapporteur public, membre du Conseil d'État, est chargé de prononcer devant la formation de jugement, en toute indépendance, des conclusions proposant une solution à l'affaire, que la juridiction reste libre d'apprécier.

B - Les cours administratives d'appel

Chacune des 8 cours (Paris, Lyon, Bordeaux, Nantes, Nancy, Marseille, Douai et Versailles), présidée par un conseiller d'État, couvre le ressort de plusieurs tribunaux administratifs et comprend de 3 à 9 chambres. Les autres membres appartiennent au corps des tribunaux administratifs et des cours administratives d'appel. Les cours exercent des fonctions juridictionnelles et consultatives.

C - Les tribunaux administratifs

Le ressort des 42 tribunaux administratifs (dont 31 en métropole) s'étend à plusieurs départements, sauf outre-mer. Chacun est divisé en chambres de trois membres chacune, sauf celui de Paris, composé de 18 chambres réparties en sections, et ceux d'outre-mer, en comptant une seule. Leurs membres appartiennent au corps des tribunaux administratifs et des cours administratives d'appel et jouissent de l'indépendance.

3. CEDH, 28 sept. 1995, *Assoc. Procola c/Luxembourg* : *RFDA* 1996, 777.

Les affaires sont jugées dans des conditions similaires à celles du Conseil d'État. Les affaires sont jugées par une chambre, en formation de chambres réunies ou en formation élargie et, à titre exceptionnel, en formation plénière.

Les tribunaux administratifs peuvent être appelés à donner leur avis sur les questions qui leur sont soumises par les préfets ou, dans les collectivités territoriales d'outre-mer, par le représentant du gouvernement.

D - Les autres juridictions administratives

Des juridictions administratives spéciales ont compétence pour des litiges particuliers. On citera la Cour des comptes et les Chambres régionales des comptes, la Cour de discipline budgétaire et financière, la Cour nationale du droit d'asile, les juridictions des pensions ou les formations disciplinaires des ordres professionnels.

Ces juridictions constituent un ensemble hétéroclite par leur histoire, l'étendue de leurs attributions et l'importance concrète de leur activité. Certaines comportent un double degré de juridiction. Toutes relèvent du contrôle du Conseil d'État par la voie de l'appel ou de la cassation[4].

La qualification de juridiction administrative spécialisée est délicate. Si le texte institutif n'a pas qualifié expressément un organisme de juridiction, ses caractéristiques sont appréciées au regard d'indices de caractère matériel (nature de l'activité) ou accessoirement formel (composition, procédure etc.). Un organisme est qualifié de juridiction si sa composition est collégiale, s'il dispose d'un véritable pouvoir de décision, tranche une contestation conformément au droit et si ses décisions sont rendues conformément à une procédure juridictionnelle[5]. Il constitue une juridiction administrative spécialisée dès lors que le texte institutif prévoit que les recours exercés contre ses décisions s'effectuent devant le Conseil d'État[6]. En cas de doute, le juge se fonde principalement sur la matière sur laquelle portent les litiges qui lui sont soumis.

Ces juridictions sont soumises aux principes du respect du contradictoire, du secret du délibéré, de l'impartialité des formations de jugement et de la publicité des audiences[7].

2 • LA RÉPARTITION DES COMPÉTENCES ENTRE JURIDICTIONS ADMINISTRATIVES

Les règles de répartition des compétences, matérielle ou territoriale, entre juridictions administratives ont un caractère d'ordre public et s'appliquent à l'ensemble de ces juridictions[8]. Les parties peuvent invoquer à tout moment de la procédure l'incompétence

4. CE, ass., 23 févr. 2000, *Soc. Labor Metal* : *Rec.* 83.
5. CE, ass., 12 juill. 1969, *L'Étang* : *Rec.* 388 ; ass., 4 mars 1991, *Le Cun* : *Rec.* 71.
6. CE, ass., 7 févr. 1947, ***d'Aillières*** : *Rec.* 50 ; 20 oct. 2006, *Krikorian c/Premier ministre* : *D.* 2006, jur. 2710.
7. CE, sect., 12 mai 1961, *Soc. La Huta* : *Rec.* 313 ; sect., 2 mars 1973, *D^lle^ Arbousset* : *Rec.* 190 ; ass., 14 févr. 1996, *Maubleu* : *Rec.* 34.
8. CE, sect., 31 mai 1963, *Kraemer* : *Rec.* 337.

de la juridiction saisie. Le juge a l'obligation de soulever d'office son incompétence ou celle du juge qui a précédemment statué. Les parties ne peuvent déroger à ces règles par voie d'accord, sauf texte exprès.

Ces règles connaissent des aménagements. Le juge du principal est juge de l'incident et peut connaître des exceptions relevant de la compétence d'une autre juridiction administrative (***le juge de l'action est juge de l'exception***). Par le jeu de la connexité, lorsque la solution d'un litige dépend directement et nécessairement de la solution apportée à un autre litige, la juridiction compétente connaît de toutes les demandes.

A - La compétence des tribunaux administratifs

Les tribunaux administratifs ont une compétence générale. Leur compétence territoriale est plus difficile à reconnaître que leur compétence matérielle.

- S'agissant de la compétence matérielle, les tribunaux administratifs sont, en premier ressort, juges de droit commun du contentieux administratif. Par exception, certains litiges relèvent directement du Conseil d'État.
- Est en principe territorialement compétent le tribunal administratif dans le ressort duquel a légalement son siège l'autorité auteur de la décision attaquée ou signataire du contrat litigieux. Ce principe ne s'applique que si aucune ***exception*** ne peut jouer, afin d'éviter de surcharger le tribunal administratif de Paris.

Le tribunal administratif compétent est soit celui du ***lieu où se trouve le requérant***, (mesures de police, litiges concernant des agents publics, litiges relatifs à la reconnaissance d'une qualité, art. R. 311-2, C. just. adm.), soit celui du ***lieu d'exercice de l'activité litigieuse*** (litiges relatifs à l'exercice d'une profession, à une élection, un contrat), soit celui du ***lieu de situation des biens en cause*** (dommages de travaux publics, permis de construire ou de démolir, litiges relatifs aux monuments ou aux sites, déclarations d'utilité publique).

Un tribunal administratif saisi à tort doit demander au président de la section du contentieux du Conseil d'État de désigner la juridiction administrative compétente.

B - La compétence des cours administratives d'appel

Les cours sont ***juges d'appel de droit commun des jugements des tribunaux administratifs***. Échappent à leur compétence les jugements portant sur les recours en appréciation de légalité et les litiges relatifs aux élections municipales et cantonales.

C - La compétence du Conseil d'État

Juge d'attribution, le Conseil d'État peut statuer à plusieurs titres : en premier et dernier ressort, en appel, en cassation et sur renvoi des juridictions inférieures.

1) Le Conseil d'État, juge de premier et dernier ressort

La Constitution et la loi attribuent diverses compétences au Conseil d'État : recours contre ***certains actes adoptés par les assemblées délibérantes des collectivités*** *d'outre-mer* dans le cadre des compétences exercées dans le domaine de la loi, ***oppositions aux changements de noms, protestations contre les élections*** des représentants au Parlement européen, aux conseils régionaux, à l'assemblée de Corse, aux assemblées de Nouvelle-Calédonie, de Polynésie française, des collectivités d'outre-mer et à l'Assemblée des Français de l'étranger, contre les consultations organisées en application des articles 72-4 et 73 de la Constitution, contre les désignations au Conseil économique, social et environnemental, contre les décisions, sanctions le plus souvent, de certains organismes (Autorité de contrôle prudentiel, CSA, AMF, Autorité de régulation des activités ferroviaires, Commission de régulation de l'énergie, COB...).

Certains litiges relèvent du Conseil d'État en raison de leur importance : recours pour excès de pouvoir contre les ordonnances du président de la République et les décrets, litiges concernant le recrutement et la discipline des agents publics nommés par décret du président de la République, recours contre les actes réglementaires des ministres et des autres autorités à compétence nationale et contre leurs circulaires et instructions de portée générale, recours contre les décisions prises par les organes de certaines autorités au titre de leur mission de contrôle ou de régulation.

En relèvent encore les actions en responsabilité dirigées contre l'État pour durée excessive de la procédure devant la juridiction administrative, recours en interprétation et recours en appréciation de légalité des actes dont le contentieux relève du Conseil d'État en premier ressort, contre les décisions ministérielles prises en matière de contrôle des concentrations économiques, contestations sur la validité des opérations électorales visant à la désignation des représentants des magistrats au Conseil supérieur des tribunaux administratifs et des cours administratives d'appel...

Si un requérant saisit le Conseil d'État par erreur, celui-ci renvoie l'affaire à la juridiction compétente.

2) Autres chefs de compétence du Conseil d'État

- Le Conseil d'État est ***juge d'appel*** des ***jugements rendus par les tribunaux administratifs*** sur renvoi de l'autorité judiciaire[9], en matière de référé fiscal et sur les litiges relatifs aux ***élections municipales et cantonales***.
- Le Conseil d'État connaît des ***pourvois en cassation dirigés contre les décisions rendues en dernier ressort par toutes les juridictions administratives***.
- Le Conseil d'État connaît sur renvoi des questions de droit nouvelles présentant une difficulté sérieuse et se posant dans de nombreux litiges que lui renvoient un tribunal administratif ou une cour administrative d'appel. Il rend dans ce cas des ***avis***.

---

9. CE, 7 mars 2008, *Cne Lavandou* : *Rec.* 963.

CHAPITRE 13

Les principaux recours devant le juge administratif

Les principaux contentieux devant la juridiction administrative sont ceux de l'annulation, encore appelé de l'excès de pouvoir, et de la pleine juridiction.

Le recours pour excès de pouvoir est une action en justice par laquelle toute personne y ayant un intérêt peut demander au juge administratif d'annuler toute décision administrative qu'elle estime illégale. ***Ouvert de plein droit contre tous les actes faisant grief***[1], il revêt une importance particulière.

Le contentieux de pleine juridiction, ou plein contentieux, regroupe une grande diversité de recours, ayant pour point commun l'étendue des pouvoirs reconnus au juge. « Lorsque sont présentées dans la même instance des conclusions tendant à l'annulation pour excès de pouvoir d'une décision et des conclusions relevant du plein contentieux tendant au versement d'une indemnité pour réparation du préjudice causé par l'illégalité fautive que le requérant estime constituée par cette même décision, cette circonstance n'a pas pour effet de donner à l'ensemble des conclusions le caractère d'une demande de plein contentieux [...] »[2].

1 • LE RECOURS POUR EXCÈS DE POUVOIR

Les conditions de recevabilité du recours pour excès de pouvoir concernent surtout le respect des délais du recours et la qualité à agir. Cependant, s'agissant d'un procès fait à un acte, d'un contentieux objectif, l'intérêt pour agir est apprécié libéralement.

Les cas d'ouverture concernent les divers aspects de la légalité de l'acte. L'étendue du contrôle du juge varie en fonction de la nature des pouvoirs de l'administration.

A - Conditions tenant à l'acte

Seuls les actes administratifs unilatéraux sont susceptibles d'un recours pour excès de pouvoir qui doit être formé dans le respect des règles de procédure, par une personne ayant qualité à agir et intérêt à obtenir l'annulation de l'acte. En sont exclus les actes

---

1. CE, ass., 17 févr. 1950, ***Min. agric. c/Dme Lamotte*** : *Rec.* 110.
2. CE, sect., 9 déc. 2011, *Marcou* : *Rec.* 616.

législatifs, les actes indissociables des conditions dans lesquelles le Conseil constitutionnel exerce les missions que lui confie la Constitution[3], les actes de gouvernement.

B - Les cas d'ouverture du recours pour excès de pouvoir

On distingue quatre cas d'ouverture : incompétence de l'auteur de l'acte, vice de forme, violation de la loi et détournement de pouvoir. La jurisprudence distingue ***légalité externe et légalité interne***[4]. Les parties ne sont fondées à invoquer en cours d'instance que les moyens relevant des mêmes ***causes juridiques*** que ceux invoqués initialement. Il faut, par mesure de précaution, invoquer quasi systématiquement dans la requête introductive d'instance des moyens relevant de ces deux causes.

1) La légalité externe

Les moyens de légalité externe sont l'incompétence et le vice de forme et de procédure.

a) L'incompétence

La compétence est l'aptitude d'une autorité à édicter un acte. L'incompétence est un ***moyen d'ordre public***, susceptible d'être soulevé par les parties à tout moment de la procédure et d'office par le juge. Elle peut être ***matérielle***, ***territoriale***, ***temporelle*** ou ***négative***.

b) Le vice de forme et de procédure

L'acte a été pris sans qu'aient été correctement respectées des formalités et procédures prescrites par les textes ou la jurisprudence. La ***méconnaissance d'une formalité*** obligatoire n'entache l'acte d'illégalité que si ***son observation ou son inobservation a été susceptible d'exercer une influence sur le sens de la décision prise ou si elle a privé les intéressés d'une garantie***[5]***.*** Le juge ne censure cependant pas un acte pris sans qu'ait été respectée une procédure impossible à respecter.

Le juge évite d'imposer à l'administration un formalisme excessif. Lorsqu'une loi impose le respect de certaines règles de forme, telle la loi du 11 juillet 1979 relative à la motivation de certains actes administratifs, il vise à conférer à ces obligations un effet utile pour les administrés, sans s'attacher nécessairement à leur lettre.

2) La légalité interne

L'autorité administrative peut commettre une illégalité du fait d'une erreur sur le droit applicable ou les faits qui la conduisent à prendre la décision. L'illégalité peut aussi résulter de la poursuite d'un but autre que celui pour lequel telle ou telle compétence a été octroyée à l'autorité administrative.

a) La violation de la loi et l'erreur de droit

La violation de la loi consiste en toute méconnaissance du principe de légalité et se décompose en plusieurs illégalités. Le juge censure toujours l'***erreur de droit*** :

---

3. CE, ass., 25 oct. 2002, *Brouant* : *Rec.* 345.
4. CE, sect., 20 févr. 1953, ***Soc. Intercopie*** : *Rec.* 88.
5. CE, ass., 23 déc. 2011, ***Danthony*** : *Rec.* 649.

fait de justifier un acte par une considération juridique inapplicable (ayant cessé de produire ses effets ou visant d'autres situations que celle sur laquelle l'autorité a statué), fausse interprétation ou fausse application de la loi, fait de donner d'un texte ou d'un principe un sens erroné, application d'un texte illégal. S'il apparaît que l'administration était bien fondée à prendre la décision qu'elle a adoptée, mais sur le fondement d'un autre texte que celui qu'elle a invoqué, le juge se réserve le pouvoir de procéder à une ***substitution de base légale***, évitant l'annulation de l'acte.

b) L'erreur de fait et l'erreur dans la qualification juridique des faits

Le juge censure l'***erreur matérielle ou inexactitude matérielle des faits***. Il contrôle la matérialité même des faits sur lesquels s'est fondée l'administration[6]. Si elle s'est fondée sur plusieurs faits, dont l'un seulement est inexact ou improprement qualifié, l'annulation sera prononcée s'il n'apparaît pas certain que la même décision eût été prise sur le fondement des seuls faits subsistants. Mais si les motifs entachés d'erreur de fait ou d'erreur dans la qualification juridique des faits apparaissent surabondants, la décision pourra échapper à l'annulation.

Là s'arrête le ***contrôle minimum***, qui porte sur les actes pris dans le cadre d'un ***pouvoir discrétionnaire***. Ce pouvoir rencontre souvent la limite de l'***erreur manifeste d'appréciation***, qui consiste dans le caractère à l'évidence déraisonnable, déréglé, de l'acte[7]. Avec le contrôle de la ***qualification juridique des faits***, qui doivent être de nature à justifier la décision, correspondre à la définition légale qu'en a donnée l'auteur de l'acte, on passe au ***contrôle normal***. Si la matérialité des faits est bien constatée mais si ces derniers ont été appréciés de façon incorrecte, la décision pourra encourir l'annulation pour erreur dans la qualification juridique des faits[8]. Enfin, la violation de la loi comporte le ***contrôle du contenu de l'acte***, qui doit être adapté aux motifs qui le fondent et conforme à la règle de droit applicable[9]. Le juge ne contrôle pas toujours l'adéquation des mesures aux faits. En revanche, il contrôle toujours la conformité du contenu de l'acte à la règle de droit applicable.

c) Le détournement de pouvoir

Souvent invoqué, le détournement de pouvoir est rarement retenu par le juge, qu'il conduit à rechercher les intentions de l'auteur de l'acte. Il ***consiste en l'usage, par une autorité, de ses pouvoirs dans un but autre que celui pour lequel ils lui ont été attribués*** : but d'intérêt général différent de celui prévu par les textes, d'intérêt privé, personnel, intérêt d'un tiers, intention de nuire, mesure inspirée par une animosité personnelle, ou des raisons purement politiques[10].

Il peut consister en l'utilisation, à la place d'une autre, d'une procédure plus simple, plus rapide ou plus économique[11], afin d'éluder le respect de certaines garanties, c'est le détournement de procédure.

---

6. CE, 14 janv. 1916, ***Camino*** : *Rec.* 15 ; 20 janv. 1922, ***Trépont*** : *Rec.* 65.
7. CE, 20 mars 1968, ***Soc. du lotissement de la plage de Pampelonne*** : *Rec.* 211.
8. CE, 4 avr. 1914, ***Gomel*** : *Rec.* 488.
9. ***Benjamin*** : *préc.*
10. CE, 27 nov. 1875, ***Pariset*** et ***Laumonier-Carriol*** : *Rec.* 936 ; 4 juill. 1924, *Beaugé* : *Rec.* 582 ; 6 janv. 1967, *Boucher* : *Rec.* 827 ; 13 mars 1968, *Cne Malaussène* : *Rec.* 180.
11. CE, 24 juin 1960, ***Soc. Frampar*** : *Rec.* 412.

C - L'étendue du contrôle du juge

L'étendue du contrôle du juge varie selon que l'administration dispose d'un pouvoir discrétionnaire ou d'une compétence liée. ***Lorsque la compétence est liée***, l'administration n'ayant que le choix du moment de sa décision, ***le juge contrôle au maximum l'acte*** sur le fond, le contenu de l'acte devant être celui prescrit par les lois et règlements. Lorsque l'administration dispose d'un ***pouvoir discrétionnaire***, le juge n'exerce sur son acte qu'un ***contrôle restreint***, car l'administration peut choisir en opportunité la décision qui lui paraît la mieux adaptée. Ainsi le juge exerce-t-il un contrôle restreint sur le refus de dérogation aux règles de consultation des archives publiques[12]. Cependant, la décision ne doit pas reposer sur des faits matériellement inexacts, une erreur de droit, ou une erreur manifeste d'appréciation ni être entachée de détournement de pouvoir[13]. Seuls de rares domaines échappent au contrôle de l'erreur manifeste d'appréciation (décisions des jurys d'examen ou de concours).

Le contrôle le moins étendu, ou *inframinimum*, comprend le contrôle de la légalité externe et ceux du défaut de base légale, de l'erreur de droit et de l'exactitude matérielle des faits. Le contrôle minimum, ou restreint, s'accompagne de celui de l'erreur manifeste d'appréciation, dans le choix de la décision ou la qualification juridique des faits. Ainsi, pour la nomination d'un professeur des universités, le juge ne contrôle pas l'appréciation des mérites d'un candidat, mais l'appréciation de l'adéquation d'une candidature au poste à pourvoir donne lieu à un contrôle restreint[14].

Le contrôle normal ou entier comprend, outre ces éléments, la vérification de la qualification des motifs de fait ou du choix de la décision, et non plus seulement de l'erreur manifeste d'appréciation. Il s'exerce sur la plupart des actes.

Le contrôle maximum ou de pleine proportionnalité comprend, en plus, la vérification de la proportionnalité de la décision aux faits et à l'objectif poursuivi. Il s'exerce essentiellement en matière de mesures de police administrative et dans les contentieux de l'urbanisme et de l'expropriation pour cause d'utilité publique. Si les objectifs poursuivis par l'administration sont tels qu'ils supposent, pour être atteints, des mesures d'une extrême gravité au regard des intérêts privés ou d'autres intérêts publics, celles-ci pourront être remises en cause à la suite du contrôle du bilan coûts-avantages[15], le juge mettant en balance les avantages et les inconvénients du projet.

Le juge tend à approfondir son contrôle sur les actes administratifs, passant du contrôle restreint, limité à l'erreur manifeste d'appréciation, à un contrôle normal[16].

Par ailleurs, le Conseil d'État considère qu'il appartient au juge, après avoir recueilli les observations des parties sur ces points, de rapprocher les conséquences de la rétroactivité de l'annulation d'une décision pour les divers intérêts publics ou privés en présence,

---

12. CE, 29 juin 2011, *Mme Rouzaud* : *Rec.* 306.
13. *Institut technique privé de Dunkerque* : *préc.*
14. CE, 9 févr. 2011, *Piazza* : *Rec.* 1100.
15. CE, ass., 28 mai 1971, ***Ville Nouvelle Lille Est*** : *Rec.* 409 ; CE, ass., 20 oct. 1972, *Soc. civ. Sainte-Marie de l'Assomption* : *Rec.* 657 ; ass., 28 mars 1997, *Assoc. contre le projet de l'autoroute transchablaisienne* : *Rec.* 121 ; ass., 13 nov. 20013, ***Dahan*** : *Rec.*, p. 279 ; 1er juin 2015, *B.*, n° 380449.
16. CE, 18 mars 1983, *Mulsant* : *Rec.* 125 ; sect., 10 juin 1983, *Raoult* : *Rec.* 251 ; ass., 19 avr. 1991, *Belgacem et Mme Babas* : *Rec.* 152.

d'une part, et les inconvénients que présenterait une limitation dans le temps des effets de l'annulation au regard du principe de légalité et du droit des justiciables à un recours effectif, d'autre part[17]. Le juge peut, par une même décision, constater l'illégalité d'une décision administrative puis, après avoir vérifié que cette illégalité n'était due qu'à une irrégularité procédurale, différer l'annulation et enjoindre à l'administration d'adopter la même décision, en respectant les formalités procédurales[18]. Il peut également mettre en œuvre ses pouvoirs de modulation des effets dans le temps d'une annulation qu'il prononce en fixant la date d'effet à une date antérieure à celle à laquelle il rend sa décision, mais postérieure à celle de l'édiction de l'acte entrepris[19].

2 • LES RECOURS DE PLEIN CONTENTIEUX

Le contentieux de pleine juridiction, ou plein contentieux, regroupe une grande diversité de recours dont le point commun est l'étendue des pouvoirs reconnus au juge qui peut annuler l'acte, mais aussi le modifier, le réformer et prononcer des condamnations pécuniaires.

A - Les recours en réparation

Ils visent à faire ***condamner l'administration à indemniser la victime d'un dommage dont elle est responsable, en matière quasi délictuelle ou contractuelle***. Lorsqu'une personne est liée par contrat à l'administration, les litiges qui les opposent sont en principe réglés dans le cadre du plein contentieux. Le contentieux contractuel comporte aussi la constatation de la nullité et la résiliation du contrat par le juge. En pratique, la question de la nullité du contrat est généralement soulevée à l'occasion d'un recours dirigé contre un acte d'exécution du contrat ou d'un litige concernant la responsabilité contractuelle[20]. La victime d'un dommage causé par l'administration indépendamment de tout contrat peut obtenir une indemnité conformément aux principes de la responsabilité administrative.

B - Les recours en appréciation de la légalité et en interprétation

1) Le recours en appréciation de légalité ou de validité

Le ***recours en appréciation de légalité ou de validité*** s'exerce sur renvoi du juge judiciaire, qui se heurte, à l'occasion d'un procès dont il est saisi, à la ***question de la***

17. CE, ass., 11 mai 2004, ***Assoc. AC !*** : *Rec.* 197 ; sect., 25 févr. 2005, *France Télécom* : *Rec.* 86 ; 8 juill. 2009, *Cne Saint-Dié des Vosges* : *Rec.* 255.
18. CE, 3 mars 2009, *Assoc. française contre les myopathies* : *Rec.* 69.
19. CE, 17 déc. 2010, *SFIB, Assoc. UFC Que choisir, SA Rue du commerce* : *Rec.* 927.
20. CE, 6 mai 1985, *Assoc. Eurolat* : *Rec.* 141 ; 1er oct. 1993, *Soc. « Le Yacht-club international de Bormes-les-Mimosas »* : *Rec.* 875.

légalité d'un acte administratif qu'il ne peut trancher, en raison du principe de séparation des autorités. Le juge judiciaire sursoit à statuer et attend que la juridiction administrative, saisie par la partie la plus diligente, déclare l'acte légal ou non, sans pouvoir l'annuler.

2) Les recours en interprétation

Ils se présentent soit comme des ***recours en appréciation de légalité***, soit comme des ***recours directs, intentés en dehors de tout procès***. L'administration et un administré s'opposant sur le sens d'un acte unilatéral ou d'un contrat, à propos d'un litige né et actuel, l'un d'eux demande au juge administratif d'en indiquer le sens.

C - Les autres recours de plein contentieux

1) Les recours en réformation

Ces recours débouchent en principe sur une annulation, mais le juge ***substitue parfois sa décision à celle de l'administration : contentieux fiscal et électoral, des établissements dangereux, incommodes et insalubres, des sanctions infligées par des autorités administratives***. Une sanction administrative ne peut être contestée devant le juge que par un recours de plein contentieux[21]. Relèvent du plein contentieux les recours contre les arrêtés de péril[22].

2) Les recours réservés à l'administration

Le ***contentieux de la répression*** sanctionne les atteintes portées à certaines dépendances du domaine public (contraventions de grande voirie) ou les fautes commises par les membres de certaines professions, les ordonnateurs, les enseignants...

Le CSA peut demander au président de la section du contentieux du Conseil d'État de prononcer une astreinte afin de contraindre les organismes de radio ou de télévision à respecter leurs obligations[23].

Le ***contentieux des édifices*** menaçant ruine permet à l'administration de demander au juge de l'autoriser à ordonner une mesure au propriétaire et d'autoriser le maire à y faire procéder d'office, aux frais du propriétaire qui ne s'exécute pas.

---

21. CE, ass., 16 févr. 2009, *Soc. ATOM* : *Rec.* 25.
22. CE, 18 déc. 2009, *SCI Ramig* : *AJDA* 2010, 690.
23. CE, ord., 13 déc. 2004, *Al Manar* : *Rec.* 456.

CHAPITRE 14

La procédure administrative contentieuse

Le procès administratif n'est pas soumis à un formalisme strict. Il obéit à des règles différentes de celles des procédures civile ou pénale, notamment quant à l'introduction des recours, le déroulement de l'instance et les mesures d'urgence, l'exécution des jugements et les voies de recours.

1 • L'INTRODUCTION DES RECOURS

Les règles tenant à la présentation de la requête et à la capacité et l'intérêt à agir du requérant sont très importantes. Les règles de recevabilité revêtent un caractère d'ordre public.

En principe, seuls les actes administratifs unilatéraux sont susceptibles de recours pour excès de pouvoir, ce qui exclut les actes législatifs, les actes de gouvernement, les traités internationaux et les actes émanant de l'administration mais ne constituant pas des décisions exécutoires (mesures d'ordre intérieur, circulaires...) ainsi que les contrats, en principe[1]. Les dispositions réglementaires et les actes détachables des contrats sont également susceptibles de recours en annulation[2].

A - Les règles tenant à la présentation de la requête

La requête, rédigée sur papier libre, signée par le requérant ou un avocat, indique le nom et le domicile des parties et contient l'exposé des faits et moyens et l'énoncé des conclusions (art. R. 411-1, al. 1, C. just. adm.). Elle est accompagnée de copies (art. R. 411-3, C. just. adm.).

1) La décision préalable

Sauf en matière de travaux publics, la juridiction administrative ne peut être saisie que par voie de recours formé contre une décision. Faute de décision, le contentieux n'est

1. CE, sect., 30 oct. 1998, ***V. Lisieux*** : *Rec.* 375, introduisant une exception pour les contrats des collectivités territoriales portant engagement d'agents contractuels.
2. CE, ass., 10 juill. 1996, ***Cayzeele*** : *Rec.* 274.

pas lié. Si une décision a été prise, le juge peut être saisi directement. Le requérant peut néanmoins adresser à l'autorité administrative un recours administratif, qui préserve la possibilité d'exercer un recours contentieux s'il est formé dans le délai de celui-ci. À défaut de décision préalable, l'intéressé doit la provoquer avant de pouvoir s'adresser au juge, exigence qui vaut surtout dans le contentieux de la réparation. Le défaut de réponse de l'administration pendant deux mois vaut décision implicite de rejet, ce qui permet d'introduire le recours. Cependant, le requérant n'est pas irrecevable du seul fait qu'il a introduit l'instance à une date où il n'avait présenté aucune demande préalable devant l'administration, à condition qu'il ait formé, postérieurement à l'introduction de son recours juridictionnel, une demande auprès de l'administration sur laquelle le silence gardé par celle-ci a fait naître une décision implicite de rejet avant que le juge de première instance n'ait statué[3].

2) La requête et les pièces jointes

La requête doit être rédigée en langue française[4] et contenir l'exposé des faits et moyens. À défaut, elle peut être régularisée dans le délai du recours contre l'acte[5]. L'exposé peut être sommaire et complété ultérieurement par un mémoire complémentaire. La requête peut être motivée par référence aux moyens contenus dans un recours administratif préalable, à condition d'en produire une copie[6].

La requête doit être accompagnée de la ***copie de la décision attaquée ou de la pièce justifiant du dépôt d'une demande lorsqu'est attaquée une décision implicite de rejet***, sauf impossibilité justifiée. La décision ou la pièce doit être accompagnée de copies en nombre égal à celui des autres parties, plus deux. Les pièces justificatives venant à l'appui de l'argumentation développée dans le mémoire doivent être jointes.

Certaines requêtes en matière d'urbanisme doivent être notifiées au bénéficiaire de l'acte entrepris.

3) Le délai de recours

Le délai de droit commun est de deux mois à compter de la notification de l'acte ou de sa publication. La publication sous forme électronique fait courir le délai contre certaines décisions individuelles (art. R. 421-1, C. just. adm.). Seule une publicité régulière fait courir le délai de recours.

Lorsque l'administration garde le silence sur une demande, le délai de recours court de l'expiration du délai de deux mois à l'issue duquel intervient une décision implicite de rejet.

Il existe de nombreux délais spéciaux, en général plus brefs que le délai de droit commun. Certains recours, essentiellement en matière de travaux publics, ne sont enfermés dans aucun délai[7].

---

3. CE, 11 avr. 2008, *Établissement français du sang* : *Rec.* 168.
4. CE, sect., 22 nov. 1985, *Quillevère* : *Rec.* 333 ; sect., 18 oct. 2000, *Soc. Max-Planck-Gesellschaft* : *Rec.* 432.
5. CE, 1er juin 1953, ***Vasnier*** : *Rec.* 254.
6. CE, sect., 10 déc. 1965, *Territoire des Comores* : *Rec.* 679.
7. CE, sect., 6 déc. 2013, *Cne Étampes* : *Rec.* 304.

Les délais de recours ne sont opposables, contre une décision individuelle, qu'à la condition d'avoir été mentionnés, ainsi que les voies de recours, dans la notification de la décision (art. R. 421-5, C. just. adm.)[8].

Le délai de deux mois est un ***délai franc***, qui se calcule de quantième en quantième. Il débute le lendemain du *dies a quo* (jour où intervient l'événement qui ouvre le délai) et inclut le *dies ad quem* (dernier jour du délai) : le délai ouvert contre une décision publiée le 2 mars expire le 3 mai, à moins que ce jour soit un dimanche, un jour férié ou chômé ou un samedi, auquel cas le recours pourra encore être déposé le premier jour ouvrable suivant.

Le délai peut être prorogé par l'exercice d'un recours administratif, lui-même exercé dans le délai de deux mois. Le délai du recours contentieux court de nouveau de l'intervention d'une décision, expresse ou implicite, sur ce recours administratif. « [...] Lorsqu'une décision administrative fait l'objet, dans le délai imparti pour l'introduction d'un recours contentieux, d'un recours gracieux sur lequel il est statué par une décision notifiée avant l'expiration du délai de deux mois suivant la date à laquelle une décision implicite de rejet est réputée intervenir, le délai de recours contentieux court de nouveau, pour sa totalité, à compter de la notification de la décision statuant sur le recours ; il en est ainsi, quel que soit le sens de cette dernière décision [...] »[9].

Article 20-1, L. 12 avril 2000

« Lorsque le recours contentieux à l'encontre d'une décision administrative est subordonné à l'exercice préalable d'un recours administratif, cette décision est notifiée avec l'indication de cette obligation ainsi que des voies et délais selon lesquels ce recours peut être exercé. Il est également précisé que l'autorité administrative statuera sur le fondement de la situation de fait et de droit à la date de sa décision, sauf mention contraire dans une loi ou un règlement » (art. 19-1 L. 12 avr. 2000).

« Lorsque le recours contentieux à l'encontre d'une décision administrative est subordonné à l'exercice préalable d'un recours administratif, la présentation d'un recours gracieux ou hiérarchique ne conserve pas le délai imparti pour exercer le recours administratif préalable obligatoire non plus que le délai de recours contentieux. »

Lorsqu'un texte a subordonné le recours en annulation d'un acte à un recours préalable, une personne soumise à cette obligation n'est en principe recevable à présenter un recours contentieux contre la décision rendue par l'autorité saisie à ce titre, qui confirme la décision initiale en s'y substituant, que si elle a elle-même exercé le recours préalable[10].

Si le requérant laisse expirer le délai, il est forclos. Si un recours a été exercé dans le délai, l'expiration du délai fixe définitivement le cadre de l'instance : le requérant est irrecevable à ajouter à sa requête initiale une demande nouvelle formulée après l'expiration du délai initial du recours contentieux.

8. CE, sect., 13 mars 1998, ***AP-HP***, et Mme ***Mauline*** : *Rec.* 80.
9. CE, 8 juill. 2011, *Botella : Rec.* 323.
10. CE, sect., 28 juin 2013, *SAS Coutis* : *Rec.* 184.

B - Les conditions tenant au requérant

Le requérant doit satisfaire à trois conditions cumulatives pour être recevable à agir devant la juridiction administrative. Le défaut de qualité à agir est un moyen d'ordre public.

Le recours pour excès de pouvoir est dispensé du ministère d'avocat en premier ressort. Toute personne justifiant de la faiblesse de ses ressources peut bénéficier de l'aide juridictionnelle.

1) *La capacité à agir en justice*

Le requérant doit disposer de la ***capacité pour agir***, régie par les règles du droit civil. Une personne placée en hôpital psychiatrique conserve sa capacité à agir, sauf si ce droit lui a été retiré, et même dans ce cas, le juge administratif admet le recours pour excès de pouvoir contre les décisions ayant une incidence sur sa liberté individuelle[11]. La capacité des personnes morales est subordonnée à la possession de la personnalité juridique.

2) *Le mandataire*

Le requérant ***doit justifier être mandaté pour agir***, condition qui s'applique essentiellement au mandataire des personnes morales. Les mandataires des personnes morales de droit privé doivent produire les statuts de l'organisme et la décision habilitant le président de la société, du syndicat ou de l'association à introduire le recours. Une délibération de l'assemblée générale n'est pas nécessaire si les statuts de l'association prévoient que le président a le pouvoir de représenter celle-ci en justice[12]. Le juge doit inviter le demandeur à régulariser sa requête, en précisant l'organe compétent pour donner l'habilitation, avant d'opposer l'irrecevabilité.

La représentation de l'État est assurée par le ministre intéressé ou, pour l'activité des services déconcentrés, le préfet. Pour les collectivités territoriales, l'exécutif est en principe autorisé à agir en justice par délibération de l'assemblée.

3) *L'intérêt à agir*

L'intérêt peut résulter d'une qualité : usager du service public, contribuable local, électeur... Si l'exercice du recours de plein contentieux est fondé sur l'existence d'un droit subjectif aisément identifiable, la nature même du recours pour excès de pouvoir conduit le juge à retenir une conception large de l'intérêt pour agir. Le requérant est recevable à agir dès lors qu'il a un ***intérêt personnel, matériel ou moral, individuel ou collectif***. L'intérêt doit être légitime, directement lésé par la décision attaquée[13]. Le juge interprète de façon large le caractère certain de l'intérêt lésé[14]. Mais n'est pas suffisant l'intérêt de promeneur ou de résident dans un département[15]. L'intérêt à agir

---

11. CE, 10 juin 1959, *Dme Poujol* : *Rec.* 355.
12. CE, sect., 3 avr. 1998, *Fédé. de la plasturgie* : *Rec.* 127.
13. CE, 13 déc. 2006, *Cne Issy-les-Moulineaux* : *AJDA* 2007, 369.
14. CE, sect., 27 févr. 1985, *SA Grands Travaux et Constructions immob.* : *RFDA* 1985, 433 ; ass., 25 janv. 1991, *Confédé. nat. des assoc. familiales catholiques* : *Rec.* 30 ; sect., 14 févr. 1958, ***Abisset*** : *Rec.* 98.
15. CE, 3 juin 2009, *Canavy* : *Rec.* 882.

s'apprécie au regard de l'objet des dispositions qu'attaque le requérant et non du contenu de ces dispositions[16].

L'intérêt invoqué ne donne pas qualité à agir s'il est trop général[17]. Ainsi, la qualité de parlementaire ne donne pas intérêt à agir contre le refus de prendre un décret[18]. La jurisprudence admet néanmoins le recours d'un contribuable local contre un acte d'une collectivité territoriale ayant pour effet d'augmenter les dépenses de celle-ci et celui de l'usager contre les mesures relatives à l'organisation et au fonctionnement du service public, actes réglementaires aussi bien qu'individuels[19].

C - Le caractère d'ordre public des règles de recevabilité

Les règles de recevabilité sont d'ordre public. Les possibilités de régularisation n'affaiblissent pas ce caractère dans la mesure où, dès lors que la possibilité de régularisation n'a pas été effectivement utilisée dans le délai imparti, le recours est définitivement irrecevable.

Certaines irrégularités ne peuvent jamais être couvertes : tardiveté, défaut d'intérêt ou absence de motivation de la requête. Elles ne donnent pas lieu à invitation à régulariser. Elles seront soulevées d'office par le juge, même si elles ne sont pas invoquées en défense, après communication aux parties de ces moyens d'ordre public.

2 • LE DÉROULEMENT DE L'INSTANCE

L'instruction se déroule dans le cadre fixé par les conclusions et moyens des parties. Elle permet, le cas échéant, de faire apparaître de nouveaux éléments de fait par rapport à ceux invoqués par les parties.

A - La fixation du cadre de l'instance

Les parties fixent le cadre du procès par les conclusions et moyens qu'elles présentent au juge dans leurs mémoires. Les conclusions contiennent l'exposé de la demande, qui doit être précise, exacte et, lorsqu'elle a pour objet une revendication pécuniaire, chiffrée.

Les ***moyens de fait*** consistent dans le rappel précis et circonstancié des faits. Parmi les ***moyens de droit***, la jurisprudence distingue moyens de légalité externe et moyens de légalité interne.

---

16. CE, 30 juill. 2014, *Association La Cimade* : *Rec.* 252.
17. CE, 23 nov. 1988, *Dumont* : *Rec.* 418.
18. CE, 23 nov. 2011, *Masson* : *Rec.* 580.
19. *Casanova* : préc. ; CE, 21 déc. 1906, *Synd. des propriétaires et contribuables du quartier Croix de Séguey-Tivoli* : *Rec.* 962 ; 26 juill. 1985, *Assoc. « Défense des intérêts des lecteurs de la Bibliothèque nationale »* : *Rec.* 478 : avis aux lecteurs et décision du conservateur du département des imprimés aménageant, dans des conditions restrictives, l'accès des lecteurs ; 11 févr. 2010, *Mme Borvo* : *Rec.* 18 : décision de supprimer la publicité à la télévision en soirée et *Jamart* : *préc.*

Les ***moyens d'ordre public*** peuvent être invoqués à tout moment de l'instance et à chaque étape de la procédure, de la première instance à la cassation. Ils peuvent également être soulevés d'office par le juge, qui doit en informer les parties afin qu'elles puissent présenter leurs observations. Sont considérés comme des moyens d'ordre public l'incompétence de l'auteur de la décision attaquée, le défaut de consultation du Conseil d'État et la méconnaissance du champ d'application de la loi.

B - Le déroulement de l'instruction

L'instruction est contradictoire et inquisitoire. Le principe du contradictoire implique que les parties puissent avoir une connaissance complète des moyens et des documents produits par leurs adversaires et la faculté d'y répliquer utilement[20]. Une décision ne peut intervenir sur la base d'une pièce dont l'une des parties n'a pas pu prendre connaissance[21]. ***Le caractère inquisitorial signifie que le juge dirige le procès***, décide des enquêtes à mener, des expertises à réaliser, des mesures à prendre et participe notamment à la manifestation de la preuve[22].

Toute affaire soumise au juge administratif doit être mise en état d'être jugée. ***L'obligation d'instruire*** constitue une formalité essentielle, s'imposant à toute juridiction[23]. L'instance est d'abord fondée sur la discussion des arguments de fait et de droit par les parties. Le rapporteur fixe à cette fin les délais impartis au demandeur et au défendeur pour produire leurs mémoires[24]. Sont obligatoirement communiqués la requête initiale, l'éventuel mémoire complémentaire et le premier mémoire de chaque défendeur. Les répliques et autres mémoires, observations ou pièces ne le sont que s'ils contiennent des éléments nouveaux.

Les parties doivent apporter la preuve de leurs prétentions, le ***juge disposant de la possibilité de prononcer des mesures d'instruction concernant les questions de fait*** (ordonner aux parties de lui fournir des explications, des documents, effectuer une visite sur les lieux, réaliser une enquête ou entendre telle ou telle personne, recourir à l'expertise). Le juge est toujours libre de prononcer ces mesures sans y être tenu par les demandes des parties[25].

En vue de l'audience, le ***rapporteur*** retrace, dans un rapport écrit, les conclusions et moyens des parties, les questions de droit en cause et rappelle les textes en vigueur. Lors de l'audience, les parties ou leurs avocats peuvent présenter des observations orales, qui doivent s'en tenir à ce qui a été développé dans les mémoires. Enfin, le ***rapporteur public*** expose les questions soulevées par le litige et développe, en toute indépendance, ses conclusions sur les circonstances de fait et les règles applicables, en proposant une solution au litige.

---

20. CE, 13 déc. 1968, *Assoc. synd. des propriétaires de Champigny-sur-Marne* : *Rec.* 645 ; 31 déc. 1976, *Assoc. des amis de l'île de Groix* : *Rec.* 585.
21. CE, 31 juill. 2009, *Assoc. Aides : Rec.* 341.
22. CE, 26 juin 1968, *Soc. Maison Genestal* : *Rec.* 62.
23. CE, sect., 25 janv. 1957, *Raberanto* : *Rec.* 66.
24. *Assoc. les amis de l'île de Groix : préc.*
25. CE, sect., 1er mai 1936, *Couespel du Mesnil* : *Rec.* 485 ; *Barel* : *préc.* ; 31 juill. 1996, *Assoc. nat. des avocats honoraires des barreaux fr.* : *AJDA* 1996, 1037.

La procédure est essentiellement écrite. Ce caractère écrit est l'un des éléments constitutifs de la juridiction administrative[26]. L'instruction repose sur les mémoires des parties et le résultat écrit des mesures d'instruction éventuelles et s'achève par le rapport de l'affaire. Seules les conclusions du rapporteur public sont présentées oralement lors de l'audience. La procédure est orale dans certaines procédures d'urgence.

3 • LES MESURES D'URGENCE

Le caractère non suspensif des recours et la durée des instances rendent indispensable la possibilité d'obtenir des mesures provisoires dans l'attente du règlement au fond du litige.

A - Les référés d'urgence

Les référés d'urgence sont le référé suspension, le référé liberté et le référé conservatoire.

Le juge des référés statue par des mesures présentant un caractère provisoire. Il n'est pas saisi du principal, ses décisions ne sont pas revêtues de l'autorité de la chose jugée. Ont la qualité de juge des référés les présidents des juridictions inférieures et le président de la section du contentieux du Conseil d'État. Cette compétence peut être déléguée à des magistrats répondant à certaines conditions d'ancienneté et de grade.

La requête doit contenir l'exposé au moins sommaire des faits et moyens et justifier de l'urgence (art. R. 522-1, C. just. adm.).

1) Le référé suspension (art. L. 521-1, C. just. adm.)

Le juge des référés peut ordonner la suspension de l'exécution de la décision dont l'annulation ou la réformation est par ailleurs poursuivie. Seule la suspension d'une décision peut être sollicitée, décision qui peut être de rejet[27]. La suspension peut concerner la totalité de l'acte ou seulement certains de ses effets. Elle peut être prononcée à l'encontre de décisions n'ayant un objet ou des répercussions que purement financiers, dont les effets peuvent être effacés par une réparation pécuniaire.

La suspension ne peut être ordonnée qu'en cas d'urgence justifiée et d'existence d'un doute sérieux quant à la légalité de la décision.

La condition d'urgence doit être regardée comme satisfaite ***lorsque la décision administrative contestée préjudicie de manière suffisamment grave et immédiate à un intérêt public, à la situation du requérant ou aux intérêts qu'il entend défendre***[28]. L'urgence s'apprécie *in concreto*, objectivement et globalement[29]. Le préjudice doit être porté à un intérêt public, à la situation du requérant ou aux intérêts qu'il

---

26. CE, sect., 17 mai 1968, *Andrei* : *Rec.* 320.
27. *Ouatah* : *préc.*
28. CE, sect., 19 janv. 2001, ***Confédé. nat. des radios libres*** : *Rec.* 29.
29. CE, sect., 28 févr. 2001, *Préf. Alpes-Maritimes et Soc. Sud-Est Assainissement* : *Rec.* 109.

entend défendre. Un moyen doit être propre à créer un ***doute sérieux quant à la légalité de la décision***, ce moyen pouvant être soulevé d'office par le juge. L'ordonnance de référé doit indiquer avec précision ce ou ces moyens[30]. Les moyens qui supposent un examen approfondi ne sont pas recevables[31].

Même lorsque ces conditions sont réunies, ***il appartient au juge administratif d'apprécier, dans chaque cas, s'il y a lieu d'ordonner*** la mesure de suspension, qui peut l'être pour une durée limitée. Le juge peut différer la suspension qu'il prononce, lorsqu'il estime que ce délai permet à l'administration d'informer les destinataires de la décision suspendue[32].

Le juge des référés ne saurait substituer sa propre appréciation à celle de l'administration, ni ordonner des mesures irréversibles[33]. Il s'interdit de constater l'inconventionnalité d'une loi si le juge du fond ne s'est pas encore prononcé en ce sens[34]. Cependant, il a prononcé en référé la suspension d'un décret transposant une directive communautaire au motif qu'il existait un doute sérieux sur la validité de celle-ci au regard de certaines dispositions du traité CE[35]. Le caractère manifeste de l'illégalité n'empêche pas le juge de se référer au droit communautaire, mais il ne peut opérer de renvoi à la CJUE, et son interprétation ne saurait lier le juge du fond[36].

Les ordonnances de référé suspension sont susceptibles de recours en cassation.

2) Le référé liberté (art. L. 521-2, C. just. adm.)

Le juge peut ordonner le référé liberté si trois conditions cumulatives sont remplies[37] : une demande justifiée par l'urgence, une liberté fondamentale et une atteinte grave et manifestement illégale portée à cette liberté.

Le requérant doit justifier concrètement de l'urgence à obtenir les mesures sollicitées (art. R. 522-1, C. just. adm.)[38]. L'illégalité constatée doit présenter un lien direct avec la gravité de ses effets au regard de la liberté fondamentale en cause[39].

La notion de liberté fondamentale recouvre les libertés auxquelles le législateur a entendu accorder une protection juridictionnelle particulière (liberté d'aller et venir, droit constitutionnel d'asile et son corollaire, le droit de solliciter le statut de réfugié, principe du caractère pluraliste de l'expression des courants de pensée et d'opinion, présomption d'innocence, liberté d'expression et de réunion des usagers du service public de l'enseignement supérieur, droit à l'hébergement d'urgence, l'État n'ayant cependant en la matière qu'une obligation de moyens...)[40]. Le droit au respect de la vie

---

30. *Ouatah* : *préc.*
31. CE, 30 déc. 2002, *Carminati* : *RFDA* 2003, 179.
32. CE, ord. réf., 2 févr. 2009, *Assoc. pour la protection des animaux sauvages* : *Rec.* 19.
33. CE, 4 oct. 2004, *Garde des Sceaux c/Lépouzé* : *AJDA* 2004, 2182.
34. CE, 30 déc. 2002, *Min. écologie et développement durable c/Carminati* : *AJDA* 2002, 1065.
35. CE, 29 oct. 2003, *Soc. Techna* : *Rec.* 422.
36. CE, ord. réf., 18 oct. 2006, *Mme Djabrailova* : *Rec.* 431.
37. CE, 12 janv. 2001, *Mme Hyacinthe* : *Rec.* 12.
38. CE, 7 juill. 2004, *Mamère*, n° 268974.
39. CE, ord., 12 nov. 2001, *Cne Montreuil-Bellay* : *Rec.* 551 ; 27 oct. 2011, *Min. int., outre-mer, coll. terr. et immigration c/Syltanayan* : *Rec.* 532.
40. CE, sect., 18 janv. 2001, *Cne Venelles et Morbelli* : *Rec.* 18 ; 8 janv. 2001, *Deperthes* : *Rec.* 1 ; *Mme Hyacinthe* : *préc.* ; 24 févr. 2001, *Tiberi* : *Rec.* 85 ; 14 mars 2005, *Gollnisch* : *Rec.* 103 ; ord., 7 mars 2011, *École Normale Supérieure* : *Rec.* 79 ; ord., 10 févr. 2012, *Fofana* : *Rec.* 914.

étant une liberté fondamentale, le juge du référé liberté peut intervenir lorsque l'action ou la carence de l'administration crée un danger caractérisé et imminent pour la vie des personnes[41].

Le juge doit statuer dans le délai de 48 heures, simplement indicatif. Il ne prend que des mesures provisoires (art. L. 511-1, C. just. adm.) et peut adresser des injonctions à l'administration pour assurer la sauvegarde de la liberté fondamentale en cause.

Les ordonnances rendues dans le cadre de cette procédure sont susceptibles d'appel.

3) Le référé conservatoire (art. L. 521-3, C. just. adm.)

En cas d'urgence et sur simple requête qui sera recevable même en l'absence de décision administrative préalable, le juge des référés peut ordonner toutes autres mesures utiles sans faire obstacle à l'exécution d'aucune décision administrative. La demande ne doit pas être manifestement insusceptible de se rattacher à un litige relevant de la compétence du juge administratif. Aucune contestation sérieuse ne doit exister.

Ce référé concerne principalement la communication de décisions et documents administratifs[42] et l'expulsion d'occupants sans titre du domaine public ou de locaux d'un service public administratif.

Il permet aussi au juge de conférer force exécutoire à une décision qui en est dépourvue, du fait de lacunes des textes et à faire enjoindre diverses mesures, permettant notamment d'assurer la continuité du service public[43].

B - Les autres référés

Le prononcé de ces référés n'est pas conditionné par l'urgence. Ils peuvent servir à la constatation de faits, au prononcé de mesures d'instruction ou à l'obtention d'une provision.

Les ordonnances du juge sont selon le cas susceptibles d'appel ou de pourvoi en cassation.

1) Le référé constat (art. R. 531-1, C. just. adm.)

Le juge des référés peut, sur simple requête qui peut être présentée sans ministère d'avocat et même en l'absence de décision administrative préalable, ***désigner un expert pour constater sans délai les faits qui seraient susceptibles de donner lieu à un litige devant la juridiction***. La mission de l'expert consiste simplement à décrire des faits matériels, sans se livrer à des appréciations ou évaluations (état des lieux, état d'un malade...). La mesure doit être utile.

---

41. CE, sect., 16 nov. 2011, *V. Paris, SEM PariSeine* : *Rec.* 552.
42. CE, 26 mai 1982, *Aboudou Mzé* : *Rec.* 137 ; 5 déc. 1990, *Assoc. Te pohue la metai ote Henna* : *Rec.* 919.
43. CE, ass., 1er mars 1991, *Soc. des bourses fr.* : *Rec.* 70 ; 30 oct. 1963, *SARL Sonetra* : *Rec.* 520 ; 5 juill. 2013, *Soc. Veolia transport Valenciennes Transvilles* : *Rec.* 770.

2) Le référé instruction (art. R. 532-1, C. just. adm.)

Le juge des référés peut, sur simple requête et même en l'absence de décision administrative préalable, ***prescrire toute mesure utile d'expertise ou d'instruction*** (enquêtes, vérifications administratives). L'expertise est la mesure la plus fréquemment demandée et ordonnée, notamment en matière médicale ou immobilière. La mesure sollicitée doit être utile pour le règlement du litige principal. La demande ne doit pas être manifestement insusceptible de se rattacher à un litige relevant de la compétence du juge administratif de droit commun.

3) Le référé provision (art. R. 541-1, C. just. adm.)

Le juge des référés peut, même en l'absence d'une demande au fond, ***accorder une provision au créancier qui l'a saisi lorsque l'existence de l'obligation n'est pas sérieusement contestable***. Le juge peut, même d'office, subordonner le versement de la provision à la constitution d'une garantie.

Une vingtaine de procédures d'urgence s'appliquent dans des domaines particuliers (collectivités territoriales, contentieux fiscal et contractuel, communication audiovisuelle etc.).

4 • PORTÉE ET EXÉCUTION DES DÉCISIONS JURIDICTIONNELLES

Le jugement, qui doit respecter certaines formes, emporte certains effets et doit être exécuté dans un délai raisonnable.

A - La décision juridictionnelle

Le juge a l'obligation de statuer sur le litige qui lui est soumis, mais seulement dans les limites des conclusions des parties (*non ultra petita*). Saisi de conclusions tendant à l'annulation partielle d'un acte dont les dispositions forment un ensemble indivisible, le juge est tenu de les rejeter[44].

Le juge rejette le recours, parce que les conditions de recevabilité ne sont pas remplies, ou parce qu'aucun des moyens invoqués et aucun moyen d'ordre public ne justifie l'annulation. Sa décision est revêtue de l'***autorité relative de la chose jugée***. L'acte peut faire l'objet d'une annulation ou d'une déclaration d'illégalité, à l'occasion d'un autre recours.

Le juge annule l'acte lorsqu'il constate son illégalité. L'annulation est partielle si l'illégalité n'affecte qu'un aspect, divisible du reste, de l'acte, totale si l'acte est entièrement illégal. L'arrêt rendu en dernier ressort est revêtu de l'***autorité absolue de la chose jugée***, a un ***effet rétroactif et erga omnes***. À titre exceptionnel, le juge peut moduler dans le temps les effets de l'annulation qu'il prononce, s'il apparaît que l'effet rétroactif de cette annulation est de nature à emporter des conséquences

44. CE, 19 nov. 2014, *CCI de Rennes*, n° 361270.

manifestement excessives en raison des effets que l'acte a produits et des situations qui ont pu se constituer ainsi que de l'intérêt général pouvant s'attacher à un maintien temporaire de ses effets[45].

Le juge a la faculté de différer l'effet de sa décision, notamment dans l'hypothèse où elle a pour conséquence de mettre un terme à une suspension décidée avant tout début d'exécution d'un acte prévoyant une période transitoire dont le terme est depuis lors écoulé. Surtout, il peut aussi limiter l'effet rétroactif d'un changement de jurisprudence[46].

En rendant sa décision, le juge épuise sa compétence. La juridiction est dessaisie et ne peut plus revenir, sauf exceptionnellement (rectification d'erreur ou d'omission matérielles), sur la solution donnée au litige. ***La notification du jugement aux parties le rend exécutoire et fait courir les délais de recours ouverts contre lui***. Le juge peut prononcer des injonctions en vue de l'exécution des décisions juridictionnelles (art. L. 911-1 et L. 911-2, C. just. adm.).

L'administration doit tirer les conséquences qu'implique l'annulation.

B - Les effets de la décision juridictionnelle

La chose jugée doit être exécutée par l'ensemble des parties. Cependant, l'administration dispose d'un délai raisonnable pour exécuter le jugement après qu'il lui ait été notifié. Au-delà de ce délai, l'absence d'exécution du jugement est constitutive d'une faute. Parfois, l'exécution soulève des difficultés : reconstitution du passé comme si la décision annulée n'était jamais intervenue[47].

L'annulation d'un acte administratif, réglementaire ou non, emporte annulation « par voie de conséquence » des décisions administratives consécutives qui n'auraient pu être légalement prises sans l'acte annulé ou qui sont intervenues en raison de l'acte annulé, ou dont l'acte annulé constitue la base légale, ceci afin de respecter l'autorité absolue de chose jugée qui résulte de l'annulation du premier acte. Le juge doit le faire au besoin en relevant d'office un tel moyen lorsqu'il est saisi de conclusions recevables dirigées contre des décisions consécutives à l'acte annulé[48].

Le Conseil d'État (art. L. 911-5, R. 931-1 et s., C. just. adm.) ainsi que les tribunaux administratifs et les cours administratives d'appel (art. L. 911-3 à L. 911-10, R. 921-1 et s., C. just. adm.) peuvent prononcer des ***astreintes à l'égard des personnes publiques responsables de l'inexécution des décisions de justice administrative***. Des procédures de mandatement d'office facilitent l'exécution des condamnations pécuniaires prononcées à l'égard des personnes publiques, et notamment des collectivités territoriales (art. L. 911-9, C. just. adm.). Enfin, le ***Défenseur des droits*** peut faire pression sur une autorité administrative qui refuserait d'exécuter une décision de justice, en rendant publiques ses observations sur ce point.

---

45. ***Assoc. AC !*** : *préc.*
46. CE, 27 oct. 2006, *Soc. Techna SA* : *AJDA* 2385 ; ***Soc. Tropic Travaux Signalisation*** : *préc.*
47. CE, 16 nov. 1960, *Peyrat* : *Rec.* 625 ; 26 déc. 1925, *Rodière* : *Rec.* 1065 : reconstitution de carrière.
48. CE, sect., avis, 30 déc. 2013, *Mme Okosun* : *Rec.* 342 ; ass., 23 déc. 2013, *Sté Métropole Télévision*, n° 363978 ; 7 mai 2015, *Assoc. des comédiens et intervenants audiovisuels et a.*, n° 375882.

Des mesures de ***validation législative*** privent parfois d'effet une décision juridictionnelle en validant l'acte ou des actes administratifs similaires, en tant que leur légalité serait contestée par le moyen retenu par le juge, ou encore en modifiant les règles applicables afin de rendre inopérant pour l'avenir le moyen d'annulation retenu par le juge. Le recours aux lois de validation est strictement encadré[49].

Une validation législative qui n'indique pas quelle illégalité elle entend « couvrir » est inconstitutionnelle[50]. Une validation législative ne poursuit pas un motif d'intérêt général quand son enjeu est essentiellement financier pour l'État[51].

5 • LES VOIES DE RECOURS

En principe, l'exercice des voies de recours n'a pas d'effet suspensif. Des textes prévoient des exceptions au principe. Les principales voies de recours sont l'appel et le pourvoi en cassation.

A - L'appel

La plupart des appels sont portés devant les cours administratives d'appel, certains devant le Conseil d'État. L'appel n'existe pas en toute matière : certaines décisions sont rendues en premier et dernier ressort par le tribunal administratif (art. R. 811-1, C. just. adm.) ou le Conseil d'État.

Lorsqu'une voie d'appel existe, celle-ci est ouverte à toutes les parties à l'instance de premier ressort, dans le délai de deux mois à compter de la notification du jugement, quinze jours dans les procédures d'urgence.

L'effet dévolutif de l'appel donne compétence au juge pour apprécier la validité de la solution adoptée par le premier juge et pour se prononcer lui-même sur l'ensemble des moyens et conclusions présentées en premier ressort et sur lesquels il n'a pas été statué par le premier juge[52]. Si le jugement frappé d'appel est irrégulier, le litige devrait être considéré comme n'ayant jamais été régulièrement jugé et l'affaire renvoyée devant le juge de premier ressort pour qu'il y soit statué. Mais, même dans ce cas, le juge d'appel peut se saisir de l'ensemble du litige et statuer par la voie de l'évocation. Il peut renoncer à cette faculté s'il estime que l'affaire n'est pas en état d'être jugée sur certains moyens soulevés par les parties.

49. Cons. const., 95-369 DC, 28 déc. 1995, *Loi de finances pour 1996* : *Rec.* 257 ; 2004-509 DC, 13 janv. 2005, *Loi de programmation pour la cohésion sociale* : *Rec.* 33 ; CE, ass., 11 juill. 2001, *Min. défense c/Préaud* : *Rec.* 345 ; ass., avis, 27 mai 2005, *Provin* : *Rec.* 213.
50. Cons. const., 11 févr. 2010, 2010-100 QPC : *AJDA* 2010, 305.
51. CE, 21 oct. 2011, *Min. budget, comptes publ. et fonction publ. c/SNC Peugeot Citroën Mulhouse* : *Rec.* 885.
52. CE, sect., 16 mai 2003, *Mlle Maltseva* : *AJDA* 2003, 1154, sur la distinction entre effet dévolutif de l'appel et évocation.

B - Le pourvoi en cassation

Le recours en cassation est un recours en légalité dirigé contre les décisions rendues en dernier ressort par les juridictions administratives. Il est ouvert, même sans texte, à l'égard de l'ensemble des décisions juridictionnelles[53].

Le délai pour se pourvoir est de deux mois, ramené à quinze jours dans le cadre des procédures d'urgence. Le ministère d'avocat est obligatoire, même dans le cas où le recours en était dispensé devant les juges du fond.

Ne peuvent être invoqués devant le juge de cassation que ***les moyens tirés de l'irrégularité de la décision juridictionnelle attaquée et les moyens déjà développés devant le juge du fond***. Ne sont pas recevables les moyens non repris en appel, à l'exception des moyens d'ordre public, qui peuvent être présentés pour la première fois en cassation ou relevés d'office par le juge du pourvoi, à condition de ressortir manifestement des pièces du dossier soumis aux juges du fond[54].

En cassation, le Conseil d'État ***contrôle l'erreur de droit***. Le juge du fond doit avoir déterminé correctement la règle de droit applicable et ne pas avoir méconnu son contenu ni sa portée. Ce contrôle est poussé assez loin[55]. Le Conseil d'État vérifie la ***matérialité des faits*** retenus par le juge du fond. S'il ressort du dossier soumis au juge du fond que ces faits sont matériellement inexacts, la décision entreprise sera annulée[56]. Comme la Cour de cassation, le Conseil d'État considère que la valeur probante des faits invoqués par les parties relève de l'appréciation souveraine des juges du fond[57]. Si le Conseil d'État statuant en cassation contrôle la ***qualification juridique des faits opérée par le juge du fond***[58], son contrôle trouve sa limite dans le principe de l'appréciation souveraine des faits par le juge du fond. La limite entre qualification juridique des faits et appréciation de ces derniers est souvent floue[59]. Le Conseil d'État se réserve une grande latitude pour exercer son contrôle ou non mais peut censurer la dénaturation des faits par le juge du fond. Peuvent entraîner l'annulation de la décision juridictionnelle par le juge de cassation la dénaturation des clauses d'un contrat, des pièces du dossier, de la demande adressée au juge, d'une décision de justice[60] ou la méconnaissance de la règle de droit. Le juge de cassation peut aussi exercer un contrôle de la légalité externe de la décision juridictionnelle, qu'il s'agisse de veiller au respect des règles de compétence, de procédure ou encore de motivation.

Ne donnent lieu au contrôle du juge de cassation ni l'erreur manifeste d'appréciation, sauf dénaturation des faits de la cause[61], ni le détournement de pouvoir[62].

53. CE, ass., 7 févr. 1947, ***d'Aillières*** : *Rec.* 50.
54. CE, sect., 26 juin 1992, *Cne Béthoncourt* : *Rec.* 268.
55. CE, sect., 27 mars 1998, *Soc. d'assurance La Nantaise et L'Angevine réunies* : *Rec.* 109.
56. CE, sect., 18 juin 1993, *Haddad* : *AJDA* 1993, 572.
57. CE, 7 mars 1962, *Jaffré* : *Rec.* 1086 ; 7 nov. 1990, *Mme Serwaah* : *Rec.* 311.
58. CE, 23 juin 2000, *Assoc. locale des témoins de Jéhovah de Clamecy* : *Rec.* 242.
59. CE, ass., 11 juill. 1984, *Subrini* : *Rec.* 411 ; sect., 19 avr. 1991, *SARL Cartigny* : *Rec.* 164 ; 9 févr. 2000, *Comparois* : *Rec.* 38.
60. CE, sect., 10 avr. 1992, *SNCF* : *Rec.* 168 ; 18 mars 1994, *Berger* : *Rec.* 1041 ; 16 oct. 1992, *Mme Dupuis* : *Rec.* 371 ; 26 nov. 1993, *SCI Les jardins de Bibémus* : *Rec.* 327.
61. CE, sect., 18 nov. 1994, *Soc. Clichy Dépannage* : *Rec.* 505.
62. CE, sect., 3 juill. 1998, *Mme Salva-Couderc* : *Rec.* 298.

Si le Conseil d'État prononce l'annulation de la décision juridictionnelle objet du pourvoi et si l'arrêt de cassation suffit à mettre fin au litige, l'annulation sera prononcée sans renvoi, comme en cas d'incompétence du juge du fond. Dans les autres cas, il peut soit renvoyer l'affaire aux juges du fond soit la régler lui-même si l'intérêt d'une bonne administration de la justice le justifie. Il statue alors avec une plénitude de pouvoirs pour rejuger l'affaire.

C - Les autres voies de recours

L'opposition n'existe que devant le Conseil d'État et les cours administratives d'appel. Elle est ouverte à toute personne qui, mise en cause, n'a pas produit de défense. Si elle est fondée, la juridiction statue à nouveau.

La tierce opposition permet à des tiers à l'instance, dont les droits ont été atteints par une décision juridictionnelle, de contester son bien-fondé. L'existence de cette voie de recours est une règle générale de procédure qui ne peut être écartée que par un texte législatif[63]. Elle doit être portée devant la juridiction dont émane le jugement contesté. Si elle est recevable, l'affaire sera rejugée.

Le recours en révision vise à obtenir une nouvelle instruction et un nouveau jugement. Il existe devant toutes les juridictions administratives. Il est ouvert, en l'absence de texte, devant les juridictions administratives spécialisées[64]. Il peut être présenté lorsque la décision a été rendue sur pièces fausses, lorsque la partie a été condamnée faute de produire une pièce décisive retenue par l'adversaire ou lorsque n'ont pas été observées les dispositions relatives à la composition de la formation de jugement, à la tenue des audiences ainsi qu'à la forme et au prononcé de la décision. Si le recours est fondé, le jugement est déclaré nul et non avenu et l'affaire rejugée.

Le recours en rectification d'erreur matérielle tend à corriger de simples erreurs de plume, de calcul, l'omission de prendre en considération un mémoire ou un désistement... L'omission de répondre à un moyen ou à une conclusion est considérée comme une erreur matérielle, dès lors que ces moyens ou conclusions ont échappé à l'attention du juge[65]. Ce recours est ouvert aux parties devant toute juridiction statuant en dernier ressort.

Le recours en interprétation ne peut être exercé que par l'une des parties à l'instance, sans condition de délai, devant la juridiction dont émane le jugement, pour éclaircir une ambiguïté ou une obscurité dans la rédaction de la décision.

Le recours dans l'intérêt de la loi n'est ouvert qu'aux ministres intéressés par l'affaire à l'encontre de jugements définitifs. Ouvert en l'absence de texte et sans condition de délai, il tend à faire rectifier une erreur dans l'application d'une règle de droit. Il ne peut être exercé que devant les juridictions souveraines[66]. Sa portée est purement de principe. Il demeure sans effet sur la situation des parties telle qu'elle résulte de la décision entreprise.

---

63. CE, 3 nov. 1972, *D^me^ de Talleyrand-Périgord* : *Rec.* 707.
64. CE, sect., 16 mai 2012, *M. S.* : *Rec.* 225.
65. CE, 14 févr. 1990, *Épx Gloviak* : *Rec.* 35 ; sect., 29 mars 2000, *GIE Groupe Victoire* : *Rec.* 144.
66. CE, 1er oct. 1997, *Min. défense* : *Rec.* 324.

CHAPITRE 15

Caractères généraux de la responsabilité de la puissance publique

L'administration doit réparer les dommages que peut causer son activité. L'arrêt ***Blanco***[1] pose le principe de l'autonomie du droit de la responsabilité administrative par rapport au droit privé. S'il existe plusieurs régimes de responsabilité, pour faute ou sans faute, celle-ci ne peut être engagée que dans le respect de conditions communes. Le principe de la responsabilité de la puissance publique s'est imposé lentement à partir de la fin du XIXe siècle. Il subsiste cependant des hypothèses d'irresponsabilité. Ainsi, l'État est-il irresponsable du fait d'opérations militaires, sauf si une loi a établi un régime spécial d'indemnisation[2].

La responsabilité de nombreux services publics et la responsabilité personnelle des fonctionnaires sont soumis au droit privé. La responsabilité peut être partagée entre l'administration et ses agents. Dans le but de faciliter l'indemnisation, la jurisprudence et le législateur ont multiplié les régimes de responsabilité sans faute, épargnant à la victime l'obligation d'apporter la preuve d'une faute. Le régime de responsabilité pour rupture d'égalité devant les charges publiques permet l'indemnisation de préjudices qu'il ne paraît pas équitable de laisser supporter à des individus en quelque sorte sacrifiés au nom de l'intérêt général. Cette socialisation du risque se traduit également par l'instauration de fonds de garantie, mécanismes qui se substituent eux aussi à la difficile mise en cause de la responsabilité administrative.

Ainsi, le fonds d'indemnisation des victimes d'actes de terrorisme et d'autres infractions répare intégralement les préjudices subis par toute personne victime d'attentat sur le territoire français, ou à tout Français victime à l'étranger d'actes de terrorisme ainsi que les conséquences de certains dommages subis par les personnes et partiellement celles des dommages subis par les biens. Un fonds d'indemnisation répare les dommages subis par les victimes de contamination par le virus du SIDA à la suite de transfusions sanguines, d'interventions chirurgicales ou de certains traitements pour les hémophiles. Lorsque sont en cause les actions de l'État, d'hôpitaux publics ou d'établissements

1. *Préc.*
2. CE, 23 juill. 2010, *Soc. Touax et Soc. Touax Rom* : *Rec.* 344.

publics, les victimes peuvent en outre saisir le juge administratif afin d'obtenir un éventuel complément d'indemnisation[3].

Le fonds d'indemnisation des victimes de l'amiante verse une indemnisation à toute personne victime d'une maladie professionnelle ou d'un préjudice liés à l'exposition à l'amiante. De façon générale, l'État est responsable des préjudices subis par les travailleurs de l'amiante, car il incombe aux autorités publiques chargées de la prévention des risques professionnels de se tenir informées des dangers que peuvent courir les travailleurs dans le cadre de leur activité professionnelle, compte tenu notamment des produits et substances qu'ils manipulent ou avec lesquels ils sont en contact, et d'arrêter, en l'état des connaissances scientifiques... les mesures les plus appropriées pour limiter et si possible éliminer ces dangers[4].

L'office national d'indemnisation des accidents médicaux, affections iatrogènes et infections nosocomiales (ONIAM), créé par la loi du 4 mars 2002, indemnise les victimes d'accidents médicaux lorsque la responsabilité des établissements de santé ne peut être engagée et que ces accidents ont eu des conséquences anormales eu égard à l'état de santé du patient.

La responsabilité envisagée ici est exclusivement une responsabilité civile, qui se traduit par l'obligation pour les personnes publiques de réparer les conséquences dommageables des faits dont elles doivent répondre. Il existe une responsabilité pénale des personnes publiques, organisée par la loi du 27 juillet 1992, inapplicable à l'État.

Les règles de la responsabilité administrative ont pour l'essentiel été dégagées par le juge administratif, qui a posé le principe de son autonomie et dégagé des règles communes aux différents régimes de responsabilité de la puissance publique.

Le principe de responsabilité apparaît à la fin du XIXe siècle. L'arrêt ***Blanco*** fonde un régime de responsabilité différent de celui qui résulte du Code civil et affirme implicitement que toutes les activités de la puissance publique sont susceptibles de mettre en jeu la responsabilité administrative. L'abandon du principe d'irresponsabilité s'explique par différents éléments. Les missions de l'administration augmentant, les occasions de dommages se multiplient, l'irresponsabilité de la puissance publique ne saurait être admise plus avant. Dans le même temps, la responsabilité du droit privé s'accroît, d'autant plus aisément acceptée que la généralisation des assurances la rend supportable. Enfin, la jurisprudence choisit de privilégier la responsabilité de l'administration par rapport à celle des fonctionnaires.

Le droit de la responsabilité de l'administration est autonome par rapport au Code civil. L'arrêt ***Blanco*** a fondé un droit administratif de la responsabilité extracontractuelle, solution étendue aux collectivités territoriales par la décision ***Feutry***[5]. Ce principe d'autonomie vaut pour l'ensemble de l'administration mais rencontre des limites et connaît certaines particularités. L'activité de nombreux services publics échappe à l'application du droit administratif, la responsabilité personnelle des agents publics peut parfois être engagée devant les juridictions judiciaires dans les conditions du droit commun.

---

3. CE, avis, 15 oct. 1993, *Cts Jezéquel* : *Rec.* 280.
4. CE, ass., 3 mars 2003, *Min. emploi et solidarité c/Cts Bourdignon, Botella, Thomas, Xueref* : *RFDA* 2004, 612.
5. T. confl., 29 févr. 1908 : *Rec.* 208.

1 • LES CONDITIONS D'ENGAGEMENT DE LA RESPONSABILITÉ DE LA PUISSANCE PUBLIQUE

Plusieurs conditions doivent être réunies pour que la responsabilité de l'administration soit engagée. Il est nécessaire qu'il y ait un préjudice, un fait dommageable, uni au préjudice par un lien de causalité, et que la personne responsable soit déterminée. Ces conditions sont classiques. En principe, il revient à la victime d'apporter la preuve de l'existence et de la réunion de ces conditions. Certains préjudices ne sont pas réparables. On ne peut obtenir réparation d'un préjudice si l'on se trouve dans une situation illégitime en rapport avec ce préjudice[6]. La loi du 4 mars 2002 dispose que nul ne peut se prévaloir d'un préjudice du seul fait de sa naissance et limite l'indemnisation des parents au préjudice moral et aux troubles dans les conditions d'existence[7].

L'action en réparation introduite devant le juge est soumise au principe de la liaison du contentieux, sauf en matière de travaux publics, et aux règles de délai. La prescription quadriennale s'applique. Par exception, la prescription est décennale s'agissant de dommages dus à des actes de prévention, de diagnostic ou de soins réalisés par des professionnels de santé ou des établissements de santé (art. L. 1142-28, C. santé publ.).

A - Le préjudice

Pour être indemnisable, le préjudice doit présenter cinq caractères :

- ***le caractère certain du préjudice*** découle du fait que certains inconvénients ne sont pas considérés en eux-mêmes comme réparables. Sont certains des dommages nés et actuels, mais aussi des dommages futurs, lorsqu'il est sûr qu'ils se produiront[8]. Est un préjudice certain la perte d'une chance sérieuse, mais non le fait d'être privé d'un avantage dont on aurait pu profiter, mais dont on ne profite pas en réalité[9]. En matière hospitalière, en cas de faute ayant compromis les chances d'obtenir une amélioration de l'état de santé ou d'échapper à une aggravation, le préjudice résultant directement de la faute commise par l'établissement de santé et qui doit être intégralement réparé est la seule perte de chance d'éviter que le dommage soit advenu[10]. Le fait que la victime du dommage soit dans un état tel que sa conscience du préjudice est altérée ne lui ôte pas droit à réparation[11]. Le juge du fond apprécie souverainement la certitude du préjudice[12] ;
- ***le caractère spécial du préjudice*** traduit l'obligation d'individualiser les victimes. Un préjudice commun à l'ensemble des membres d'une collectivité n'est pas réparable, car il ne constitue pas une rupture d'égalité. Peu importe le nombre de victimes,

---

6. CE, sect., 7 mars 1980, *SARL Cinq Sept* : *Rec.* 129.
7. CE, 19 févr. 2003, *M. et Mme Maurice* : *RFDA* 2003, 349.
8. CE, sect., 12 juin 1981, *Centre hosp. Lisieux* : *Rec.* 262 ; 13 oct. 2004, *Vve Y. c/GDF* : *AJDA* 2005, 48.
9. CE, ass., 1er déc. 1961, *Lacombe* : *Rec.* 674 ; sect., 5 janv. 2000, *Cts Telle* : *Rec.* 5 ; sect., 19 déc. 1984, *Boehrer* : *Rec.* 433 ; 16 nov. 1979, *Dlle Raimbault*, n° 3328.
10. CE, 14 févr. 2008, *CH Vienne c/Joncart* : *RFDA* 2008, 348.
11. CE, 17 mai 2006, *Chevrier* : *JCP* A 2006, 1228.
12. *SCI Les jardins de Bibémus* : *préc.*

dès lors qu'elles sont individualisables et constituent une catégorie fermée de personnes. Le caractère spécial du préjudice est rarement discuté en cas d'application d'un régime de responsabilité pour faute ; en revanche, la preuve de cette spécialité doit être apportée dans un régime de responsabilité sans faute ;

- ***l'anormalité du préjudice*** concerne la gravité du dommage. Le préjudice, pour être indemnisable, doit excéder les inconvénients normaux de la vie en société. Tout préjudice, même de peu d'importance, peut être indemnisé dès lors que le juge estime qu'il excède ces inconvénients normaux, alors que des dommages objectivement sérieux peuvent ne pas être considérés comme indemnisables. La condition tenant à l'anormalité du préjudice est principalement exigée en matière de responsabilité sans faute. L'anormalité du préjudice découle de la rencontre entre une gravité suffisante et une spécialité suffisante ;
- ***l'atteinte à un intérêt légitime*** : la jurisprudence recourt au concept en n'indemnisant que les atteintes à un intérêt que le juge estime légitime. Ce concept se modifie en fonction de l'évolution des mœurs. Sont indemnisés tous les ayants droit de la victime qui justifient d'un intérêt et non pas seulement ceux envers lesquelles la victime avait une obligation alimentaire[13] ;
- ***le préjudice doit être évaluable en argent*** : le plus souvent, la responsabilité débouche sur le versement de dommages-intérêts. Le juge a reconnu ce caractère à des catégories de préjudices de plus en plus nombreuses. Sont indemnisables, outre les dommages matériels (dommages causés aux biens mobiliers ou immobiliers, pertes de revenus, atteintes physiques aux personnes), le préjudice moral, le préjudice esthétique, la douleur physique, la douleur morale ou préjudice d'affection et les troubles dans les conditions d'existence[14]. Cette dernière catégorie sert à indemniser des désagréments de toute sorte n'entrant dans aucune des catégories précédentes : inconvénients liés à l'obligation de déménager, difficultés scolaires, gêne physiologique empêchant de mener une vie sexuelle normale ou de pratiquer un sport...

B - La causalité

Le droit à réparation n'est ouvert que si ***la preuve d'un lien de causalité suffisamment direct entre le dommage et le fait dommageable*** est établie[15]. Le fait dommageable peut consister dans une faute ou dans un agissement non fautif de l'administration. Quel que soit le régime de responsabilité, la victime doit montrer l'existence de cette relation de cause à effet.

Si le préjudice est dû, en tout ou en partie, à une cause étrangère, l'administration sera exonérée totalement ou partiellement de sa responsabilité. En cas d'exonération partielle, l'indemnité versée à la victime est réduite au prorata de la part prise par l'activité administrative dans la réalisation du dommage.

---

13. CE, ass., 28 juill. 1951, *Bérenger* : *Rec.* 473 ; sect., 3 mars 1978, *D^me^ Müesser, Vve Lecompte* : *Rec.* 116.
14. CE, sect., 14 juin 1963, *Épx Hébert* : *Rec.* 364 ; sect., 6 juin 1950, *Cne Grigny* : *Rec.* 323 ; *Letisserand* : *préc.*
15. CE, 23 juill. 2003, *David B.* : *AJDA* 2003, 2274.

Les *causes exonératoires* sont :

- la ***force majeure***, très rarement reconnue, produit des effets dans tous les systèmes de responsabilité, pour faute ou sans faute. Elle se définit comme une ***cause connue, extérieure à la cause directement apparente du dommage, totalement imprévisible et dont les effets sont tout à fait irrésistibles***[16]. Lorsqu'elle est reconnue, l'auteur apparent du dommage est exonéré de sa responsabilité. L'exonération est totale si le dommage est intégralement dû à la force majeure, partielle si la force majeure a simplement aggravé le préjudice ;
- le ***cas fortuit*** est une ***cause inconnue et donc imprévisible et irrésistible***. Il est néanmoins rattaché au fonctionnement du service ou d'un ouvrage[17]. Il semble tombé en désuétude ;
- la ***faute de la victime*** est constituée lorsque ***la victime a rendu elle-même le dommage inévitable ou en a aggravé l'étendue***. Elle a un effet exonératoire dans tous les régimes de responsabilité et dans la mesure où la victime a concouru à la survenance du dommage qu'elle subit[18]. Selon la nature et l'importance de cette faute, la responsabilité de l'administration sera totalement ou partiellement dégagée[19]. Cette faute consiste le plus souvent en une imprudence, parfois en une infraction aux règles en vigueur[20] ;
- le ***fait du tiers*** a un caractère exonératoire vis-à-vis de l'administration. L'exonération est partielle si ce fait a simplement contribué à la réalisation du dommage, totale s'il en a été l'unique cause. En principe, même si le tiers et le défendeur sont co-auteurs du dommage, ils ne sont tenus que pour leur part dans la réalisation du dommage. En matière de responsabilité sans faute, le fait du tiers n'emporte pas de conséquences sur la responsabilité du défendeur, dont la victime peut obtenir une réparation intégrale[21]. Dans le régime de responsabilité pour dommages de travaux publics, le fait du tiers n'a aucune conséquence, même si la responsabilité encourue par le défendeur est une responsabilité pour faute[22]. Le fait du tiers emporte cependant des conséquences exonératoires immédiates lorsque le défendeur ne peut, en raison de législations particulières, exercer une action récursoire contre le tiers.

Dans les systèmes de responsabilité sans faute, le fait du tiers n'a aucun effet exonératoire dans les rapports entre la victime et l'administration. Cette dernière pourra se retourner contre le tiers afin d'obtenir le remboursement, total ou partiel, des sommes qu'elle aura dû débourser, à moins que cette action récursoire ne soit interdite par la loi ou que le juge accepte l'exonération du fait du tiers[23].

---

16. CE, 11 déc. 1991, *SARL Niçoise pour l'extension de l'aéroport* : *Rec.* 430.
17. CE, ass., 28 mai 1971, *Dpt Var c/Entreprise Bec Frères* : *Rec.* 419.
18. CE, 16 nov. 1998, *Sille* : *Rec.* 418.
19. CE, 2 oct. 2002, *Min. équip. c/épx Grondin* : *Rec.* 926.
20. CE, 29 mars 1946, *Caisse dptale d'ass. soc. de Meurthe-et-Moselle* : *Rec.* 100 ; *SARL Cinq Sept* : *préc.* ; *David B.* : *préc.*
21. CE, sect., 14 juin 1978, *Mutuelle gén. fr. accident* : *Rec.* 258.
22. CE, sect., 26 avr. 1968, *V. Cannes* : *Rec.* 268 ; 24 janv. 1990, *Université Lille 1* : *RDP* 1991, 1445.
23. CE, sect., 2 juill. 1971, *SNCF c/épx Le Piver* : *Rec.* 504.

C - L'imputabilité

L'action de la victime ne peut être dirigée que contre une personne déterminée, individualisée : État, région, département, commune, établissement public... et non contre l'administration en général. L'identification de la personne morale tenue de la charge de la réparation est souvent rendue difficile du fait de l'imbrication des compétences administratives.

Dans le cas d'un service public organisé conjointement par plusieurs collectivités publiques, la jurisprudence admet le plus souvent, dans l'intérêt des victimes, que la réparation soit indifféremment demandée à l'une ou l'autre d'entre elles[24]. La collectivité condamnée pourra exercer une action récursoire afin d'obtenir le remboursement, total ou partiel, de l'indemnité des autres collectivités fautives[25]. Eu égard à la collaboration étroite existant entre le service d'aide médicale urgente (SAMU), les services mobiles d'urgence et de réanimation (SMUR) et les services d'accueil et de traitement des urgences (SATU), la victime d'une faute commise à l'occasion du transfert d'un patient d'un établissement de santé vers un autre peut rechercher la responsabilité de l'un seulement de ces établissements ou leur responsabilité solidaire[26].

Lorsqu'une collectivité publique agit au nom et pour le compte d'une autre, on relève des ***hypothèses de responsabilité substituée***. Tel est le cas en matière de tutelle : les autorités de tutelle sont en principe responsables des dommages que causent leurs propres fautes. Mais, par exception, lorsque l'autorité de tutelle utilise le pouvoir de substitution que lui reconnaît la loi, elle est réputée agir au nom et pour le compte de la collectivité sous tutelle, qui répondra donc de la faute[27]. La même solution s'applique lorsqu'une collectivité ne peut assumer seule les compétences que la loi lui confie[28] et dans le cas des communes à police d'État. En revanche, lorsqu'une commune a légalement transféré certaines de ses compétences à un établissement public de coopération intercommunale, la charge de la responsabilité pèse sur ce dernier[29].

La substitution de responsabilité intervient parfois à titre subsidiaire. Ainsi, la victime d'un dommage dû au fonctionnement d'un service public géré par une personne privée qui se révèle insolvable peut demander réparation à la personne publique qui avait confié le service à cette personne privée. Encore faut-il que le litige relève bien de la compétence du juge administratif. Tel est également le cas en matière de travaux publics : la victime d'un dommage peut agir indifféremment contre l'entrepreneur auteur du dommage ou contre la personne publique maître de l'ouvrage ou même contre les deux pris solidairement.

Les concours facultatifs des services de l'État, notamment en matière de voirie locale, sont susceptibles d'engager la responsabilité contractuelle de l'État dans les conditions du droit commun, nonobstant le fait que la mission ait été exécutée sous l'autorité du maire. Mais, même si le défaut d'entretien d'un lycée est l'œuvre d'un agent de l'État, la région peut être tenue de réparer le dommage qui en résulte. En revanche, seul l'État

24. CE, ass., 9 avr. 1993, *D., G., B.* : *Rec.* 110 ; 15 janv. 2001, *AP-HP* : *Rec.* 15.
25. CE, ass., 13 juill. 1962, *Min. santé publ. c/Lastrajoli* : *Rec.* 507.
26. CE, 18 févr. 2010, *Cts Aujollet* : *Rec.* 978.
27. CE, sect., 24 juin 1949, *Cne Saint-Servan* : *Rec.* 310.
28. CE, sect., 12 mai 1953, *V. Toulouse* : *S.* 1953, 3, 86 ; 19 mars 1982, *D^me^ Ranchoup* : *Rec.* 739.
29. CE, sect., 14 mars 1986, *CU Lyon c. Soc. SAPI* : *Rec.* 71.

peut être déclaré responsable des fautes commises par une juridiction administrative, même relevant d'une autre personne publique, car la justice est rendue de façon indivisible au nom de l'État[30].

Le concours permanent de la France et des organes de l'Union européenne fait intervenir plusieurs acteurs, qui peuvent causer des dommages. La France n'est responsable que des actes nationaux d'application qui relèvent d'elle. Lorsqu'elle se contente d'appliquer les règles communautaires, sans disposer d'une marge de manœuvre, seule l'Union est éventuellement responsable[31].

Il existe des présomptions d'imputabilité. Ainsi, le suicide ou la tentative de suicide d'un fonctionnaire intervenant sur le lieu et dans le temps de travail est imputable au service, sauf circonstance particulière l'en détachant[32].

2 • L'INDEMNISATION DU PRÉJUDICE

Après avoir évalué le préjudice, il faut calculer l'indemnité.

A - L'évaluation du préjudice

La réparation se fait en argent et doit être intégrale[33]. Pour évaluer des préjudices non matériels, le juge prend en considération la situation antérieure, un état de santé déjà déficient, l'état de vétusté de biens matériels... Il opère des déductions sur l'évaluation initiale du dommage (en matière médicale, les sommes que la victime a perçues de la sécurité sociale ou de sa compagnie d'assurances). En vertu de certaines législations, la réparation est forfaitaire, limitée à certains éléments ou plafonnée (L. 4 mars 2002 limitant l'indemnisation des parents d'enfants nés handicapés[34]).

Il importe également de déterminer à quelle date évaluer le préjudice :

- s'agissant des ***dommages causés aux personnes***, le préjudice est en principe évalué au jour du jugement ou, le cas échéant, de la décision administrative accordant la réparation. L'indemnité doit couvrir l'intégralité du préjudice tel qu'il apparaît à la date du jugement, sauf si la victime a présenté sa demande avec un retard anormal. Elle ne peut être supérieure au montant du dommage[35] ;
- s'agissant de ***dommages causés aux biens***, l'évaluation se fait à la date où, la cause du dommage ayant pris fin et l'étendue du dommage étant connue, il est possible de procéder à la réparation ou au remplacement du bien. Cependant, si la victime est, pour des raisons indépendantes de sa volonté, dans l'impossibilité de

---

30. CE, sect., 12 mai 2004, *Cne La Ferté-Milon* : *Rec.* 226 ; 19 févr. 2007, *Clément* : *AJDA* 2007, 455 ; sect., 24 févr. 2004, *Mme Popin* : *Rec.* 86.
31. CE, 5 nov. 1971, *Comptoir agric. du pays bas-normand* : *Rec.* 901 ; sect., 12 mai 2004, *Soc. Gillot* : *Rec.* 221.
32. CE, sect., 16 juill. 2014, *Mme G.* : *Rec.* 222.
33. CE, 24 nov. 2004, *Francis M.* : *AJDA* 2005, 336.
34. CE, avis, 6 déc. 2002, *Draon* : *RFDA* 2003, 200.
35. CE, ass., 21 mars 1947, ***Dme Vve Aubry*** : *Rec.* 123 ; sect., 19 mars 1971, *Megui* : *Rec.* 235 ; sect., 25 janv. 1995, *Min. équip. c/Cne Simiane Collongue* : *Rec.* 688.

procéder à des travaux, l'évaluation est reportée à la date à laquelle prend fin cette impossibilité. L'indemnité ne saurait en aucun cas excéder la valeur vénale du bien, tel qu'il aurait pu être vendu avant le dommage, même si les travaux de remise en état sont d'un coût supérieur[36].

Si le préjudice est susceptible d'évoluer dans le temps, il ne peut être rattaché à une seule année déterminée[37].

Le ***droit à la réparation d'un dommage***, quelle que soit sa nature, s'ouvre à la date à laquelle se produit le fait qui en est directement la cause. Si la victime du dommage décède avant d'avoir introduit une action en réparation, son droit, entré dans son patrimoine avant son décès, est transmis à ses héritiers[38], qui peuvent obtenir réparation de tous les dommages subis par leur auteur.

B - Le calcul de l'indemnité

Sont versées une ***indemnité principale*** et éventuellement des indemnités accessoires. L'indemnité principale, consistant le plus souvent en un capital, prend parfois la forme d'une ***rente***, qui peut être indexée[39]. Le juge tient compte des indemnités ayant pu être versées par ailleurs, par exemple par la CPAM[40]. Le juge peut, lorsqu'il ne dispose pas de tous les éléments d'appréciation, poser simplement le principe de la responsabilité, fixer le cas échéant les pourcentages respectifs de responsabilité des différents responsables, indiquer des principes de calcul et renvoyer la victime devant l'administration pour voir déterminer exactement l'indemnisation.

Les ***indemnités accessoires*** les plus importantes sont les ***intérêts moratoires*** et les ***intérêts compensatoires***. Les intérêts moratoires compensent le retard avec lequel l'indemnité est versée. Ils sont toujours calculés au taux légal, sur une période variant selon que la victime les a formellement demandés, auquel cas ils courent de la première demande d'indemnisation, ou non, auquel cas ils sont calculés depuis le jour du jugement. Ils peuvent être capitalisés et produire eux-mêmes des intérêts. Les ***intérêts compensatoires*** permettent de sanctionner la mauvaise volonté de l'administration dans le versement de l'indemnité et peuvent s'ajouter aux intérêts moratoires. Le créancier de l'administration peut solliciter la capitalisation des intérêts pour la période pendant laquelle ils ne lui ont pas été payés, s'ils sont dus pour au moins une année à la date de la demande (art. 1154, C. civ.).

---

36. CE, ass., 21 mars 1947, *Cie gén. des eaux* : *Rec.* 122 ; 8 juill. 1992, *Cne Libourne* : *Rec.* 288.
37. CE, 6 nov. 2013, *Mme Dezeuze, vve Miota* : *Rec.* 267.
38. CE, sect. 29 mars 2000, *AP-HP* : *préc.*
39. CE, sect., 12 juin 1981, *CH Lisieux* : *Rec.* 262.
40. CE, 9 déc. 2009, *Mme Rambeau* : *Rec.* 952.

CHAPITRE 16

La responsabilité pour faute

En principe, la responsabilité de la puissance publique n'est engagée que si le dommage trouve son origine dans un comportement fautif du service public. Si toute illégalité de l'administration est fautive, la responsabilité de celle-ci ne peut pas être engagée pour la réparation de dommages résultant directement de la situation irrégulière dans laquelle la victime s'est elle-même placée[1].

Toute faute ne constitue pas une illégalité. Un acte légal peut engager la responsabilité administrative, une illégalité ne constitue pas forcément une faute de nature à l'engager[2]. Il faut donc déterminer quelles sont les fautes de nature à engager la responsabilité de l'administration, puis s'interroger sur l'éventuelle répartition de la responsabilité entre l'administration et ses agents.

En principe, la victime doit apporter la preuve de la faute, qui sera ensuite qualifiée.

1 • LA FAUTE

La faute se définit comme une défaillance dans l'organisation ou le fonctionnement normal du service public. Il n'est pas toujours nécessaire de prouver la faute.

Elle peut consister en une opération matérielle ou un acte juridique, individuel ou réglementaire, être collective ou anonyme (***faute du service***) ou imputable à une personne physique individualisable (***faute de service***), résulter d'une action positive ou d'une abstention, une négligence, un retard à agir abusif[3].

Les agissements de l'administration, légaux aussi bien qu'illégaux, peuvent être à l'origine d'une faute. Toute faute ne constitue pas forcément une illégalité. Ainsi, si les promesses, les engagements de l'administration ne sont pas tenus, il peut y avoir faute de nature à engager la responsabilité de l'autorité administrative qui les a faites ou pris.

---

1. CE, 30 janv. 2013, *M. I.*, n° 339918.
2. CE, 30 sept. 2002, *Dupuy* : *AJDA* 2003, 445.
3. CE, sect., 14 déc. 1962, *Doublet* : *Rec.* 680 ; *Cie d'ass. soc. de Meurthe-et-Moselle* : *préc.* ; 23 nov. 2002, *Min. équip. c/soc. Hélitransport* : *AJDA* 2003, 1122 ; 18 oct. 2001, *Min. emploi c/Cts Thomas* : *AJDA* 2002, 257.

Mais lorsque le dommage trouve exclusivement sa source dans un acte administratif unilatéral légal, ce dernier ne saurait être considéré comme fautif[4].

À l'inverse, certaines illégalités ne constituent pas des fautes de nature à engager la responsabilité de l'administration, elles entraînent l'annulation d'un acte sans ouvrir droit à réparation (illégalités de pure forme qui affectent un acte dont le contenu aurait été identique si les formes légales avaient été respectées)[5].

La charge de la preuve repose sur la victime, que le juge aide parfois dans sa démonstration par le prononcé de mesures d'instruction. Des présomptions de faute ont en outre été instituées dans certains domaines. L'administration devra prouver qu'aucune faute ne peut lui être imputée.

Afin d'assurer une meilleure protection des victimes d'accidents médicaux, la jurisprudence a consacré des cas de plus en plus nombreux de responsabilité sans faute. La qualification de la faute a également considérablement évolué.

Les victimes d'accidents subis à l'occasion de l'utilisation d'un ouvrage public peuvent demander réparation du dommage provoqué par le défaut d'entretien normal de ce dernier[6]. La responsabilité s'étend aux vices de conception de l'ouvrage ou au défaut d'une signalisation appropriée. Cependant, l'administration peut, pour s'exonérer de sa responsabilité, apporter la preuve non seulement de la faute de la victime ou d'un tiers ou de la force majeure, mais également de l'absence de défaut d'entretien normal, dans la mesure notamment où elle a effectué les diligences appropriées pour prévenir ou signaler l'anomalie à l'origine de l'accident. Le juge du fond apprécie souverainement si cette preuve a été rapportée[7].

Le juge n'exige pas que la victime fasse la preuve, difficile à apporter, d'une faute qui a vraisemblablement été commise. ***Certains événements révèlent un défaut dans l'organisation du service***, un défaut de surveillance, comme le fait qu'un pupille de l'État en placement familial cause un dommage[8].

A - La gravité de la faute

En principe, une faute simple, ou légère, suffit à engager la responsabilité de la puissance publique, mais dans certains domaines, délicats, la faute doit revêtir un certain degré de gravité pour entraîner la responsabilité publique. Ces hypothèses, qui sont le fait tantôt de la jurisprudence, tantôt du législateur, sont plus sévères pour les victimes que le droit commun. Cependant, la jurisprudence ne retient plus aujourd'hui l'exigence d'une faute lourde dans certains domaines particuliers.

---

4. CE, 24 avr. 1964, *Soc. des Huileries de Chauny* : *Rec.* 249 ; sect., 26 juin 1970, *Bartoli* : *Rec.* 442 ; 2 oct. 2002, *Nicolas* : *Dr. adm.* 206.
5. CE, 7 juin 1940, *Vuldy* : *Rec.* 187.
6. CE, 14 mars 1980, *CU Bordeaux* : *Rec.* 151 ; *Université Lille 1* : *préc.*
7. CE, sect., 26 juin 1992, *Cne Béthoncourt* : *Rec.* 268.
8. CE, 15 avr. 1983, *Épx Rousseau* : *Rec.* 156 ; 7 déc. 1984, *Addichane* : *RDP* 1985, 1396 ; sect., 19 oct. 1990, *Ingremeau* : *Rec.* 284 ; 23 juill. 2003, *Calon* : *AJDA* 2003, 2329.

1) *Le principe : la faute simple, ou non caractérisée*

Toute faute engage en principe la responsabilité de la puissance publique. Tout dysfonctionnement, mauvais fonctionnement ou absence de fonctionnement du service public est susceptible d'engager cette responsabilité. Le juge a restreint le nombre de domaines dans lesquels il exige la preuve d'une faute lourde.

En matière médicale, la faute simple suffit depuis l'arrêt ***Époux V.***[9] à engager la responsabilité de l'hôpital public du fait des actes médicaux (en l'espèce un accouchement). Elle suffisait déjà classiquement lorsque le dommage résulte de tout ce qui relève des conditions d'organisation et de fonctionnement du service public hospitalier, ou de chirurgie-dentaire ou vétérinaire. Le caractère indispensable d'une intervention exclut cependant l'indemnisation du patient en cas de défaut d'information sur les risques du traitement[10].

L'article L. 1142-1 du Code de la santé publique dispose que les établissements de santé « ne sont responsables des conséquences dommageables d'actes de prévention, de diagnostic ou de soin, qu'en cas de faute ».

Des cas de responsabilité sans faute se rencontrent également en matière hospitalière.

2) *L'exception : l'exigence d'une faute lourde*

Le législateur exige la preuve d'une faute lourde pour engager la responsabilité de l'État du fait du service public de la justice et du fait de l'exercice d'activités de tutelle et de contrôle.

L'appréciation de cette responsabilité est partagée entre la juridiction judiciaire et la juridiction administrative, selon la nature du service dommageable. Mais, en application de la jurisprudence ***Trésor public c/Dr Giry***[11], qui traduit une hypothèse de distorsion entre la compétence et le fond, la Cour de cassation applique les règles du droit administratif pour juger du contentieux d'un service public à gestion publique, tel le service public de la justice judiciaire. La réparation des conséquences dommageables de l'exercice de la fonction juridictionnelle incombe toujours à l'État[12].

a) La responsabilité du fait de la justice judiciaire

L'État est tenu de réparer le dommage causé par le fonctionnement défectueux du service de la justice, celui dont l'exécution se traduit par l'activité des tribunaux et par les actes qui n'en sont pas détachables. La reconnaissance de la ***faute lourde*** ou du ***déni de justice*** est conditionnée par les circonstances de chaque espèce. Le fait qu'une circulaire du ministre de la Justice a invité les parquets à exercer contre des importateurs des poursuites contrevenant à un arrêt de la CJUE constitue une faute lourde. Cette faute est constituée par toute déficience caractérisée par un fait ou une série de faits traduisant l'inaptitude du service public de la justice à remplir la mission

---

9. CE, ass., 10 avr. 1992 : *Rec.* 171.
10. CE, 11 juill. 2011, *A.* : *Rec.* 1109.
11. Cass. civ. 2e, 23 nov. 1956 : *D.* 1957, 34.
12. *Mme Popin* : *préc.*

dont il est investi[13]. La notion de déni de justice est entendue au sens large, incluant le droit pour tout justiciable qu'il soit statué sur ses prétentions dans un délai raisonnable.

Cette législation rencontre des limites. Les juridictions judiciaires appliquent les principes de la responsabilité de la puissance publique, notamment le régime de la responsabilité sans faute, en cas de dommages causés par l'emploi d'armes ou d'engins dangereux ou subis par les collaborateurs des services publics[14].

Par ailleurs, le Code de procédure pénale (art. 149) assure, sans condition de faute, l'indemnisation des personnes qui, après avoir été placées en détention provisoire, ont bénéficié d'une décision de non-lieu, de relaxe ou d'acquittement. L'indemnité doit couvrir le préjudice moral et matériel. Elle est à la charge de l'État, qui peut exercer une action récursoire contre ceux dont le faux témoignage, notamment, a été à l'origine de la détention provisoire.

L'État est responsable des conséquences dommageables pour la personne sous tutelle de toute faute quelconque commise par le juge des tutelles.

Les dispositions du Code de l'organisation judiciaire ne s'appliquant pas aux juridictions administratives, le Conseil d'État s'inspire de la loi du 5 juillet 1972[15] et décide qu'en vertu des principes généraux régissant la responsabilité de la puissance publique, seule une faute lourde commise dans l'exercice de la fonction juridictionnelle par une juridiction administrative engage la responsabilité de l'Etat dans le cas où le contenu d'une décision juridictionnelle est entachée d'une violation manifeste du droit communautaire ayant pour objet de conférer des droits aux particuliers[16].

b) Les activités de contrôle

Seule une ***faute lourde engage la responsabilité du fait de l'exercice de la tutelle sur les collectivités territoriales et les établissements publics***, que le dommage ait été causé aux administrés ou à l'institution décentralisée, ou du contrôle des banques par la Commission bancaire[17]. Mais, dans l'hypothèse où, eu égard à la situation de la collectivité, notamment à l'insuffisance de ses actifs, ou en raison d'impératifs d'intérêt général, le préfet a pu légalement refuser de prendre certaines mesures en vue d'assurer la pleine exécution de la décision de justice, le préjudice qui en résulte pour le créancier de la collectivité territoriale est susceptible d'engager la responsabilité de la puissance publique s'il revêt un caractère anormal et spécial. On trouve ici un cas de responsabilité sans faute[18].

---

13. Cass. com., 21 févr. 1995, *Soc. United Distillers* : *Dr. adm.* 1995, 303 ; Cass. plén., 3 févr. 2001 : *Bull.* 472 ; Comp. : Cass. civ. 1re, 17 sept. 2003, *SARL gén. de change c/AJT* : pourvoi 01-13281.
14. Cass. civ. 1re, 10 juin 1986, *Cts Pourcel* : *RFDA* 1987, 92 ; 30 janv. 1996, *Morand* : *Juris-Data* 000299.
15. CE, ass., 29 déc. 1978, *Darmont* : *Rec.* 542.
16. CE, 18 juin 2008, *Gestas* : *Rec.* 230.
17. *Caisse dptale d'ass. soc. de Meurthe-et-Moselle* : *préc.* ; 26 juin 1987, *Min. int. c/OGEC La Providence* : *AJDA* 1988, 47 ; ass., 27 déc. 1948, *Cne Champigny-sur-Marne* : *Rec.* 493 ; *Min. int. c/cne Saint-Florent* : *préc.* ; *Min. éco. c/M. et Mme Kechichian* : *préc.*
18. CE, sect., 18 nov. 2005, *Soc. fermière de Campoloro* : *Rec.* 515.

B - Présomptions de faute et de responsabilité

En principe, la victime doit apporter la preuve qu'une faute a été commise et que l'administration est à l'origine du dommage. Cette preuve pouvant être difficile à apporter, la jurisprudence a établi des mécanismes de présomption de faute. L'administration pourra s'exonérer de sa responsabilité, en prouvant que le service a fonctionné normalement. Le régime de la responsabilité présumée se rapproche de celui de la responsabilité sans faute, en ce sens que la victime n'a pas à établir la preuve de la faute imputable à l'administration. Mais il s'en distingue car la présomption de faute n'est pas irréfragable. Les deux principales hypothèses de présomptions de faute concernent les dommages subis par certains usagers des services publics et des ouvrages publics.

1) Les dommages subis par les usagers de services publics requérant une attention particulière

Lorsqu'un séjour à l'hôpital, pour de simples examens médicaux ou des soins courants à caractère normalement bénin, a pour le patient des conséquences inattendues, lui laissant de graves séquelles ou lésions, ces circonstances révèlent par elles-mêmes une faute commise dans l'organisation ou le fonctionnement du service[19]. La personne qui impute sa contamination à l'hépatite C à une transfusion sanguine doit apporter des éléments permettant de présumer cette contamination (art. 102 L. 4 mars 2002 relative aux droits des malades et à la qualité du système de santé). Le juge apprécie, le cas échéant, cette présomption[20]. Il en est de même de la situation des prisonniers[21].

Sauf urgence ou impossibilité, il appartient au médecin d'établir que l'information médicale a été délivrée au patient dans des conditions permettant de recueillir son consentement libre et éclairé aux soins qui lui ont été donnés[22].

Le service public hospitalier est encore responsable « même en l'absence de faute de sa part, des conséquences dommageables pour les usagers de la défaillance des produits ou matériels qu'il utilise »[23].

Il appartient au juge, lorsque les conditions en sont remplies, de relever d'office le moyen tiré de la responsabilité de plein droit qu'instituent les dispositions du second alinéa du I de l'article L. 1142-1 du Code de la santé publique[24].

2) Les dommages accidentels subis par les usagers des ouvrages publics

Les victimes d'accidents subis à l'occasion de l'utilisation d'un ouvrage public peuvent demander réparation du dommage provoqué par le défaut d'entretien normal de ce dernier[25]. La responsabilité s'étend aux vices de conception de l'ouvrage ou au défaut d'une signalisation appropriée. Cependant, l'administration peut, pour s'exonérer de sa

19. CE, 18 nov. 1960, *Savelli* : *Rec.* 640 ; 9 déc. 1988, *Cohen* : *AJDA* 1989, 405 ; sect., 15 déc. 2000, *Castanet, Mme Bernard* : *AJDA* 2001, 283 ; 29 juin 2009, *M. et Mme C.* : *AJDA* 2009, 1631 ; 21 oct. 2009, *Mme Altet-Caubissens* : *Rec.* 937, 942.
20. CE, 10 oct. 2003, *Mme T.* : *AJDA* 2004, 228 ; 20 févr. 2008, *Mme L. et M. F.* : *AJDA* 2008, 383.
21. CE, 22 déc. 1976, *Derridj* : *Rec.* 576 ; 9 juill. 2007, *D.* : *AJDA* 2007, 2094.
22. CE, sect., 5 janv. 2000, *Cts Telle* : *Rec.* 5 et art. L. 1111-2, C. santé publ.
23. CE, 9 juill. 2003, *AP-HP c/Mme Marzouk* : *Rec.* 338 ; sect., 25 juill. 2013, *F.* : *Rec.* 226.
24. CE, 6 mars 2015, *Centre hosp. Roanne*, n° 368520.
25. CE, 14 mars 1980, *CU Bordeaux* : *Rec.* 151 ; *Université Lille 1* : *préc.*

responsabilité, apporter la preuve non seulement de la faute de la victime ou d'un tiers ou de la force majeure, mais également de l'absence de défaut d'entretien normal, dans la mesure notamment où elle a effectué les diligences appropriées pour prévenir ou signaler l'anomalie à l'origine de l'accident. Le juge du fond apprécie souverainement si cette preuve a été rapportée[26].

3) *Divers cas de présomption de faute*

Le juge n'exige pas que la victime fasse la preuve, difficile à apporter, d'une faute qui a vraisemblablement été commise. ***Certains événements révèlent un défaut dans l'organisation du service***, un défaut de surveillance, comme le fait qu'un pupille de l'État en placement familial cause un dommage ou en cas de divulgation d'informations relatives à un enfant adopté[27].

4) *Présomptions de responsabilité*

En principe, la collectivité publique est responsable lorsqu'en raison de la gravité exceptionnelle des risques auxquels sont exposés les usagers du fait de la conception même d'un ouvrage, celui-ci doit être regardé comme présentant par lui-même le caractère d'un ouvrage exceptionnel dangereux.

L'Etat est responsable des dommages dus aux méthodes libérales de rééducation et de réinsertion appliquées aux mineurs délinquants, aux malades mentaux et aux détenus[28].

L'Etat est responsable des dommages causés par des vaccinations obligatoires (L. 26 mai 1975).

2 • LA RÉPARTITION DE LA RESPONSABILITÉ ENTRE L'ADMINISTRATION ET SES AGENTS

Les faits dommageables dont doivent répondre les personnes publiques résultent presque toujours de l'action ou de l'inertie de personnes physiques, qui agissent au nom et pour le compte des premières. Il s'agit donc d'abord de savoir qui, de l'administration ou de ses agents, devra répondre des faits dommageables. En pratique, la notion de faute joue un rôle assez restreint. La jurisprudence a évolué quant au partage de responsabilité entre l'administration et ses agents.

---

26. CE, sect., 26 juin 1992, *Cne Béthoncourt* : *Rec.* 268.
27. CE, 15 avr. 1983, *Épx Rousseau* : *Rec.* 156 ; 7 déc. 1984, *Addichane* : *RDP* 1985, 1396 ; sect., 19 oct. 1990, *Ingremeau* : *Rec.* 284 ; 23 juill. 2003, *Calon* : *AJDA* 2003, 2329 ; 17 oct. 2012, *Mle B.* : *Rec.* 362.
28. CE, sect., 3 févr. 1956, *Min. justice c/Thouzellier* : *Rec.* 49 ; sect., 13 juill. 1967, *Dpt Moselle* : *Rec.* 341 ; sect., 2 déc. 1981, *Min. justice c/Theys* : *Rec.* 456 ; 6 déc. 2012, *Garde des Sceaux c/Assoc. JCLT* : *Rec.* 981.

A - La responsabilité personnelle des fonctionnaires

La responsabilité personnelle des fonctionnaires a toujours existé en droit, mais a longtemps été paralysée en pratique par le système dit de la garantie des fonctionnaires. L'article 75 de la Constitution de l'an VIII exigeait une autorisation, donnée par le Conseil d'État, pour exercer une action en responsabilité contre un fonctionnaire, autorisation qui était rarement accordée. Un décret de 1870 l'abrogea, ainsi que toutes dispositions... ayant pour objet d'entraver les poursuites dirigées contre des fonctionnaires publics de tout ordre.

Cependant, le Tribunal des conflits[29] bâtit un système qui conduit à distinguer faute personnelle et faute de service. Seule la faute personnelle est susceptible d'engager la responsabilité du fonctionnaire devant une juridiction judiciaire. La faute de service ne peut engager que la responsabilité de la collectivité publique et relève de la compétence des juridictions administratives. La victime peut demander réparation au fonctionnaire pris personnellement, devant la juridiction judiciaire, à condition que le litige ne porte pas sur le fonctionnement de l'administration. Sinon, le différend ressortit à la compétence de la juridiction administrative et l'action ne peut être dirigée que contre l'administration.

Un lien avec le service est admis dans de nombreuses hypothèses, donnant ainsi à la victime l'opportunité de poursuivre l'administration plutôt que son agent, ce qui lui permet plus sûrement d'être indemnisée. Même si un régime de cumul de responsabilités a été mis en place, la distinction entre faute personnelle et faute de service conserve son intérêt afin de régir, lors du jugement des actions récursoires, la contribution finale de l'administration et de son agent au règlement de l'indemnisation.

1) La distinction entre faute personnelle et faute de service

Il faut distinguer selon que la faute est personnelle, ou détachable, de la faute de service, non détachable de l'organisation ou du fonctionnement du service. Si un agent de l'administration fait l'objet de poursuites devant une juridiction judiciaire et si l'administration considère que les faits qui lui sont reprochés ne sont pas détachables du service, elle doit élever le conflit[30].

a) La faute personnelle

La faute personnelle se détache du service, des fonctions, suffisamment pour que le juge judiciaire ait compétence pour la constater et en tirer les conséquences sans porter une appréciation sur le fonctionnement proprement dit de l'administration. La faute personnelle révèle « l'homme avec ses faiblesses, ses passions, ses imprudences » et non « un administrateur plus ou moins sujet à erreur » (E. Laferrière). La publicité de certains propos n'est pas constitutive d'une faute personnelle dès lors qu'elle s'inscrit dans le cadre d'une information et ne révèle pas une intention malveillante ou une animosité personnelle[31].

---

29. ***Pelletier*** : *préc.*
30. CE, sect., 26 avr. 1963, *CH Besançon* : *Rec.* 243.
31. T. confl., 15 nov. 2004, *Préf. Hauts-de-Seine* : *JCP* A 2004, 1845.

La faute personnelle ***peut être dépourvue de tout lien avec le service***, commise pour des raisons strictement personnelles : vengeance, jalousie, haine, intention de nuire...[32]. Elle ***peut être commise en dehors du service mais non être dépourvue de tout lien avec celui-ci***, commise à l'occasion du service ou en dehors de celui-ci, mais avec des moyens mis à la disposition de l'agent par le service : détournement par son chauffeur d'un véhicule de service à des fins personnelles, négligence commise avec une arme de service détenue régulièrement et exposant les tiers à des risques particuliers de dommage[33]. La faute se détache matériellement des fonctions, mais n'est pas dépourvue de tout lien avec celles-ci car le service a fourni à l'agent le moyen de la commettre. Le lien avec le service a été retenu dans une espèce où un gendarme a pu échapper aux recherches grâce aux informations recueillies dans l'exercice de ses fonctions et à sa participation aux enquêtes sur des meurtres dont il était l'auteur et commettre un nouveau meurtre, avec son arme personnelle[34].

La faute personnelle ***peut être commise dans l'exercice des fonctions mais se détacher intellectuellement de celles-ci*** : acte de pure malveillance, excès de comportement, faute d'une très grande gravité, violences injustifiées... Tel est le cas lorsque l'agent, en service, a agi pour des motifs strictement privés, ou profite de sa qualité pour commettre des délits, ou en cas de fautes d'une indiscutable gravité, souvent réprimées pénalement, ou de très graves négligences[35]. Cependant, les négligences et imprudences même très graves ne sont pas automatiquement considérées comme des fautes personnelles. Tel est enfin le cas de fautes consistant en des excès de comportement, excès de boisson ou de vitesse, défaut de maîtrise d'un véhicule, excès de langage, brutalités injustifiées, violences physiques, calomnies[36].

C'est en particulier eu égard à sa nature, aux conditions dans lesquelles elle a été commise, aux objectifs poursuivis par son auteur et aux fonctions exercées par celui-ci que doit être évaluée, pour être regardée comme personnelle, la faute commise par un agent public dans l'exercice de ses fonctions[37].

La faute est donc susceptible de se détacher du service soit matériellement (fautes commises en dehors du service et dépourvues de lien avec celui-ci), ***soit psychologiquement***. Une faute sera considérée comme détachable, même si elle a été commise à l'occasion du service, dès lors qu'elle l'aura été pour des mobiles personnels ou qu'elle est d'une gravité telle qu'elle révèle un degré de violence, de lâcheté ou d'incurie inadmissible de la part d'un fonctionnaire[38].

---

32. CE, 12 mars 1975, *Pothier* : *Rec.* 190 ; 23 juin 1954, *D^me^ Vve Litzler* : *Rec.* 376 ; 13 mai 1991, *Soc. d'ass. Les Mutuelles unies* : *RDP* 1991, 1462.
33. CE, sect., 1er oct. 1954, *Bernard* : *Rec.* 505 ; 27 févr. 1981, *Cne Chonville-Malaumont* : *Rec.* 116 ; ass., 26 oct. 1973, *Sadoudi* : *Rec.* 603.
34. CE, 18 nov. 1988, *Min. défense c/épx Raszewski* : *Rec.* 417.
35. T. confl., 14 déc. 1925, *Navarro* : *Rec.* 1007 ; CE, 21 avr. 1937, *D^lle^ Quesnel* : *Rec.* 413 ; 4 juill. 1990, *Soc. d'ass. Le Sou médical* : *Rec.* 984 ; Cass. crim., 2 oct. 1958 : *JCP* G, II, 10 834 ; T. confl., 9 juill. 1953, *D^me^ Vve Bernadas* : *Rec.* 593 ; 8 août 2008, *Mazière* : *Rec.* 919.
36. T. confl., 6 déc. 1937, *Cts Cornu* : *Rec.* 1118 ; CE, 8 nov. 1957, *Adolphe* : *Rec.* 596 ; T. confl., 9 oct. 1974, *Cne Lusignan* : *Rec.* 447 ; 2 juin 1908, *Girodet c/Morizot* : *Rec.* 597 ; 9 juill. 1953, *Delaitre* : *Rec.* 591 ; 14 janv. 1980, *D^me^ Techer* : *Rec.* 504 ; 12 juin 1961, *Picot* : *Rec.* 1170.
37. CE, 11 févr. 2015, *Garde des sceaux*, n° 372359.
38. T. confl., 21 déc. 1987, *Kessler* : *Rec.* 456 ; *Soc. d'ass. Le Sou médical* : *préc.* ; Cass. civ. 1re, 21 oct. 1997, *Corrocher* : *Dr. adm.* 1998, 31.

Une faute constitutive d'une infraction pénale n'a pas nécessairement le caractère d'une faute personnelle. Il n'y a pas non plus automatiquement faute personnelle en cas de voie de fait[39].

b) La faute de service

La faute de service est une faute professionnelle. Elle n'est pas forcément une faute anonyme : une faute susceptible d'être qualifiée d'infraction pénale, ou de voie de fait, peut être regardée comme une faute de service[40]. La faute de service peut encore résulter d'une mauvaise organisation ou d'une carence du service, telle qu'aucun fonctionnaire n'est directement à l'origine des faits.

2) Le rôle de la notion de faute personnelle

En principe, la faute personnelle engage la responsabilité personnelle du fonctionnaire sur la base de l'article 1382 du Code civil. La victime peut donc poursuivre l'agent personnellement devant les juridictions judiciaires, qui ne sauraient décliner leur compétence. Dans les faits, les victimes agissent rarement contre les agents publics personnellement, sauf si elles peuvent joindre leur action civile à une action pénale. Les théories du cumul leur permettent très souvent de demander réparation à l'administration, option choisie par elles car l'administration est plus solvable que ses agents. L'administration peut se retourner, après avoir été condamnée en raison de la faute de son agent, contre ce dernier. La distinction entre faute personnelle et faute de service retrouve tout son intérêt dans le cadre de ces actions récursoires.

Si l'administration est elle-même victime de la faute personnelle d'un de ses agents, elle ne peut le poursuivre que devant les juridictions administratives, ce type de litige ne mettant en cause que des règles de droit administratif.

B - Les théories du cumul

Pour faciliter l'indemnisation des victimes, la jurisprudence a permis d'agir contre l'administration même lorsque le dommage résulte d'une faute personnelle, sur la base de deux constructions, celle du cumul de fautes et celle du cumul de responsabilités. L'affaire *Papon* présente un cas de cumul de fautes et de responsabilités[41].

1) Le cumul de fautes

Le cumul de fautes suppose que plusieurs fautes, les unes personnelles et les autres de service, peuvent être décelées à l'origine d'un seul et même dommage. La théorie est utilisée lorsqu'une faute de service, souvent un défaut de surveillance, a donné à l'agent l'occasion de commettre une faute personnelle. La faute personnelle contribue parfois à la réalisation d'une faute de service. Ainsi, la faute personnelle d'un commissaire de police directement intéressé à l'expulsion d'occupants d'un immeuble, et

39. T. confl., 14 janv. 1935, ***Thépaz*** : *Rec.* 1224 ; CE, 8 juill. 1966, *Fondation Les orphelins apprentis d'Auteuil* : *Rec.* 434. ; T. confl., 2 déc. 1991, *Mme Paolucci* : *Dr. adm.* 1992, 139 ; Cass. civ. 1re, 16 déc. 1986, *Mlle Berdu* : *JCP* G 1987, IV, 67.
40. T. confl., 17 nov. 2003, *Préf. Gironde, Geraudin c/Pouille* : *AJDA* 2004, 94 ; *Thépaz* : *préc.*
41. CE, ass., 12 avr. 2002 : *Rec.* 139.

condamné pénalement de ce chef pour prise illégale d'intérêts, entraîne l'illégalité de la décision d'expulsion prise par le préfet, elle-même constitutive d'une faute[42].

La victime peut, à sa convenance, demander réparation intégrale à l'administration devant la juridiction administrative[43] ou à l'agent responsable devant la juridiction judiciaire. Si deux actions sont successivement engagées, elles ne sauraient aboutir à indemniser deux fois la victime.

2) Le cumul de responsabilités

Le cumul de responsabilités se réalise lorsque le dommage est causé par une seule faute, qui présente les caractères d'une faute personnelle mais n'a été rendue possible que par la mise à la disposition de l'agent de moyens, d'instruments ou de pouvoirs, par le service. La faute s'analyse à la fois comme une faute personnelle et une faute de service. Une faute unique, due essentiellement au fait personnel d'un agent, peut engager la responsabilité de la personne publique, la victime ayant le choix de demander réparation du dommage soit à l'agent, soit à la collectivité publique, soit aux deux[44]. « La faute se détache peut-être du service, mais le service ne se détache pas de la faute » (L. Blum). Cette considération permet d'engager la responsabilité de l'administration, malgré l'absence de faute de service. Cette construction a d'abord été appliquée aux fautes commises dans le service (***Époux Lemonnier***), puis dans le cas de fautes personnelles commises en dehors du service, mais avec les moyens mis à la disposition de l'agent par le service[45]. On parle à ce propos d'accident non dépourvu de tout lien avec le service. Dans l'affaire ***Papon***, est engagée la responsabilité personnelle de ce dernier et celle de l'État en raison des actes et agissements illégaux, et donc fautifs, de l'administration de Vichy ayant permis et facilité les opérations qui ont été le prélude à des déportations. Cumul de responsabilités encore lorsqu'un maire émet, avec l'autorité et les moyens que lui confèrent ses fonctions, de fausses attestations qui causent le préjudice subi par une banque. La faute n'est pas dépourvue de tout lien avec le service[46].

La jurisprudence se refuse toutefois à admettre que la responsabilité de l'administration puisse être engagée lorsque des armes à feu, même détenues pour raison de service, ont été utilisées intentionnellement avec la volonté de nuire[47]. Le choix de la victime ne saurait ici non plus conduire à une double indemnisation. En pratique, la victime n'est obligée d'agir contre l'agent personnellement que s'il a commis une faute personnelle dépourvue de tout lien avec le service.

Le choix ouvert à la victime pourrait conduire, en pratique, à une irresponsabilité de fait des fonctionnaires, les victimes ayant intérêt à agir en toute hypothèse contre l'administration. Le jeu des actions récursoires permet de pallier cet inconvénient.

---

42. CE, 2 juin 2010, *Mme Fauchère, Mille : Rec.* 840.
43. CE, 3 févr. 1911, ***Anguet*** : *Rec.* 146.
44. CE, 26 juill. 1918, ***Épx Lemonnier*** : *Rec.* 761 ; T. confl., 19 mai 2014, *Mme Bertet c/Filippi* : *Rec.* 460.
45. CE, 18 nov. 1949, ***D^lle^ Mimeur*** : *Rec.* 492 ; *Sadoudi* : *préc.*
46. CE, 2 mars 2007, *Soc. banque fr. comm. de l'océan indien* : *Rec.* 703.
47. *Pothier* : *préc.*

C - Les actions récursoires

Les actions récursoires permettent à la personne condamnée à la place de l'autre (administration ou agent) de se retourner contre cette dernière afin d'obtenir qu'elle lui verse la part qu'elle lui doit. L'administration peut réclamer à ses agents la réparation des dommages qu'ils lui causent à raison des fautes personnelles détachables de l'exercice de leurs fonctions qu'ils ont commises[48]. En cas de cumul de fautes, le remboursement de l'agent est limité à la proportion dans laquelle sa faute personnelle a concouru à la réalisation du dommage. Cette action récursoire demeure possible, y compris après la conclusion d'une transaction avec la victime du dommage[49]. En cas de cumul de responsabilités, l'agent fautif peut se voir réclamer la totalité de l'indemnité. Le contentieux de l'action récursoire relève de la juridiction administrative[50].

Si la faute de service a été provoquée par l'agent auteur de la faute personnelle, ce dernier n'est pas fondé à s'en prévaloir afin de tenter de voir diminuer ses obligations. Si un dommage est la conséquence des fautes personnelles de plusieurs agents, chacun d'eux n'est tenu que dans la mesure où sa faute a contribué à la réalisation du dommage[51]. En bonne logique, si un fonctionnaire est poursuivi devant le juge judiciaire pour réparer un dommage dû à une faute de service, le tribunal doit se déclarer incompétent, ou le préfet élever le conflit. Si tel n'est pas le cas, l'agent condamné peut se retourner contre son administration afin d'obtenir le remboursement des sommes qu'il a payées[52]. La question de savoir si le comportement d'un agent constitue ou non une faute de service concernant les règles de fonctionnement de l'administration, donc des règles de droit public, ce contentieux relève des juridictions administratives. Tous les agents publics peuvent bénéficier de ce système[53].

48. CE, ass., 28 juill. 1951, ***Laruelle*** : *Rec.* 464.
49. CE, 12 déc. 2008, *Min. éduc. nat. c/H.* : *Rec.* 454.
50. CE, ass., 28 juill. 1951, ***Delville*** : *Rec.* 464.
51. CE, sect., 22 mars 1957, ***Jeannier*** : *Rec.* 196 ; sect., 19 juin 1959, *Moritz* : *Rec.* 708.
52. *Delville* : *préc.*
53. *CHR Besançon* : *préc.*

CHAPITRE 17

La responsabilité sans faute

La responsabilité administrative est parfois engagée de plein droit, sans faute, ainsi en cas d'absence d'un médecin obstétricien lorsque survient une dystocie pendant un accouchement engage-t-elle la responsabilité du service public hospitalier[1]. La victime doit uniquement prouver le lien de causalité entre l'activité administrative et le dommage. Le fait du tiers et le cas fortuit n'ont pas de conséquences sur la responsabilité, qui est d'ordre public. La victime peut s'en prévaloir en tout état de la procédure et le juge est tenu de statuer d'office en se plaçant sur ce terrain.

Cette responsabilité est objective, ce qui explique son développement depuis 1895. Elle a un caractère de neutralité, ou d'objectivité, aucun jugement de valeur n'étant porté sur les comportements dommageables. Ce régime reste cependant dérogatoire. Il existe deux types de responsabilité sans faute : la responsabilité pour risque et la responsabilité pour rupture de l'égalité devant les charges publiques.

1 • LA RESPONSABILITÉ POUR RISQUE

L'expression responsabilité pour risque, classique, recouvre l'hypothèse dans laquelle le dommage est le résultat de la réalisation d'un risque et où le juge administratif ou le législateur ont estimé juste ou équitable que l'existence de ce risque de dommage provoque l'institution d'un régime de responsabilité sans faute. L'indemnisation des victimes est prise en charge par la collectivité, au nom de la solidarité sociale.

A - La responsabilité en raison d'un risque spécial de dommages

L'existence d'un risque spécial de dommage justifie que la réalisation du risque engendre une responsabilité sans faute. Les solutions jurisprudentielles se rapportent aux dommages qui trouvent leur origine dans des choses, des méthodes ou des situations dangereuses.

1. CE, sect., 27 juin 2005, *M. et Mme Guechtati : Dr. adm.* 2005, 131.

1) Les choses dangereuses

Certaines choses sont considérées comme suffisamment dangereuses pour que la réparation des dommages qu'elles causent soit assurée même en l'absence de faute du responsable. Il s'agit des explosifs, à propos desquels a été inaugurée cette jurisprudence[2], des armes et engins dangereux, des ouvrages publics et des produits sanguins.

L'utilisation dommageable par la police d'armes et d'engins comportant des risques exceptionnels pour les personnes et pour les biens est à l'origine d'une responsabilité sans faute[3]. Cette jurisprudence s'applique en cas d'utilisation de toutes les armes à feu, mais d'elles seules (sont ainsi exclues les grenades lacrymogènes). Ce régime de responsabilité ne bénéficie qu'aux victimes, atteintes dans leur personne ou leurs biens, qui n'étaient pas visées par l'opération de police. Sinon, le régime de responsabilité pour faute s'applique, mais une faute simple suffit[4]. Le bénéfice de la responsabilité sans faute est limité au cas où les dommages causés excèdent, par leur gravité, les charges qui doivent être normalement supportées par les particuliers en contrepartie des avantages résultant de l'existence du service public de la police. Cette restriction ne semble pas avoir grande conséquence[5].

Bénéficient d'un régime de responsabilité sans faute les usagers de ***certains ouvrages publics dangereux*** (ouvrages de transport et de distribution d'électricité, d'eau, que sa pression dans les canalisations rend dangereuse, et de gaz)[6] et les tiers.

Les centres de transfusion, ayant le monopole de la collecte du sang, ont été jugés responsables, même en l'absence de faute, des conséquences dommageables de la mauvaise qualité des produits qu'ils fournissent, eu égard tant à la mission qui leur est confiée par la loi qu'aux risques que présente la fourniture des produits sanguins. Cette responsabilité est prise en charge par l'Établissement français du sang, dont les établissements de transfusion sont des services déconcentrés, sans personnalité juridique[7].

Le service public hospitalier est responsable des conséquences dommageables de la défaillance d'un appareil ou d'un produit défectueux, même en l'absence de faute de sa part, et sans préjudice des actions qu'il est susceptible d'exercer à l'encontre du fabricant. La CJUE a estimé que le régime spécial de responsabilité reconnu par la jurisprudence *Marzouk*[8] peut coexister avec celui instauré par la directive 85/374 relative à la responsabilité du fait du produit défectueux[9].

2) Les méthodes dangereuses

Les méthodes libérales de rééducation en milieu semi-ouvert, mises en œuvre par l'État dans les institutions d'éducation surveillée, en application de l'ordonnance du 2 février 1945 relative à l'enfance délinquante ou par des institutions privées d'éducation

---

2. CE, 28 mars 1919, ***Regnault-Desroziers*** : *Rec.* 329 ; ass., 21 oct. 1966, *SNCF* : *Rec.* 587.
3. CE, ass., 24 juin 1949, ***Lecomte, Franquette et Daramy*** : *Rec.* 307.
4. CE, sect., 27 juill. 1951, *D^me^ Aubergé et Dumont* : *Rec.* 447.
5. Cass. civ. 1re, 10 juin 1986, *Cts Pourcel* : *JCP* G 1986, II, 20683.
6. CE, 25 janv. 1929, *Soc. du gaz de Beauvais* ; *DP* 1929, 3, 35 ; sect., 1er mai 1942, *Soc. du gaz et de l'électricité de Marseille* : *Rec.* 142 ; sect., 18 déc. 1953, *Gain* : *Rec.* 570.
7. CE, ass., 26 mai 1995, *Cts N'Guyen, Jouan, cts Pavan* : *Rec.* 221 ; 16 juin 1997, *AP-HP* : *Rec.* 242 ; L. 1er juill. 1998 ; art. L. 668-1, C. santé publ.
8. *Préc.* ; sect., 25 juill. 2013, *B.* : *préc.*
9. CJUE, 21 déc. 2011, aff. C-495/10 : *AJDA* 2011, 2005.

surveillée habilitées ou des personnes dignes de confiance[10], créent pour les tiers un risque spécial de dommages. Les frères d'un mineur placé au titre de cette législation ayant subi un préjudice au cours d'un séjour autorisé dans la famille présentent la qualité de tiers par rapport à l'établissement d'accueil du délinquant. La responsabilité de l'État est donc engagée[11]. L'arrêt ***Thouzellier***[12] a posé le principe de cette responsabilité sans faute de l'État, en limitant son bénéfice aux tiers résidant dans le voisinage de l'institution, restriction abandonnée depuis[13]. L'éloignement du lieu où le dommage est causé, comme surtout le temps écoulé depuis l'évasion, est de nature à rendre délicate l'appréciation de la relation de cause à effet entre les méthodes libérales et le comportement dommageable.

La jurisprudence se fonde aujourd'hui dans ce cas sur la théorie de la garde, mais cette jurisprudence s'applique à divers cas analogues de mise en œuvre de ***méthodes créant un risque spécial de dommages*** : traitement des malades mentaux hébergés dans les hôpitaux psychiatriques comportant notamment des sorties d'essai destinées à les réadapter progressivement à la vie normale ou faisant l'objet d'un placement familial surveillé ; permissions de sortir et autres mesures libérales accordées aux détenus dans les prisons en vue de favoriser le maintien des liens familiaux et de préparer leur réinsertion sociale[14]. Mais l'hospitalisation de jour n'est pas une méthode thérapeutique créant un risque spécial pour les tiers[15].

Depuis la loi du 4 mars 2002, la responsabilité sans faute des établissements de santé, pour les actes réalisés après le 5 septembre 2001 (date d'entrée en vigueur rétroactive de la loi), n'est plus engagée. La réparation est assurée au titre de la solidarité nationale (C. santé publ., art. L. 1142-1-II). L'ONIAM doit assurer la réparation des dommages résultant directement d'actes de prévention, de diagnostic ou de soins à la double condition qu'ils présentent un caractère d'anormalité au regard de l'état de santé du patient comme de l'évolution prévisible de cet état et que leur gravité excède le seuil défini à l'article d. 1142-1 du Code de la santé publique.

La condition d'anormalité doit toujours être regardée comme remplie lorsque l'acte médical a entraîné des conséquences notablement plus graves que celles auxquelles le patient était exposé de manière suffisamment probable en l'absence de traitement. Lorsque les conséquences de l'acte médical ne sont pas notablement plus graves que celles auxquelles le patient était exposé par sa pathologie en l'absence de traitement, elles ne peuvent être regardées comme anormales sauf si, dans les conditions où l'acte a été accompli, la survenance du dommage présentait une probabilité faible[16].

Les dispositions du second alinéa du I de l'article L. 1142-1 du Code de la santé publique prévoient que les établissements de santé sont responsables des dommages résultant d'infections nosocomiales, sauf s'ils rapportent la preuve d'une cause étrangère[17].

---

10. CE, sect., 19 déc. 1969, *Ét. Delannoy* : *Rec. 595;* sect., 5 déc. 1997, *Garde des Sceaux c/Pelle* : *Rec.* 481.
11. CE, 6 déc. 2012, *Garde des Sceaux*, n° 351158.
12. CE, sect., 3 févr. 1956 : *Rec.* 49.
13. CE, 9 mars 1966, *Trouillet* : *Rec.* 201.
14. CE, sect., 13 juill. 1967, *Dpt Moselle* : *Rec.* 438 ; 13 mai 1987, *D^me Piollet* : *Rec.* 172 ; T. confl., 3 juill. 2000, *Garde des Sceaux* : *Rec.* 766 ; CE, 2 déc. 1981, *Theys* : *Rec.* 456.
15. CE, 17 févr. 2012, *Soc. MAAF assurances, M. P.* : *Rec.* 51.
16. CE, 12 déc. 2014, *ONIAM c/Centre hosp. Saintes* : *Rec.* 355.
17. CE, 6 mars 2015, *Mme A.*, n° 368520.

La législation organise de son côté l'indemnisation des personnes auxquelles ont été dommageables les recherches biomédicales auxquelles elles se sont prêtées (art. L. 209-7, C. santé publ.). Un régime de responsabilité sans faute a été institué au profit des victimes de recherches sans bénéfice individuel direct, un régime de présomption de faute profite aux victimes de recherches avec bénéfice individuel direct. Ce contentieux relève des tribunaux de grande instance.

3) *Les situations dangereuses*

Les personnes qui se trouvent placées, en conséquence des obligations qui leur sont faites, dans une situation dangereuse, comportant des risques exceptionnels pour leur personne ou pour leurs biens, bénéficient d'un régime de responsabilité sans faute[18].

B - La responsabilité sans faute au profit des collaborateurs des services publics

Institué par l'arrêt *Cames*[19], ce régime bénéficie encore aux personnels des services publics qui ne seraient couverts ni par la législation des pensions de la fonction publique, ni par celle des accidents du travail ni, s'agissant des élus locaux, par celle qui assure leur indemnisation en cas d'accident dans l'exercice de leur mandat. Cette jurisprudence permet aux agents des services publics d'obtenir une indemnité complémentaire de celle qui leur est due en vertu de la législation des pensions ou des accidents du travail, réparant les préjudices non couverts par cette législation (préjudices esthétiques ou d'agrément)[20]. Elle bénéficie aux appelés du contingent effectuant leur service militaire et à leurs ayants droit, sous certaines conditions[21].

Elle s'applique aussi aux personnes qui, de l'extérieur, apportent leur concours à l'exécution d'un service public. Généralement, ce concours est apporté occasionnellement et bénévolement (collaboration occasionnelle ou bénévole), mais la collaboration peut être rémunérée et même traduire l'accomplissement d'une activité professionnelle. Par principe, lorsque le collaborateur subit un dommage du fait du concours qu'il apporte au service public, la responsabilité de la personne publique bénéficiaire de ce concours est engagée à son égard et à celui de ses ayants droit sur le fondement du risque encouru par lui du fait de sa collaboration, même en l'absence de faute.

1) *Les hypothèses de collaboration au service public*

Les cas de collaboration au service public sont divers. Il s'agit d'abord de personnes qui portent secours à des personnes en danger : habitants qui, alertés par la sonnerie du tocsin les appelant à l'aide, participent à la lutte contre un incendie, passants qui prêtent main-forte à l'arrestation d'un malfaiteur et participent ainsi au service public de la police judiciaire, personne apportant une aide à des agents de police s'efforçant d'empêcher un suicide, médecin blessé alors qu'il était venu donner des soins à des

18. CE, sect., 19 oct. 1962, *Perruche* : *Rec.* 555 ; ass., 6 nov. 1968, *D^me^ Saulze* : *Rec.* 550 : enfant à naître d'une institutrice exposée aux risques de contagion de rubéole.
19. CE, 21 juin 1895 : *Rec.* 509.
20. CE, ass., 4 juill. 2003, ***Mme Moya-Caville*** : *Rec.* 323.
21. CE, sect., 27 juill. 1990, *Cts Bridet* : *Rec.* 230.

personnes victimes d'une intoxication, baigneur qui se noie en tentant de porter secours à un enfant et à un sauveteur emportés par la mer[22].

Il s'agit ensuite de personnes qui apportent un concours au service public proprement dit : habitants auxquels le maire a demandé d'assurer le tir d'un feu d'artifice célébrant la fête nationale, concours apporté à l'exécution du service public des douanes par un automobiliste reconduisant à la gare les douaniers qui avaient procédé chez lui à une perquisition et à une saisie de marchandise, maire accidenté alors qu'il travaillait bénévolement à aménager un terrain municipal en terrain de sports, membre d'une association d'aide aux handicapés blessé alors qu'il va retirer un plateau-repas destiné à une pensionnaire d'un centre de gériatrie[23].

La collaboration au service public peut être la conséquence d'une réquisition de l'autorité publique, d'une simple demande de sa part[24] ou d'une initiative prise par un administré. Si la collaboration est spontanée, la victime doit déterminer la personne publique qui en est bénéficiaire pour diriger correctement son action[25].

2) Les conditions d'application du régime de responsabilité sans faute aux collaborateurs bénévoles du service public

Le concours apporté à l'exécution du service public doit être justifié s'il a été demandé ou imposé (cas du requis). Il y a lieu à appréciation en cas de collaboration spontanée. Les arrêts parlent d'un concours justifié par une urgente nécessité, formule interprétée avec souplesse[26].

La collaboration doit être apportée à un service public : cette exigence est peu sévère, l'activité de service étant fréquente et fréquemment reconnue. Il est indifférent que le service public en cause n'existe que sur le papier. Le plus souvent, il n'y a pas de service de secours aux personnes en danger organisé dans les communes théâtres d'accidents. Il y a pourtant collaboration au service public, du simple fait que le secours aux personnes en danger entre dans les attributions de police du maire. Peu importe encore que le service public soit assuré en France ou à l'étranger[27]. Bénéficie de ce régime celui qui subit un dommage en apportant occasionnellement son concours à un travail public, l'exécution de travaux publics n'étant qu'une modalité de celle des services publics.

La victime, collaborateur effectif du service public : n'est pas un collaborateur effectif du service public celui qui, même avec l'intention de prêter main-forte à la police en cas de besoin, ne fait qu'assister à l'interpellation d'un individu sur la voie publique. Ce n'est pas non plus le cas des usagers des services publics, même s'ils apportent à leur fonctionnement un concours analogue à celui qui pourrait être le fait de membres du personnel, à moins que ce concours ait excédé la contribution qui peut

---

22. CE, ass., 30 nov. 1945, ***Faure*** : *Rec.* 245 ; sect., 17 avr. 1953, *Pinguet* : *Rec.* 177 ; sect., 15 févr. 1946, *V. Senlis* : *Rec.* 50 ; sect., 11 oct. 1957, *Cne Grigny* : *Rec.* 524 ; sect., 25 sept. 1970, *Cne Batz-sur-Mer* : *Rec.* 540.
23. CE, ass., 22 nov. 1946, ***Cne Saint-Priest-la-Plaine*** : *Rec.* 279 ; 24 juin 1966, *Lemaire* : *Rec.* 416 ; ass., 27 nov. 1970, *Cts Appert-Collin* : *Rec.* 708 ; 31 mars 1999, *Hospices civils Lyon* : *AJDA* 1999, 528.
24. CE, sect., 12 oct. 2009, *Mme Chevillard et cts Bancherelle* : *Rec.* 387.
25. CE, 14 oct. 1988, *Le Goff* : *Rec.* 341 ; 30 avr. 1990, *Cne Couëron* : *LPA* 30/7/1990, 4.
26. CE, sect., 9 oct. 1970, *Gaillard* : *Rec.* 565 ; 16 juin 1989, *Pantaloni* : *Rec.* 143.
27. CE, sect., 13 janv. 1993, *Mme Galtié* : *Rec.* 11.

normalement être attendue d'un usager en contrepartie des avantages que lui apporte le service public[28].

La qualité de collaborateur d'un service public n'est pas reconnue à ceux qui participent à des compétitions sportives, alors même qu'elles ont le caractère d'un service public, le plaisir du jeu les animant plus que le service de l'intérêt général[29]. En revanche, peu importe qu'un lien particulier de solidarité, notamment familial, existe entre la personne secourue et le sauveteur[30].

C - La responsabilité de l'État du fait des attroupements et rassemblements

Cette responsabilité est encourue de plein droit, à raison du risque social, en cas de dommages imputables à des attroupements ou rassemblements (art. L. 2216-3, CGCT). Elle peut être mise en jeu par les victimes ou leurs compagnies d'assurances. Une action récursoire de l'État contre la commune est possible, par exemple si les mesures de police nécessaires n'ont pas été prises par le maire ou n'ont pas été convenablement mises en œuvre. Cette responsabilité est engagée à trois conditions.

Les dommages dont la réparation est demandée doivent être en relation avec le comportement d'un attroupement ou d'un rassemblement. Ce peut être le cas s'ils ont été causés par une fraction détachée du gros du rassemblement, mais ce ne peut être le fait d'individus agissant isolément. Peu importe l'objet ou le caractère du rassemblement : émeute, insurrection, manifestation politique, socioprofessionnelle, sportive, défilé traditionnel ou folklorique, procession religieuse... La notion d'attroupement n'implique pas un but protestataire. Peu importe que le groupe de personnes se manifeste sur la voie publique ou en des lieux privés. Peu importe enfin que les dommages soient causés à des particuliers, des sociétés privées ou des personnes publiques. Relèvent de ce régime les dommages qui sont le fait de jeunes dans les banlieues, se livrant à des saccages[31].

Les manifestants doivent s'être livrés à des actes de violence constitutifs de crimes ou de délits[32]. Les dommages doivent être en relation directe et certaine avec le comportement des manifestants. La loi n'est applicable que si les dommages invoqués résultent, de manière directe et certaine, de crimes et délits déterminés, commis par des rassemblements ou attroupements précisément identifiés. La loi n'énonce aucune restriction quant à la nature des dégâts et dommages de toute nature, dès lors qu'ils sont la conséquence directe des troubles (sont indemnisés les préjudices commerciaux consistant notamment en un accroissement de dépenses ou en une perte de recettes d'exploitation)[33].

---

28. CE, 3 oct. 1980, *Gambini* : *Rec.* 355 ; 27 oct. 1968, *Kormann* : *Rec.* 601.
29. CE, sect., 2 févr. 1979, *Gauthier* : *Rec.* 38 ; sect., 10 févr. 1984, *Launey* : *Rec.* 65 ; sect., 30 oct. 1953, *Bossuyt* : *Rec.* 466.
30. CE, sect., 1er juill. 1977, *Cne Coggia* : *Rec.* 361 ; 22 juin 1984, *Mme Nicolaï* : *Rec.* 729.
31. CE, 13 déc. 2002, *Cie ass. Les Lloyd's* : *Rec.* 461.
32. CE, 19 mai 2000, *Rég. Languedoc-Roussillon* : *Rec.* 184.
33. CE, ass., avis, 20 févr. 1998, *Soc. Études constructions de sièges automobiles* : *Rec.* 60 ; ass., avis, 6 avr. 1990, *Soc. Cofiroute et SNCF* : *RDP* 1990, 1145.

Les dommages peuvent procéder du fait même des manifestants ou de l'action des forces de police engagées contre eux, les victimes peuvent être ou non étrangères au rassemblement (bien évidemment, les fautes commises par les manifestants blessés leur sont opposables).

Une occupation de locaux professionnels par les salariés d'une entreprise pendant près d'un an ne peut être considérée comme un attroupement au sens de l'article L. 2216-3 du CGCT[34].

D - La responsabilité sans faute au profit des tiers victimes d'accidents de travaux publics

Ne profitant pas de l'ouvrage ou des travaux, les tiers sont traités de façon plus favorable que les usagers qui les utilisent et, par suite, ne bénéficient que d'une présomption de faute. Le maître de l'ouvrage, de l'entrepreneur ou le concessionnaire de travaux publics est responsable, même en l'absence de faute, des dommages que les ouvrages publics dont il a la garde peuvent causer aux tiers en raison tant de leur existence que de leur fonctionnement[35].

Ce régime de responsabilité bénéficie par exemple à une téléphoniste électrocutée à la suite de l'explosion d'une mine utilisée pour des travaux publics et qui a provoqué une déviation de courant vers la table d'écoute où elle était en service, au voisin d'un incendie qui a pris naissance dans un entrepôt de matériels de travaux publics et s'est étendu à sa propriété ou aux victimes des dommages causés aux personnes et aux biens du fait de la rupture d'un barrage sous la pression de l'eau qu'il retenait[36]. La faute de la victime et la force majeure constituent des causes exonératoires.

2 • LA RESPONSABILITÉ POUR RUPTURE D'ÉGALITÉ DEVANT LES CHARGES PUBLIQUES

Le principe d'égalité devant les charges publiques donne son fondement à la responsabilité sans faute des personnes publiques lorsque ***ces dernières font supporter, au nom de l'intérêt général, des charges particulières à certains membres de la collectivité***. Le versement d'une indemnité rétablira l'égalité rompue à leur détriment.

Cette responsabilité régit des hypothèses où les dommages n'ont pas un caractère accidentel, contrairement à la responsabilité pour risque. ***Ces dommages sont la conséquence naturelle, et même nécessaire, et prévisible à coup sûr, de certaines situations ou de certaines mesures***, par l'effet desquelles des membres de la collectivité sont sacrifiés aux exigences de l'intérêt général.

---

34. CE, 18 mai 2009, *Soc. BDA* : *Rec.* 202.
35. T. confl., 21 juin 2004, *GAEC des Hayettes et Cie d'assurances « Les abeilles » c/France Télécom* : *Rec.* 630, 902 ; CE, 3 mai 2006, *Min. écologie et dév. durable, Cne Bollène* : *AJDA* 2007, 204.
36. CE, sect., 7 nov. 1952, *Grau* : *Rec.* 503 ; sect., 4 oct. 1957, *Beaufils* : *Rec.* 318 ; ass., 28 mai 1971, *Dpt Var c/Entreprise Bec Frères* : *Rec.* 419.

Le droit à réparation n'est pas simplement conditionné par la réalisation d'un dommage. ***Ce dommage doit être tout à la fois spécial et anormal***. Spécial, c'est-à-dire n'atteignant que certains membres de la collectivité, faute de quoi il n'y a pas rupture de l'égalité de tous devant les charges publiques, et anormal, atteignant un certain degré d'importance, les membres de la collectivité devant supporter sans compensation les gênes et inconvénients ordinaires de la vie en société.

Cette responsabilité se décline en trois grandes hypothèses : la responsabilité du fait des décisions administratives régulières, la responsabilité du fait des lois et conventions internationales et la responsabilité pour dommages permanents de travaux publics.

A - La responsabilité du fait des décisions administratives régulières

Cette responsabilité peut être engagée du fait des charges spéciales et anormales résultant de décisions individuelles ou réglementaires.

1) Responsabilité du fait d'une décision individuelle

Les bénéficiaires de jugements prescrivant l'expulsion de grévistes occupant indûment les lieux de travail ou d'occupants sans titre d'un logement ont droit à réparation lorsqu'ils se sont heurtés à un refus légal du préfet de leur apporter le concours de la force publique[37]. Les motifs de refus du concours de la force publique ont été précisés par le Conseil d'État.

Cette jurisprudence s'applique aux cas de refus légal opposé à une entreprise de licencier des personnels excédentaires, qui aurait causé une perturbation grave dans la vie économique locale, de décision régulière de renoncer à poursuivre l'expropriation d'un terrain, préjudiciable à divers égards à son propriétaire, d'abandon par une commune, du fait de difficultés techniques et financières, de la réalisation d'une voie publique, alors que ce projet avait déterminé une entreprise à effectuer de lourds investissements, de refus légal de saisir les tribunaux judiciaires en vue de faire ordonner la démolition d'une construction édifiée irrégulièrement par son voisin opposé à un propriétaire par le préfet, de refus d'accès au port opposé à un navire pour des motifs d'ordre public causant un préjudice aux propriétaires d'une cargaison de vins transportée par ce navire[38]. La responsabilité sans faute de l'État peut être engagée du fait de l'étalement dans le temps de la réalisation des aménagements destinés à permettre de rendre accessibles les palais de justice aux personnes handicapées[39]. Il en est de même si la rupture de l'égalité devant les charges publiques a été provoquée par une abstention régulière de prendre une décision[40]. Le refus d'intervention des autorités de police pour faire maintenir l'ordre peut être justifié si cette intervention risque d'aggraver les désordres.

37. CE, 30 nov. 1923, ***Couitéas***: *Rec.* 789 ; ass., 3 juin 1938, ***Soc. Cartonnerie Saint-Charles***: *Rec.* 539 ; 5 mai 2006, *Min. int., sécurité int. et lib. loc. c/Vallée* : *Rec.* 983.
38. CE, sect., 28 oct. 1949, *Soc. des Ateliers du Cap Janet*: *Rec.* 450 ; sect., 23 déc. 1970, *EDF c/Farsat*: *Rec.* 790 ; 17 mars 1989, *V. Paris c/Soc. Sodevam* : *Rec.* 96 ; ass., 20 mars 1974, *Navarra* : *Rec.* 200 ; sect., 7 déc. 1979, *Soc. Les Fils de Henri Ramel* : *Rec.* 456.
39. CE, ass., 22 oct. 2012, *Mme Bleitrach* : *Rec.* 399, concl. Roger-Lacan.
40. CE, 6 nov. 1985, *Touraine Air transports* : *Rec.* 312.

La charge en résultant est réparable sur le fondement du principe d'égalité devant les charges publiques[41]. Si un refus d'application d'une réglementation n'est pas fautif, le préjudice en résultant peut être une charge qui ne doit pas incomber aux personnes qui le subissent[42].

2) Responsabilité du fait d'un règlement

Les administrés ont droit à réparation lorsque ***l'édiction d'un règlement régulier*** leur cause un préjudice tel qu'on peut estimer que l'égalité devant les charges publiques a été rompue, dans l'intérêt général, à leur détriment. Ce principe a été posé à propos de la réglementation par un maire de la circulation sur des chemins de montagne, entraînant des conséquences préjudiciables pour un marchand de souvenirs établi en bordure de l'un de ces chemins[43]. Même solution s'agissant d'arrêtés municipaux, légalement faits, instituant un itinéraire de détournement d'une route nationale dont il résulte un tarissement quasi total de la clientèle d'un relais routier spécialement aménagé pour l'accueil des chauffeurs routiers et des poids lourds ou interdisant la circulation des poids lourds sur une portion d'un chemin rural pour des motifs de sécurité publique et obligeant un transporteur à cesser son activité[44].

3) Conditions communes d'engagement de la responsabilité

La réparation est limitée à la partie du préjudice revêtant un caractère anormal. En cas de refus du concours de la force publique, la responsabilité de l'État court de l'expiration du délai (en général deux mois) déclenché par la demande du bénéficiaire du jugement. En cas d'immobilisation de navires, la réparation est limitée à la période d'immobilisation excédant les deux premières semaines ou aux pertes subies au-delà des premières 24 heures de la période, ou de chaque période, de blocage du port.

Parfois, les victimes de décisions régulières, notamment de règlements réguliers, ne sont pas considérées comme fondées à réclamer réparation sur le terrain de l'égalité devant les charges publiques. En tout état de cause, il n'y aura donc responsabilité de la puissance publique qu'en cas de faute. Il en est ainsi quand il est de la nature du régime dont procède la décision de provoquer une rupture de l'égalité devant les charges publiques (réglementations dont la raison d'être est d'instituer des régimes discriminatoires, notamment en matière économique et tels, particulièrement, qu'ils s'appliquent par le biais d'octrois et de refus d'autorisation, ou encore décision, notamment réglementaire, ayant pour objet de protéger un intérêt tout à fait général et prééminent, comme celui de l'économie nationale dans son ensemble ou de l'ordre public)[45].

---

41. CE, sect., 27 mai 1977, *SA Victor Delforge* : *Rec.* 253.
42. CE, ass., 7 mai 1971, *Min. éco. et fin. et V. Bordeaux c/Sastre* : *Rec.* 334 ; *Soc. Établ. Omer Decugis* : *préc.* ; ass. 20 mars 1974, *Min. aménag. territ., équip., log. et tourisme c/Navarra* : *Rec. 200,* concl. Rougevin-Baville.
43. CE, sect., 22 févr. 1963, ***Cne Gavarnie*** : *Rec.* 113.
44. CE, 13 mai 1987, *Aldebert* : *RFDA* 1988, 950 ; 4 oct. 2010, *Cne Saint-Sylvain d'Anjou* : *Rec.* 971.
45. CE, 8 janv. 1960, ***Laiterie Saint-Cyprien*** : *Rec.* 10 ; 24 oct. 1984, *Soc. Claude Publicité* : *Rec.* 338.

B - La responsabilité du fait des lois et des conventions internationales

Il dépend de la volonté du législateur ou des auteurs de la convention internationale, donc des auteurs mêmes du dommage, que l'État puisse être responsable des préjudices résultant de l'application des lois et conventions internationales. Ceci est absolument spécifique à cette responsabilité.

La loi ou la convention internationale peuvent reconnaître la possibilité d'une responsabilité et en organiser les conditions (loi du 11 décembre 1996, validant le contrat de concession du stade de Saint-Denis, réservant le droit à indemnisation des tiers lésés). Elles peuvent, à l'inverse, exclure la réparation des préjudices causés. Ce refus peut être implicite, le juge interprète alors la loi (il résulte par exemple des travaux préparatoires de la loi du 12 juillet 1983 interdisant certains appareils de jeux que le législateur a entendu exclure toute indemnisation des sociétés dont l'activité se rattache à la fabrication ou au commerce de ces appareils)[46].

Pour être indemnisée, la victime ne doit pas, conformément au droit commun, être dans une situation excluant le droit à réparation. La relation de causalité doit être établie. Le préjudice doit être spécial et suffisamment grave[47]. La responsabilité est rarement reconnue, car les lois et les conventions internationales édictant des normes générales, l'exigence de la spécialité du préjudice est rarement satisfaite. De plus, la jurisprudence exclut cette responsabilité lorsque la loi ou la convention internationale dommageable édicte un régime inévitablement discriminatoire ou quand elle est intervenue pour satisfaire, non des intérêts qualifiables de catégoriels, mais des intérêts tout à fait généraux et supérieurs.

L'arrêt ***Société des produits laitiers La Fleurette***[48] pose le principe de la responsabilité du fait des lois. Rien dans le texte de la loi ni de ses travaux préparatoires ne permettait de penser que le législateur avait entendu que cette société supporte une charge qui ne lui incombait pas normalement. Cette charge, créée dans un intérêt général, doit être supportée par la collectivité tout entière. Ce faisant, le juge cesse d'interpréter le silence de la loi dans le sens d'un refus d'indemnisation pour le comprendre comme ouvrant la possibilité d'une réparation[49].

Le bénéfice de cette responsabilité n'est pas invocable lorsque les préjudices résultent de régimes dont la raison d'être est incompatible avec le principe d'égalité devant les charges publiques. Ces régimes sont délibérément discriminatoires, parce que nécessaires à l'obtention de certains résultats. Leur application se traduit par des choix et des traitements favorables aux uns, défavorables aux autres, tel que l'octroi d'autorisations à certains et pas à d'autres. Il en est de même lorsque la loi a eu pour objet de satisfaire des intérêts tout à fait généraux et prééminents, tels que la santé publique, la protection de la nature, la défense nationale, l'économie nationale dans son ensemble ou les

---

46. CE, 11 juill. 1990, *Soc. Stambouli* : *Rec.* 214.
47. CE, sect., 21 janv. 1983, *V. Bastia* : *Rec.* 22. Sur la notion de spécialité, comparer : CE, sect., 5 janv. 1963, *Bovero* : *AJDA* 124 et 16 juin 2003, *Mme X.* : n° 244534 et a.
48. CE, ass., 14 janv. 1938 : *Rec.* 25 ; v. aussi : id., *Cie gén. de grande pêche* : *Rec.* 23 ; ass., 1er déc. 1961, *Lacombe* : *Rec.* 674.
49. CE, 21 janv. 1944, *Caucheteux et Desmonts* : *Rec.* 291 ; sect., 30 juill. 2003, *Assoc. pour le développement de l'aquaculture en rég. Centre* : *AJDA* 2003, 1815.

finances publiques[50]. La responsabilité de l'État du fait des lois est également susceptible d'être engagée en raison des obligations qui sont les siennes pour assurer le respect des conventions internationales par les autorités publiques, pour réparer l'ensemble des préjudices qui résultent de l'intervention d'une loi adoptée en méconnaissance d'engagements internationaux de la France[51]. Le juge administratif est compétent pour en connaître[52].

La responsabilité de l'État est susceptible d'être engagée sur le fondement de l'égalité des citoyens devant les charges publiques pour assurer la réparation de préjudices nés de conventions conclues par la France avec d'autres États incorporées régulièrement dans l'ordre interne, à la condition d'une part que, ni la convention elle-même, ni la loi qui en a éventuellement autorisé la ratification, ne puissent être interprétées comme ayant entendu exclure toute indemnisation[53]. La responsabilité de l'État est susceptible d'être engagée en raison des obligations qui sont les siennes pour réparer l'ensemble des préjudices qui résultent de l'intervention d'une loi adoptée en méconnaissance des principes reconnus par le droit de l'Union européenne[54].

Cette responsabilité est rarement reconnue. Dans le cas de propriétaires qui avaient loué un appartement à un diplomate étranger et s'étaient trouvés empêchés, du fait de l'accord de siège entre cette organisation et la France, d'obtenir l'expulsion du locataire mauvais payeur et dans celui de personnes privées, du fait de l'intervention d'une convention internationale, d'une chance réelle et sérieuse d'être indemnisées des préjudices résultant de la résiliation de leurs contrats de travail[55]. La même solution a été retenue au profit de salariées qui ne pouvaient faire exécuter la condamnation obtenue contre leur employeur étranger à raison de ses immunités diplomatiques, bien qu'elles aient connu dès l'origine les privilèges de celui-ci[56]. Dans l'affaire *Mlle Susilawati*, le Conseil d'État réintroduit la condition d'incorporation régulière de la convention dans l'ordre juridique interne, abandonnée implicitement par l'arrêt *Almayrac*, et écarte l'exception de risque accepté en estimant qu'« un salarié ne peut être réputé avoir par avance accepté le risque résultant de la méconnaissance par son employeur des dispositions d'ordre public applicables à la conclusion et à l'exécution de son contrat de travail ».

C - La responsabilité pour dommages permanents de travaux publics

Il s'agit de dommages non accidentels, qui sont les conséquences inévitables de l'exécution de travaux publics ou de l'existence ou encore du fonctionnement d'ouvrages publics (v. la notion d'inconvénient de voisinage en droit civil). Ils ouvrent droit à

50. CE, sect., 17 oct. 1978, *Perthuis* : *Rec.* 370 ; 15 juill. 1949, *V. Elbeuf* : *AJDA* 347 ; 21 oct. 1998, *Plan* : *Rec.* 19 ; 1er févr. 2012, *Bizouerne* : *Rec.* 14.
51. CE, ass., 8 févr. 2007, ***Gardedieu*** : *Rec.* 78.
52. T. confl., 31 mars 2008, *Soc. Boiron c/Direction gén. des douanes et des droits indirects* : *Rec.* 553.
53. CE, ass., 30 mars 1966, ***Cie générale d'énergie radioélectrique*** : *Rec.* 257.
54. CE, 23 juill. 2014, *Soc. d'éditions et de protection route* : *Rec.* 238.
55. CE, sect., 29 oct. 1976, *Cts Burgat* : *Rec.* 452 ; 29 déc. 2004, ***Almayrac*** : *JCP* A 2005, 1109.
56. CE, 11 févr. 2011, *Mlle Susilawati* : *Rec.* 36 ; sect., 14 oct. 2011, *Mme Saleh* : *Rec.* 473.

réparation, quelle que soit la qualité des victimes, dès lors qu'ils satisfont aux exigences de spécialité et d'anormalité.

Le principe de cette responsabilité a été posé à propos du recours d'un propriétaire demandant réparation à la commune du préjudice que lui causait chaque année l'accumulation sur le toit de sa maison des feuilles mortes tombant des platanes ornant la place publique dont il était riverain. Cette jurisprudence est applicable lorsque les travaux de réfection d'une rue empêchent ou gênent pendant quelques mois l'accès de la clientèle aux hôtels ou magasins riverains ou lorsque la construction d'un ouvrage public provoque des troubles de jouissance dans les immeubles voisins, en même temps que leur dépréciation[57].

3 • LA RESPONSABILITÉ DU FAIT D'AUTRUI FONDÉE SUR LA GARDE

Les dommages causés à des tiers par des mineurs confiés par le juge des enfants dans le cadre de l'assistance éducative à une personne publique ou à une personne privée engagent la responsabilité sans faute de l'État et, en l'absence de décision du juge, lorsqu'une personne publique a accepté de prendre le mineur en charge[58].

L'État, les collectivités territoriales et les établissements placés sous l'autorité d'une personne publique sont en effet responsables, au nom des pouvoirs dont ils sont investis d'organiser, diriger et contrôler la vie du mineur placé, vis-à-vis des tiers, des dommages que peut causer ce dernier[59]. Cette jurisprudence s'applique aux dommages commis par des mineurs placés au titre de l'assistance éducative et aux victimes de mineurs délinquants[60].

La responsabilité du gardien est engagée même lorsque le placement est effectué à la demande des parents[61], même lorsque le mineur ne se trouve pas au moment des faits sous la surveillance effective du gardien[62], et même lorsqu'il est momentanément hébergé chez ses parents[63]. Peu importe que la victime soit elle-même un mineur placé[64].

---

57. CE, sect., 24 juill. 1931, ***Cne Vic-Fezensac***: *Rec.* 860 ; 8 nov. 1957, *Soc. algérienne des automobiles Renault*: *Rec.* 597 ; 6 mars 1970, *V. Paris*: *Rec.* 165 ; sect., 16 nov. 1962, *EDF c/Faivre*: *Rec.* 164 ; sect., 20 nov. 1992, *Cne Saint-Victoret*: *Rec.* 419.
58. CE, sect., 11 févr. 2005, ***GIE Axa courtage***: *Rec.* 45 ; sect., 1er févr. 2006, *Garde des Sceaux c/MAIF*: *Rec.* 42 ; 26 mai 2008, *Dpt Côtes d'Armor*: *Rec.* 907 ; 13 févr. 2009, *Dpt Meurthe-et-Moselle*: *Rec.* 943.
59. *GIE Axa Courtage*: *préc.* ; *Dpt Côtes d'Armor*: *préc.*
60. CE, sect., 1er févr. 2006, *Garde des Sceaux c/ MAIF*: *Rec.* 42.
61. *Dpt Côtes d'Armor*: *préc.*
62. CE, 17 déc. 2008, *Garde des Sceaux c/Lauze*: *Rec.* 906.
63. CE, 3 juin 2009, *Garde des Sceaux c/Soc. GAN assurances*: *Rec. 936.*
64. CE, 13 nov. 2009, ***Garde des Sceaux c/Assoc. tutélaire des inadaptés***: *Rec.* 461.

Bibliographie

Delvolvé (P.), *Le droit administratif*, Dalloz, Connaissance du droit, 6e éd., 2014.

Frier (P.-L.) et Petit (J.), *Précis de droit administratif*, Montchrestien, 10e éd., 2015.

Gaudemet (Y.), *Droit administratif*, LGDJ, Manuel, 21e éd., 2015.

Jan (P.), *Institutions administratives*, Lexis-Nexis, 5e éd., 2015.

Lachaume (J.-F.), Pauliat (H.), Braconnier (S.) et Deffigier (C.), *Droit administratif. Les grandes décisions de la jurisprudence*, PUF, 16e éd., 2014.

Lebreton (G.), *Droit administratif général*, Dalloz, Cours, 7e éd., 2013.

Lombard (M.) et Dumont (G.), *Droit administratif*, Dalloz, Hypercours, 10 éd., 2013.

Long (M.), Weil (P.), Braibant (G.), Delvolvé (P.) et Genevois (B.), *Les grands arrêts de la jurisprudence administrative*, 19e éd., Dalloz, 2013.

Maillard Desgrées du Loû (D.), *Institutions administratives*, PUF, Thémis Droit, 2015.

Morand-Deviller (J.), *Cours de droit administratif*, Montchrestien, 14e éd., 2015.

Ricci (J.-C.), *Droit administratif général*, Hachette supérieur, 9e éd., 2014.

Seiller (B.), *Droit administratif*, Flammarion, tome 1 (Les Sources et la Jurisprudence), 5e éd., 2013 ; tome 2 (L'Action administrative), 5e éd., 2014.

Stirn (B.) et Aguila (Y.), *Le droit public français et européen*, Presses de Sciences politiques et Dalloz, coll. Amphi, 2014.

Truchet (D.), *Droit administratif*, PUF, Thémis, 6e éd., 2015.

Verpeaux (M.), *Les collectivités territoriales en France*, Dalloz, coll. « Connaissance du droit », 4e éd., 2011.

Verpeaux (M.), *Les collectivités territoriales et la décentralisation*, La Documentation Française, 7e éd., 2013.

Waline (J.), *Droit administratif*, Dalloz, Précis, 25e éd., 2014.

Weil (P.) et Pouyaud (*D.*), *Le droit administratif*, PUF, Que sais-je ?, 24e éd., 2013.

Index

Imprimé en France - JOUVE, 1, rue du Docteur Sauvé, 53100 MAYENNE
N° 2233573F - Dépôt légal : septembre 2015